EL
KARINA

Literatura

**SELECCION
CULTURA
COLOMBIANA**

Germán Castro Caicedo

EL KARINA

PLAZA & JANES

P & J

EDITORES

Primera edición: julio, 1985
Segunda edición: septiembre 1985
Tercera edición: enero 1986
Cuarta edición: febrero 1987

Diseño carátula: GERMAN LEAL C.

© 1985 Germán Castro Caicedo
© 1985 PLAZA & JANES
        Editores Colombia Ltda.
        Calle 23 No. 7-84, Bogotá-Colombia

ISBN: 958-14-0099-0

Preparación litográfica: Servigraphic Ltda., Bogotá
Impreso por Editorial Presencia Ltda., Bogotá
Printed in Colombia

AGRADECIMIENTOS

Agradezco la ayuda que me prestaron para poder realizar este reportaje, la Armada Nacional de Colombia y en forma muy especial el señor Almirante Rafael Grau Araújo; los señores generales (r) Alfonso Ahumada Ruiz y José Joaquín Matallana; los pilotos Jairo Mejía Soto, Juán Manuel Ortiz y Diógenes Guzmán; los guajiros que me permitieron asomarme a un mundo fantástico y los guerrilleros del M-19 que aceptaron hablar conmigo dentro del marco de la tregua armada, decretada por el gobierno constitucional del Presidente Belisario Betancur.

El Autor

Al fondo del mar
500 toneladas de armas

Más de 20 desaparecidos, posiblemente del M-19

"Usted es tan joven
como su confianza
en sí mismo"

ADYTH THORTON McCLEAD

La Mari

Por HUMBERTO DIEZ
Redactor de EL TIEMPO

Dos demoledores golpes propinaron
er las Fuerzas Militares de Colom-
a los grupos alzados en armas, al
ducirse el hundimiento en el Océa-
acífico de un buque de bandera
ureña que transportaba un arse-
ra las guerrillas colombianas y
peración de gran parte del
del avión de Aeropesca, en
á.
imiento de la nave, de ban-

Era de ba
recuperá
iba er
heri

dera hondu
de la batal
vasora y un
de Guerra co
toriales de n

Panamá alertó sob

(Continuación de la página 1ª-A)

greso de la nave Karina a nuestro mar
territorial hizo posible su intercepción
por la unidad de la marina nacional y
su posterior hundimiento por la resistencia que presentaron sus tripulantes"

Estaba descargado

Por su parte el embajador de Panamá en Colombia, César Rodríguez,
manifestó al Noticiero TV Hoy, que en
efecto el buque Karina, llegó al puerto
panameño de Cristóbal el 30 de octubre donde llenó de combustible los
tanques, para proceder al paso del
Canal el 2 de noviembre.
Negó rotundamente el embajador
Rodríguez que el Karina hubiese car-
el armamento en algún puerto
dijo que "probablemente
tiene cono-
pasó el Canal y
ndo fue hundido

Este es el
Pacífico a la
guerrilleros.

mento de pas
descargado,
mento se deriv
con el fin de a

Di

Fuentes m
que las capa
no permitirá
tiempo, ten
conocer el

Panamá
alerta a C
sobre el

El ministro de Relaciones Exteriores, Carlos Lemos Simmonds, dijo
ayer que el gobierno panameño no
tiene ninguna responsabilidad por la
presencia del buque Karina con armas
colombianas y que por el contrario
hizo posible su intercepción, al dar
oportuno aviso a las autoridades colombianas.

Lemos Simmonds entregó anoche
una declaración sobre el particular, en
la cual dice que "en relación con el
que Karina, hundido por una unidad

Investigan procedencia
del buque con las armas

habría armas en
uque hundido,
e sobreviviente

avés de la amplia confesión
por uno de los tres individuos
es del hundimiento del buque de
a hondureña "Karina" por
de una unidad de la Armada
al, quedó plenamente
la nave transportaba un
miento de armas con dest
poy guerrillas que oper
ccidente del país.

que todo parece indicar
en cuestión reveló tamb
encia de las armas y
de donde zarpó el "Kar
aje subrepticio, esto es
manteniendo en reserva
que avance la investiga

**Investigadores de
Armada**

confesión del tripulant
produjo a través de u
arma a un burro con
fue sometido por
adores de la Armad
diligencias que
endo en la serie de
que oper el
ventura.

Continúa en la página

NO
IFICO

TRAYECTORIA POSIBLE

Los servicios de inteligencia colombianos confirmaron que el barco "Karina", hundido el domingo pasado en
aguas del Pacífico por una unidad de
la Armada Nacional, transportaba armas y municiones para el grupo sub-
versivo M-19 que opera en el sur del
país.

Simultáneamente, el gobierno nacional comenzó a investigar ayer la
verdadera procedencia de la nave de
bandera hondureña, y el —
los Lemos Simm—

Traía arsenal para
guerrilleros del M-19

"muy grave" la
cación

ncia de la embar-
toriales colom-

gobierno de esa nación amiga con la
cual se mantienen excelentes relaciones"

De acuerdo con un comunicado del
ministerio de Defensa, —
dirigía hacia Punta —
cas del Río San J
recibido el ar—
del subve—
Sob—
mi—

señala aproximadamente el sitio
pira, donde una barco de la
duareña se enfrentó y hundió a
el Bajo Calima para

ladas. Fueron rescata
calcula en 20 los des
blemente del M-19.
intentaba entrar por

A 700 metros
de profundidad
quedó el "Karina"

El comandante de la Armada
Nacional, almirante Guiberto
Barona Silva, quien está a punto de
entregar dicho cargo al Vicealmi-
rante Héctor Camerón Salazar por
expresa disposición del Gobierno,
fue sorprendido con un cargamento de
armas con destino a la guerrilla,
dado que se halla a 700 metros de profundidad,
se halla a 700 metros de profundidad,
difícil llegar en sitio adonde es muy
equipo manejados desde la super-

(Continúa en la página 19-A. Col. 1.)

"Sí habían armas en el buque hundido"

Continuación de la 1ª-A)

No obstante la reserva que se ha
venido guardando en relación con las
diligencias investigativas, se supo que
el autor de la confesión manifestó que
en la embarcación hundida, viajaba
apreciable número de personas, lo que
indica que en cuatro que primera-
mente fueron señalados.

Igualmente se logró establecer que
un nutrido equipo de buzos fue desta-
cado a la zona donde se produjo el

hundimiento al fin de que estudie la
posibilidad de rescatar el cargamento
de armas que transportaba el barco en
sus bodegas.

Por lo demás hasta ayer en las horas
de la tarde no se había logrado localizar los cadáveres de las restantes
víctimas del hundimiento del "Karina", que como se sabe fue sorprendido
por la unidad de la Armada Nacional a
50 millas de Buenaventura y en los
momentos en que se dirigía a las bocas
del río San Juan.

el solo hecho
ndera hondu-
clamación

L TIEMPO

| 78 PAGINAS · 6 SECCIONES |
| $ 12.00 |

Cartelera 9-B
Cines 10-B
Limitados 2-C
Deportes 1-D
Horóscopo 10-E
Espectáculos 12-E
Económicas 1-F

Tarifa Postal No. 25 de la Administración Postal Nacional. Porte Pagado   Aéreo: V.o Avianca. AEROSUCRE   Afiliado a SIP y ANDIARIOS   Bogotá, Colombia

a hunde barco con armas

ondureña;
senal que
opesca;
oronel.

Los informes obtenidos anoche por EL TIEMPO indican que los tripulantes del remolcador colombiano hicieron señales de advertencia al barco extranjero que se movilizaba ilegalmente en aguas colombianas y la respuesta fue una nutrida descarga que fue respondida por los marinos colombianos.

Inmediatamente se concretó el combate entre las ... go de un
os minu-

rodujo después
ntre la nave in-
r de la Marina
en aguas terri-

el "Karin

bastián de Belalcázar que hundió en el
e traía un cargamento de armas para los

clusas estaba
eningún mo-
on o en Balboa

destructor de la Armada Nacional a cincuenta millas del puerto de Buenaventura.

Armamento decomisado

Veintisiete mil cartuchos y 230 fusiles fueron decomisados por el Ejército, ayer, en operación que se cumplió en la zo... ... Tres Esqui-nas y cerca del sitio ... ...iente

un avión de Aeropesca, que transportaba armas. En la foto, fusiles FAL de fabricación belga, minas, munición y equipos de radio incautados al M-19 en el Caquetá. (Foto exclusiva).

cate

Las mismas fuentes señalaron que el rescate del cargamento es muy difícil si se tiene en cuenta que el sitio en donde fue hundido el buque tiene una profundidad de más de cincuenta metros y que en consecuencia habrá necesidad de disponer de un completo y moderno equipo que no existe en el país, para sacar las armas del fondo del mar.

revelaron ayer
cnicas en breve
menos en el país
las aguas del
to de armas que
"Karina", que
un

Dice piloto del Aeropesca

'El M-19 sí cargó la armas en la Guajira

Por ROBERTO ROJAS MONROY

Honduras investigará hundimiento del barco

so en
ombia
arina"

TEGUCIGALPA, noviembre 16. (Latin-Reuter).— La Fuerza Naval de Honduras dijo hoy no tener conocimiento del hundimiento de un barco de bandera hondureña, ocurrido ayer en el Océano Pacífico, frente a la costa oeste de Colombia.

El capitán Julio Raudales, vocero de la Fuerza Naval dijo que el gobierno no tenía conocimiento del hundimiento del barco Karina, mencionado por informaciones llegadas a Tegucigalpa.

Agregó que las informaciones señalaban que en el barco viajaban siete hondureños, pero dijo que no había sido confirmado.

Según Raudales, no hay antecedentes del suceso hasta el momento, pero dijo que será investigado, puesto que se está dañando el nombre de Honduras.

Informaciones procedentes de Bogotá señalaron que el barco fue hundido, tras no acatar la orden de detenerse, registrándose además un

enfrentamiento armado entre los ocupantes del Karina y la patrulla naval colombiana.

El Gobierno colombiano, por su parte, anunció hoy haber descubierto un cargamento de armas dentro del barco, destinado a la guerrilla colombiana.

"Quizá en ese barco no via ningún hondureño, pero el hech portaba la bandera hondureña lucra a Honduras en actividad que es contraria ... como el ... armas", señaló Raudales.

Añadió que las autor pondrán en contacto con el de Honduras en Bogotá. nombre de los tripulante

Así mismo explic de barcos de todo p con la bandera hond sus tripulantes sean de esta nacio derechos de registro ...

Armada Nacional, y una ve.
cidos los hechos, debo mani-
ningún mo ... no le cabe
abilidad alguna al gobierno de
... por su presencia en aguas
anas, sino que el 18 de
bre, las autoridades de Pa-
nformaron a los servicios de
icia de las Fuerzas Militares,
esencia de esa nave, conside-
siblemente sospechosa, en
anameñas, con posible destino
colombianas".

iormente agregó el canciller
gobierno panameño, en con-
a, al alertar a las autoridades
nas sobre el presumible in-

ontinúa en la página 16-A. Col. 1ª)

"Como no encontramos la pista de que hablaban, me insinuaron aterr ...r en potrero al lado de una casa. Yo les dije ... es un suicidio, entonces el hom i e ... apuntó y dijo 'al río'. Así contaba ayer el ... capitán Juan Manuel Bejarano odisea que por 18 días tuvo en vilo a la nación.

Confirmó que "efectivamente aterrizamos en una pista clandestina de ... Guajira, entre Santa Marta y Riohacha y allí los hombres del comando ... no me permitieron bajar de la cabina. Ellos estaban cargando las armas. En ningú ... momento fuimos a Panamá. Ellos reabastecieron de combustible la nave ...

Juan Manuel Bejarano, quien vivió la odisea de su vida, es un hombre que en menos de un mes rebajo 10 kilos y ya le había ganado. 10 años a les ... la carrera a la muerte cuando en Melgar, y en su época de piloto de la FAC un helicóptero a su mando se vino a tierra y en esa vez practicamente pulverizado el aparato a el no le pasó nada. Sin embargo piensa que lo que le tocó vivir este último mes. es en verdad. la aventura de su existencia.

Después de 18 días en poder de la guerrilla del M-19 por muchos puntos del Caquetá, y 12 respondiendo interrogatorios de rigor en la base militar de Tres

(Página 10-C)

El sábado 14 de noviembre de 1981 la Armada Nacional de Colombia hundió en combate en el Océano Pacífico, un barco que transportaba armas y municiones para el movimiento 19 de Abril, M-19.

Esta es la historia del buque y de su cargamento:

VERSION DE "FEDERICO"

(Guerrillero, 35 años)

"El hombre atravesó Herbert Strasse y al llegar frente a la pequeña iglesia que hay al final, me saludó volviendo la cabeza para señalar el resto de la calle: Marineros altos, bajos, amarillos, negros, rubios, mujeres y hombres con todos los acentos miraban detenidamente en cada puerta las carteleras con fotografías que anunciaban espectáculos de sexo. A las diez de la noche, Sant Pauli, un barrio ubicado en la colina que enmarca parte de la zona portuaria de Hamburgo, comienza a recibir la visita de millares de personas que buscan los teatros, las salas de variedades, las cervecerías o el sexo.

—¿Algo de eso? ¿Quieres ver algo de eso?, preguntó con alguna insistencia, pero le respondí que no.

—Quiero ver barcos... ¿Qué ha pasado hoy?

—Localicé un par de ellos fondeados cerca de aquí
y me parece que es lo que se está buscando. Unas
cuatrocientas toneladas de capacidad, buenas máquinas y el casco en perfecto estado. Además, el precio
está por debajo de lo que vimos en Copenhague, Vigo
y Nápoles, me explicó.

"Heinz era un chileno, hijo de emigrantes alemanes
que a la caída de Allende abandonó Suramérica y se
radicó definitivamente en Frankfort, donde lo conocí
un par de semanas atrás por recomendación de algunos agentes del mercado internacional de armas, con
quienes habíamos entrado en negociaciones, primero
en Martinica y más tarde en Panamá.

"Antes de salir en desbandada, él había sido asignado a la Dina, la policía secreta chilena, en el puerto
de Antofagasta, pero a la subida del General Augusto
Pinochet al poder, hizo maletas y buscó los pasos de
su padre, un viejo marinero anseático que había pasado la mitad de su vida moviéndose entre Europa y
América, en torno al mercado de buques de desecho.
Entre otras cosas, Heinz aprendió de él que el negocio
está muchas veces ligado al tráfico de armas o al contrabando, y al llegar a Alemania se vio fácilmente co-
nectado con este tipo de comercio.

"Era junio de 1981 y para entonces había comenzado en Europa una especie de crisis en el mercado de
barcos menores —que luego de unos veinte años de
servicio son retirados de la navegación— de manera
que podían ser comprados a precios muy bajos, puesto que no había una demanda favorable.

"Durante quince días habíamos visitado Italia, Di-
namarca y España, pero al parecer esa tarde fueron
encontrados dos buques que a pesar de ser embarca-

ciones de río, ofrecían —según él— todas las garantías
para atravesar el Atlántico con unas cuarenta toneladas de fusiles y municiones en su bodega.

"Mientras deshacíamos nuestros pasos por Herbert
Strasse para luego bajar hasta el Fischmarkt en busca
de un buen plato de labskaus, a base de carne salada,
cebollas y pequeños pedazos de arenque, Heinz me
confesó que de los dos, el ideal, a su manera de ver,
era uno llamado 'Roland Crussy' que navegaba con
bandera alemana.

—Una vez se tome la decisión —dijo— tenemos que
poner a bordo una tripulación de confianza. Hombres
con experiencia en el manejo de esta clase de mercancía, sin ojos ni lengua. ¿Me entiendes?

—Pero, ¿Les vas a decir que llevarán armas?, le pregunté.

—No, pero se supone que si los busco es para que
manejen algo fuera de lo convencional —explicó—.
Son mercenarios que durante los últimos diez o quince años han navegado varias veces en Centroamérica,
Africa o Asia transportando explosivos, armas y hombres a sueldo. Mira: A ellos finalmente no les importa qué va en el barco, sino cómo se manejan los puertos en las escalas de aprovisionamiento, la manera de
comportarse frente a las autoridades que lleguen a
sospechar algo y lo más importante de todo: Que lo
hacen por un sueldo mucho más elevado que el de
cualquier marino mercante. ¿Estamos?

"El mismo Heinz desconocía el destino final del
buque que íbamos a elegir durante las próximas setenta y dos horas, puesto que de acuerdo con los planes, se tramitaría primero una orden de zarpe entre
dos países europeos. En adelante desarrollaríamos por
etapas esta fase de la operación.

—De verdad, dijo, el buque ese me gustó mucho. Y no es tan pequeño, ¿eh? Cincuenta metros de eslora por unos diez de manga. Una gran bodega central y la posibilidad de registrarlo como buque de cabotaje con otra bandera. Es cosa de dinero: Un consulado de América Latina o del Africa, un seguro para que le permitan zarpar y un par de documentos que no será fácil conseguir legalmente, pero por los cuales le pagaremos a un experto en este tipo de falsificaciones que tengo a la mano. Es algo de rutina.

—¿Y?
—Y nos vamos, chiquillo. ¡Nos vamos!... Oye: ¿Cómo van las gestiones del cargamento?
—No se. No estoy al frente de esa parte de la operación, le dije secamente, ante lo cual me preguntó si estaba de acuerdo con que, si el negocio del buque se hacía en Hamburgo, despidiéramos a la tripulación y la cambiáramos por los 'profesionales' alemanes que él quería emplear.
—Pues sí, —le respondí— aun cuando de todas maneras me gustaría incluir a algún latino o a alguien que se sienta más o menos cerca de nosotros, con el fin de poder... digamos, controlar al resto.
—No me gustan los latinos para este trabajo, a menos que sean de entera confianza, y no tengo a nadie aquí. En cambio conozco algunos españoles que pueden llenar ese requisito, además de ser estupendos marineros.
—Entonces hay que pensar en uno de ellos.

"Terminada la cena, Heinz se metió en un taxi no sin antes repetirme la cita del día siguiente en Süllberg a las siete de la mañana y yo regresé andando hasta la pequeña pensión donde me había hospedado y cuya dirección él desconocía.

"Era una noche tibia y por un momento me pareció escuchar el chillido de los grillos en las selvas del Caquetá —unos setecientos kilómetros al sur de Bogotá, la capital de Colombia— cuando a esta hora (12:28) inundan el bosque, mezclándose con millares de ruidos, mientras los guerrilleros duermen envueltos en pequeñas hamacas colgadas de los árboles. Ellos templan una cuerda sobre la hamaca y extienden encima de ella una sábana de hule a manera de tejado. El arma descansa entre las piernas. Se duerme con ropa, con zapatos. Toda la dotación está guardada en un morral, incluyendo parte de las drogas de la enfermería y parte del parque, porque cada día, luego del amanecer, es necesario caminar, caminar, caminar...

"A medida que atravesaba las calles de Hamburgo, la vista parecía perderse en los avisos luminosos, en la estela de luz que dejaban las ventanas de los buses al cruzar frente a mí y en las vitrinas de algunas tabernas, adosadas con frascos grandes y repletos de encurtido y, aun cuando no lo quisiera, la imaginación me llevaba a las noches en la selva, húmedas y cálidas hasta las nueve, y envueltas en un frío penetrante a la madrugada. El piso es húmedo como los troncos de los árboles, como la ropa que uno lleva encima y como el olor ácido del barro, que se remueve como una masa suave a medida que uno coloca los pies encima.

"Ahora son algo más de las doce de la noche" —pensé sin hacer la conversión de horarios— "Cambio de guardia en el campamento: Los guerrilleros que cumplen turnos, caminan en la oscuridad sin hacer ruido y uno los descubre porque de vez en cuando encienden sus linternas durante unas décimas de segundo para confirmar algo. Son felinos acostumbrados a ver de noche sin la ayuda de la luz y a caminar grandes distancias sin tropezar, guiados por algún rayo de luna, o simplemente por aquel olfato especial que desarrolla el hombre en nuestro medio.

"La última vez que estuve allá, tuve una mezcla de sensaciones que no pude procesar completamente por la rapidez de los hechos. Sin embargo, los recuerdos empezaban a venir ordenadamente a mi mente a medida que dejaba atrás las veintisiete calles que me separaban de la pensión.

"Finalizaba el mes de mayo y estaba pasando la estación de lluvias, cuando los ríos bajan con grandes caudales, situación ideal en la selva amazónica puesto que se puede navegar sin mayores tropiezos y las comunicaciones fluviales resultan más ágiles.

"Yo era entonces una especie de ejecutivo dentro de la organización y actuaba bajo las órdenes directas de Pablo —Jaime Bateman Cayón, Comandante General del M-19— quien nombró un cuerpo de hombres y mujeres para que reemplazáramos de alguna manera a los miembros de la dirección del movimiento que habían caído presos, prácticamente en su totalidad. El ejército colombiano nos había desarticulado en una serie de acciones y Pablo no tenía total libertad para moverse, así que nosotros nos encargábamos de ejecutar una serie de tareas, actuando por sobre cualquier mando. Era una forma práctica de resolver con solvencia los problemas del momento.

"Mi nombre de combate era 'Federico' y luego de ocho años como guerrillero urbano había llegado a la cúpula de la Organización como combatiente y como organizador, por mi formación de ingeniero civil. En ese momento tenía 32 años y había hecho varios cursos de logística y de guerra de guerrillas, aún cuando mi papel se desempeñaba básicamente en el exterior.

"Aquel mes de mayo, fui pues, llamado por Pablo, quien se encontraba en las montañas del sur de Colombia y según me dijeron, yo iba a ser nombrado coordinador de una operación 'ultra-secreta' que venía planificándose desde algunos meses atrás. Abandoné mi hotel en Panamá y dos días más tarde nave-

gaba aguas arriba por el Putumayo, un río más ancho
y más caudaloso que el Rin.

"Los indios que impulsaban la pequeña embarcación remaron día y medio y finalmente llegamos a
un pequeño puerto. Allí iniciamos dos jornadas de
nueve horas cada una, caminando a través de la selva,
hasta llegar, al atardecer del cuarto día, a lo alto de
una colina donde habían acampado Pablo y sus hombres.

"Oscurecía y solo algunos puntos del campamento
estaban iluminados con estacas largas de 'caraño', una
madera combustible que quema toda la noche, bañan-
do con su luz amarillenta los pequeños claros que
utiliza la guerrilla para acampar.

"La cara de Pablo —un hombre inmenso y flaco
que cojeaba porque tenía destrozada la pierna izquierda— brillaba por el sudor y luego de pasarse por la
frente la tela blanca a cuadros que cargaba sobre los
hombros, me mostró su fusil y me dijo: 'Se trata de
esto, compañero. Ya no podemos esperar más'.

"Para entonces nuestro primer frente rural estaba
compuesto por unos trescientos hombres y mujeres,
armados con escopetas viejas o fabricadas allí mismo
con pedazos de tubo, culatas talladas por los mismos
guerrilleros y cuerdas o bejucos que les servían para
colgárselas al hombro. El Frente Sur —como se llamaba— poseía solamente tres fusiles y la ilusión general era contar con armamento moderno y potente
para intensificar la guerra, pero habían pasado cerca
de dos años y los fierros no llegaban, por lo cual, hasta cierto punto, había una especie de desesperanza.

—En este momento el problema número uno es la
falta de armas —me dijo Pablo acomodándose la gorra
sobre el afro que le tapaba parte de la frente— y existe la posibilidad de conseguir en Europa material de
guerra de segunda mano. Algunos países africanos es-

tán cambiando parte de su arsenal, así que he decidido ponerte al frente de una operación que no debe demorar más de dos meses. Se han dado los primeros pasos en Panamá y Martinica y estamos en contacto con agentes del mercado negro que nos las pueden facilitar.

"Ya habíamos tenido algunas experiencias en la compra de pequeñas cantidades de armamento en el mercado internacional, de manera que existían contactos y un conocimiento inicial del negocio.

—Cuando las fábricas venden los fusiles nuevos —continuó Pablo— compran armamento viejo como chatarra, en parte para alimentar el mercado negro, y nos están ofreciendo un lote de fusiles FAL y FAP a precios relativamente baratos. Me gusta mucho el FAL —dijo— porque es superior a todos los que hasta ahora se han ensayado en Colombia. Por allá en el año 60 la OTAN adoptó el calibre 7'62 y cada país produjo su arma. Los belgas fabricaron el FAL y desde cuando lo conocí en el Medio Oriente, pensé que sería el fierro ideal para armar a un ejército, porque supera a los demás por la calidad del acero, por la resistencia de las partes y de los accesorios, por la sencillez del mecanismo y, además, porque su costo comparativo de mantenimiento es menor. Tú no te imaginas la resistencia de ese fusil ante el trajín que le da un hombre en campaña. Creo que por eso lo tienen la mayoría de los ejércitos de América Latina.

—Y, ¿el FAP?

—Es igual pero un poco más grande. ¡Ese es una bestia! Tiene el cañón reforzado para resistir un número mayor de disparos, puesto que cuando tú lo usas, se recalienta. Para darle más estabilidad al disparo —especialmente en ráfagas largas— trae un bípode en la parte delantera con el fin de que lo apoyes en el

suelo. Es lo que se llamaba antes un fusil ametralladora. El FAL, viene con proveedores para 20 cartuchos,
pero me dicen que los FAP que nos ofrecen, tienen
capacidad para 50. Es ideal.

—En total, ¿cuántas armas se van a comprar?

— ¡Mil!

—¿Mil fusiles? —exclamé sorprendido. Mil fusiles
son todo el armamento del mundo.

—No todo, compa, respondió él. Hemos decidido
compartir parte del lote con otros movimientos guerrilleros que se interesan por tomar cien, doscientas
unidades, según sus posibilidades de transporte, alma-
cenamiento, manejo...

—Y ¿el dinero?

—Deben quedar unos ochocientos mil dólares del
rescate que nos pagó el gobierno de Turbay por la
toma de la Embajada de la República Dominicana, en
Bogotá. Eso y lo que aporten los demás, será suficiente para comprar los mil fusiles, un millón de cartuchos 7'62 y un barco para transportar el cargamento
desde Europa... A mí me parece —agregó— que los
precios que nos ofrecen los comerciantes son relativamente cómodos: 450 dólares por cada fusil, puesto en
algún lugar del Mediterráneo. La munición será entre-
gada en Alemania pero, atención: Nosotros les dire-
mos, a última hora, solo a última hora, en qué puerto
vamos a cargar el armamento.

"En ese momento cada fusil podía ser comprado
en Colombia por dos mil dólares, pero pagándolo a
450 y asumiendo el transporte, surgía una diferencia
favorable en el precio. Eso nos llevó a pensar en un
solo 'paquete': Barco, armas y municiones, dentro del
mismo negocio.

—¿Cuánto tiempo tendré para toda la operación?
—le pregunté— y sin vacilar repitió: 'Dos meses'.

—Qué costos se han calculado...

—Cerca de un millón de dólares, porque las armas pueden negociarse por unos 450 mil y el millar de munición está costando trescientos, es decir, 300 mil más: Ahí van 750 mil dólares... Yo creo que sea posible negociar el buque por unos 250 mil. Agrégale costos de tripulación, combustible para traerlo a Colombia a través del Atlántico, zarpes, transferencias y otros gastos pequeños, de manera que la suma no debe alejarse mucho del millón de dólares, incluyendo las comisiones que va a cobrar el comerciante por toda la operación.

—¿Con cuántos hombres cuento?

—Con los que sea necesario. Por ahora te voy a presentar a 'Alejandro', quien debe ayudarte a coordinar la operación. Es un hombre de entera confianza.

"Alejandro", quien luego de su muerte, un año después, supe que se llamaba Roberto Montoya, era un guerrillero alto y desgarbado que había cursado uno o dos años de medicina antes de entrar al M-19 y que, pese a sus escasos conocimientos 'profesionales', se enorgullecía de su calidad de médico ante la necesidad de realizar todo tipo de intervenciones menores, recetando medicamentos y tratando de aliviar el dolor de los demás.

"Pablo lo mandó llamar y los tres nos reunimos en torno de su hamaca, colgada a cierta distancia del resto de la gente. Sobre las ocho de la noche habían sido apagadas las estacas de *caraño* y solamente ardía una, en la zona del comandante, desde donde veíamos a algunos guerrilleros que prestaban sus turnos de guardia. El resto se había metido en sus 'cambuches' o pequeños ranchos levantados con varas y hojas de palma y dormían profundamente.

"Frente a nosotros y a unos diez metros, un indígena y una compañera blanca, conversaban mirándose fijamente a los ojos. El le acarició la mejilla y ella sonrió, pero al tratar de devolverle la caricia se enredó en el gatillo de la escopeta que él había recostado contra su pierna y sonó un disparo seco. El hombre se encogió y ella lo abrazó fuertemente y empezó a pedir ayuda.

"Era el final de un romance y, para Pablo, el final de una época que debía ser superada a cualquier costo.

—Una escopeta de mierda, insegura. ¿Te fijas por qué necesitamos cuanto antes esos malditos fierros?, me dijo mientras ayudaba a levantar al indio agonizante.

"Rápidamente se movilizó todo el mundo y construyeron en segundos una pequeña pasera o plataforma con palos atados con bejucos, sobre la cual acostaron al herido. Roberto Montoya sacó de su morral un bisturí, pinzas, campos esterilizados y material de sutura, pero unos minutos después el muchacho había fallecido con el estómago perforado.

"Esa noche permaneció allí el cadáver, cubierto por su hamaca y alumbrado por la estaca de *caraño* que Pablo trasladó hasta la pasera, vigilada por cuatro jóvenes, armados solamente con una escopeta y un revólver.

"Una vez superado el impacto, Pablo, Roberto y yo nos retiramos hasta la hamaca del comandante y conversamos hasta muy entrada la madrugada. Frente a nosotros, la luz tenue nos dejaba ver las siluetas de los hombres en torno al cuerpo del compañero. Era la imagen concreta de la muerte, de la cual generalmente no se habla en la guerrilla, tal vez porque en cierta forma está presente en todos los actos y durante todos los minutos de nuestra vida.

—Definitivamente hay que traer esas armas, sea cual fuera su costo —dijo Montoya, y agregó aún impresionado por lo que acabábamos de presenciar—. Así sea por diez fusiles, soy capaz de dar la vida. Uno no sabe lo que es un arma buena hasta cuando no está en la guerra.

"Para él la guerra era algo que no se podía humanizar y por tanto no le gustaba, así se viera abocado a ella; Era algo inevitable, pero representaba solamente la necesidad de un momento. Algo —decía— algo que uno sabe que tiene que hacer ante las circunstancias, porque no hay otra forma de hacerlo, pero que no es bello. Por eso —nos explicaba— aquel libro de poemas de Gioconda Belli, a través de los cuales canta la belleza de la guerra de Nicaragua, no es más que un despropósito.

"En enero de 1979, a raíz del robo de varios miles de armas de un arsenal del ejército en Bogotá, el M-19 fue golpeado y la mayoría de sus efectivos, cayeron presos o debieron dispersarse. Roberto Montoya estuvo detenido algunas semanas y al volver a la calle se encontró desconectado de sus compañeros.

"Luego de buscarlos sin éxito, decidió irse a Costa Rica y una tarde se internó en Nicaragua, que vivía en ese momento tal vez lo más intenso de su revolución. Quería engrosar las filas sandinistas y a pocos kilómetros de la frontera encontró a un grupo de ellos que lógicamente lo capturó estuvo a punto de fusilarlo antes de que los convenciera de sus fines. Posteriormente entró a formar parte de un comando internacional que se llamó 'Compañía Victoria', formado por hombres de diferentes países y según nos contaba a Pablo y a mí, más que una tropa corriente, era un grupo de élite. Por donde ellos iban pasando, arrasaban con todo y le iban levantando la moral a los grupos que venían detrás.

—En 'La Victoria' —decía— había chilenos, argentinos, uruguayos y un panameño muy simpático que llamábamos 'Cuchillo' porque trabajó en un circo lanzando puñales y al llegar la revolución abandonó la carpa y se sumó a la guerrilla. Hoy —agregó— la mayoría están muertos porque terminada la guerra se fueron a pelear a nuevos países con otros movimientos revolucionarios.

"Una vez triunfó la revolución y los sandinistas entraron a Managua, la Compañía Victoria recibió un honor que él recordaba con orgullo:

—Primero entró a la capital un grupo de niños combatientes. En segundo lugar algunos ancianos, compañeros de Sandino que habían sobrevivido, y en tercer lugar nosotros... Tal vez esos momentos son los únicos que disipan un poco el sabor de la guerra, de toda esa mierda que tenemos que hacer porque nos han empujado a ella.

"Luego de una larga pausa, durante la cual nos quedamos mirando la llama, las figuras de los hombres con sus camisas húmedas por el sudor, las formas del cadáver insepulto, el barro del piso, las sombras que se proyectaban contra los troncos de unos árboles inmensos, Pablo rompió el silencio:

—Esta mierda que tenemos que hacer pero que no le gusta a nadie... ¡Coño!
—Mira, dijo Roberto, qué buenos pueden ser cinco días atrincherados en lo alto de una colina, en Nicaragua, viendo subir por el frente decenas de hombres de la Guardia Nacional de Somoza y nosotros disparar y verlos caer como moscas y rodar ladera abajo o quedar engarzados en los arbustos y permanecer allí todo

el día y toda la noche y amanecer hinchados y morados. En las mañanas les disparábamos para reventar los cadáveres y acelerar su descomposición... Esto fue cerca de Estelí unos tres meses antes de la carga final: Entre la trinchera estábamos diez, al mando de un hombre que sabía cómo se debían hacer las cosas. Entonces, como era necesario ahorrar munición, él nos decía en qué momento teníamos que disparar, cómo hacer la disposición del tiro, cómo esperar... Yo recuerdo que amanecía y nosotros seguíamos allí atrincherados y nos empezaban a mandar oleadas de guardias que subían la colina. Nosotros simplemente los dejábamos llegar a cierta distancia y cuando el comandante decía 'Fuego', ¡Pum! Iban cayendo ta-ta-ta-ta-ta-ta-ta... Y era todo el día matando hombres. Todo el día matando hombres. Había una pausa. Se retiraban. '¡Alto al fuego!'. Recuperábamos alguna munición, algunas armas y a todos, absolutamente a todos los cadáveres les encontrábamos droga entre los bolsillos de sus uniformes. Una hora de descanso o media hora, y otra oleada y cuando estaban cerca, uno les veía los ojos saltados y vidriosos y pensaba que tenían hijos, que tenían madres, que tenían hermanos y que había que matarlos o sino ellos te mataban a ti. Los veíamos subir. Parecían robots que se venían encima, y otra vez, '¡Fuego!' y otra vez, ta-ta-ta-ta-ta-ta-ta. Y era todos los días igual: Mate hombres y mate hombrez, y mate hombres. Y luego a mí me vienen a contar historias de que la guerra es bella, a cantar odas y a hacer alegorías de la belleza de esta mierda que es la guerra.

"Sobre la una de la mañana una guerrillera muy joven con su pequeño revólver en la cintura se nos acercó trayendo una olla llena de café humeante. Roberto la miró y le preguntó cuantos años tenía.

—Quince, dijo ella.

"Una vez se alejó, Pablo comentó: 'A su edad, ¿cuántas mujeres han tomado una decisión como la suya?'.

—¡La guerra! —continuó Montoya— te suceden cosas como la de Estelí y aún seis meses después, un año después, te despiertas en mitad de la noche y las recuerdas y empiezas a sudar y algunas veces lloras. Terminas llorando, maestro. Terminas llorando... En nuestro grupo había un par de médicos y por las tardes era tanta la cantidad de cadáveres allí frente, que les propuse que bajáramos ya sobre las seis, cuando el sol se estaba apagando y la Guardia se replegaba. Encontramos algo muy práctico, tal vez porque alguien lo había leído y resolvimos hacerlo: Recostábamos algunos cadáveres contra los árboles o contra las cercas, colocándolos de pies. Una vez allí, les hacíamos una cortada profunda en los talones, poníamos pólvora dentro de la herida, y les prendíamos candela. Comenzaban a arder y no se apagaban hasta cuando estaban totalmente consumidos. Eran teas que daban una luz más brillante que aquélla. Quemaban y quemaban toda la noche y nosotros las mirábamos en silencio, durante horas. ¿Qué más podías hacer? Si no incinerábamos parte, al día siguiente el peligro de epidemia era mayor... ¡Mierda! ¿A eso se le pueden cantar odas?'

"Faltando diez minutos para las siete de la mañana llegué a Sullberg, en el barrio Blankenese y a pesar de la bruma, que al parecer comenzaba a disiparse por el sol, pude distinguir buena parte de las 63 dársenas del puerto y un laberinto de grúas, buques, diques, depósitos y astilleros a lo largo de unos 56 ó 57 kilómetros de muelles.

"Para mí era una visión de Hamburgo bien diferente a la de la mañana anterior cuando la cita con Heinz fue cerca del Lombardsbrüke, el puente que separa los dos lagos del Alster. Heinz llegó dos minutos antes de las siete y sin que el auto se hubiese detenido totalmente, comenzó a abrir la puerta para que yo saltara dentro y nos dirigiéramos al muelle donde estaba fondeado el 'Roland Crussy' que, al parecer, iba a ser el buque escogido para la operación: 'Heinz sabe bien su trabajo, de manera que no esperes una equivocación', me habían dicho la tarde que tomé el avión a Frankfort y por tanto estaba obligado a creer en él.

"Aun cuando toda la gestión de compra de armas, municiones y buque se adelantaba a través de un agente, mi viaje a Europa fue determinado para que adquiriera un conocimiento mejor en el mercado negro de armas, con el fin de no depender tanto de los intermediarios en el futuro. A la vez, Pablo quería que, sin entorpecer ninguna de sus decisiones, yo estuviera presente en parte de la negociación a manera, digamos, de supervisor, puesto que la suma comprometida en el negocio era considerable.

—Anoche me comuniqué con alguien del puerto —dijo Heinz— y me contó que el buque tiene, al parecer, un historial limpio y eso es bien importante, no sólo para los movimientos que deberá realizar en Europa sino para lo que venga adelante. Además, el capitán me dijo que los documentos están en orden para la venta.

—Y, ¿el cambio de bandera?, le pregunté.

—Ningún problema. Voy a solicitarlo en el consulado de Honduras, que es uno de los más ágiles en este tipo de trámites. Al parecer a ellos les interesa matricular el mayor número de buques en su país.

—¿Operación legal?

—Totalmente legal. De acuerdo con las características del barco, no creo que pase de ocho mil dólares o
algo así. Desde luego habrá alguna documentación
que se demore más tiempo del que necesitamos para
el zarpe, pero a cambio nos darán unos papeles provisionales con los cuales es posible moverse.

—Y, ¿la tripulación?

—Mira, es gente que sabe su oficio, de manera que
sólo habría que incluir al español que tú quieres. Ninguno conoce demasiado de América y esa es una ven-
taja para ustedes. Otra cosa a favor: El buque es de
propiedad de una compañía de cabotaje que mueve
carga por el Elba y con ellos no hay contratiempos en
el trámite de compra. Hasta ahí todo me parece claro.
Creo que el único problema podrían ser los seguros,
pero hay manera de arreglarse con unos papeles que
fabrica mi amigo y así poder zarpar hasta España donde se arregla la cosa fácilmente y en forma legal... si
ustedes quieren eliminar posibles dolores de cabeza
cuando salgan de allá.

"Aparentemente la única noticia que Heinz tenía
de mí, era que venía de Suramérica y que pertenecía
a alguna organización guerrillera de cualquier país, lo
que no parecía impresionarlo pues estaba en su trabajo y solamente le interesaba hacer bien las cosas y
cobrar una participación. Sabía que cualquier falla lo
perjudicaría ante los comerciantes para los cuales trabajaba y eso representaba una buena dosis de tranquilidad para mí.

—No somos una organización millonaria —le dije—
y por eso me preocupa un poco el precio del barco.

—Es imposible conseguirlo más barato, chiquillo. El
capitán me dijo que la compañía lo estima en unos
220 mil dólares, pero si lo venden para ser desguaza-

do, es decir, para utilizarlo en fundición, pueden recibir mucho menos que eso, de manera que lo vamos a negociar todavía a mejor precio, incluyendo las comisiones acostumbradas... En el momento no me parece que podamos hallar nada mejor, así que es necesario tomar la decisión hoy mismo, para iniciar los trámites lo más pronto posible. Las fechas que me ha dado Panamá están encima. No hay mucho tiempo que perder, ¿Correcto?

—Correcto.

"Con anterioridad, Pablo había ordenado que se entregara medio millón de dólares al agente en Panamá en el momento de poner a marchar el negocio. Los 300 mil restantes y algunos dineros aportados por otras organizaciones guerrilleras —que inicialmente aceptaron el negocio— sumaban otro medio millón.

"Este dinero, que sería cancelado a los agentes del mercado negro una vez que el buque estuviera totalmente cargado en el Mediterráneo, fue consignado en un banco de Las Bahamas, desde el cual se ordenaría una transferencia a favor de un número de cuenta determinado en un banco de Zurich, quedando así saldado el trato.

"En cuanto el aporte de las demás organizaciones —que aceptaron carecer de infraestructura para recibir estos materiales— nos fue cedido en calidad de donación, viendo que ya estábamos embarcados en el negocio.

"Una vez en el puerto, atravesamos parte de los muelles donde atracan los grandes trasatlánticos y al fondo encontramos uno con buques de menor tamaño donde Heinz me dijo que hallaríamos el 'Roland Crussy'. Había centenares de ellos y aun cuando buscaba afanosamente el nombre en lo alto de sus proas, no lo pude localizar hasta cuando estuvimos a escasos diez metros de él.

"Junto a los monstruos que habíamos dejado atrás, nuestro buque parecía diminuto. Estaba allí, asegurado por un par de cabos que pendían de la proa y la popa y se alargaban hasta las bitas plantadas en el muelle. Aparentemente estaba descuidado pero Heinz pidió que no me guiara por su aspecto herrumbroso y su pintura deteriorada.

—Lo importante está adentro, señaló avanzando por la escala, al final de la cual lo esperaba un hombre de unos cincuenta años, que al vernos hizo una seña para que avanzáramos con confianza. Heinz lo saludó, me lo presentó y luego de algunas frases iniciales, seguimos hasta el puente que se levantaba sobre la popa.

"Desde allí y mirando al frente, se veía la escotilla de una gran bodega, forrada con una lona verde y más atrás una serie de aparejos, cables y la base de las plumas o grúas para movilizar la carga. Debajo del puente estaban los camarotes de la tripulación, generalmente compuestas por sólo cuatro hombres, y no lejos de ellos, el cuarto de máquinas, que para Heinz se hallaba en buen estado. Aun cuando lo había revisado la víspera, pidió algunos papeles y volvió a pasarle una revista, que demoró algo más de media hora.

"De regreso al puente tomó nota de lo que había allí y me explicó que por tratarse de un viejo barco de río, no contaba con instrumentos como el radar, pero que, en términos generales, éste podía ser sustituído en un crucero, hasta cierto punto por la gran pericia de la tripulación y por otros aparatos menores. Allí también tomó una serie de apuntes gracias a la ayuda del hombre que nos acompañaba y bajamos hasta la bodega, donde hizo énfasis en la necesidad de reforzar el casco en ciertas zonas de la obra viva, que dijo, era la parte del buque que navegaba bajo la línea de flotación.

"Un poco después de las diez de la mañana abandonamos el muelle y pude darme cuenta que el hombre estaba tan satisfecho con el hallazgo, que descartó regresar en busca del segundo buque, que le parecía inferior por el estado de las máquinas. Tomamos el auto y después de atravesar el túnel que corre por debajo del río Elba, regresamos a la ciudad.

—No me gustó el estado del motor del bote salvavidas. El viejo me confirmó que tenía más horas de uso que las ordinarias y por eso hay que comprar uno totalmente nuevo, dijo, y recordando lo que más le había llamado la atención durante nuestra visita, me explicó que era necesario adquirir una radio para comunicación a grandes distancias. Luego habló de los refuerzos del casco, subrayando que era amigo de extremar las medidas de seguridad. Creo —agregó— que con estos detalles nuestro buque estará moviendo la propela muy pronto.

—¿Cuánto crees que se demoren los trámites?, le pregunté.

—Cosa de días, pero estamos dentro del tiempo previsto. Esta misma tarde me pondré en comunicación con la compañía propietaria y más adelante con el consulado de Honduras, las autoridades portuarias, la tripulación, un astillero que nos hará el trabajo de la parte de adentro... Bueno, creo que muy pronto estaremos listos para zarpar.

"Nos despedimos en la avenida Jungfernstieg, luego de acordar una nueva cita diez días más tarde en Frankfort, mientras me trasladaba a Munich en busca de noticias sobre la marcha de la negociación del millón de municiones 7'62 para los fusiles.

"Aquella misma noche abordé un tren y allí me hospedé en un hotel cercano de la estación. La mañana siguiente fue calurosa y despejada, y desde Karolinenplatz, en el corazón de la ciudad, podían verse perfectamente las crestas de los Alpes.

"A un par de calles estaba la oficina de Karl, en el tercer piso de un edificio antiguo, cuya escalera —decía él— era la mejor alarma, puesto que los tablones crujían muy duro cada vez que uno ponía los pies encima.

"Karl coordinaba para el agente de Panamá el negocio de la munición. Era un hombre de unos sesenta años que a primera vista semejaba la figura de un profesor, por su cabello largo y desgreñado que le caía a los lados de la calva, hasta taparle completamente las orejas.

"Cuando entré me miró desde su silla por encima de los anteojos y una vez me reconocío exclamó un ¡Ja! que me pareció de satisfacción.

—Ni más nimenos que el hombre de Suramérica. Jústamente lo estaba esperando porque las cosas están a punto de concluir. El material puede ser entregado en Bremen dentro de cindo días.

—Pero el buque sólo estará listo dentro de ocho o diez...

—No importa. Lo mío estará listo dentro de cinco. Lo pueden cargar dentro de diez o dentro de quince. Es problema de ustedes.

—¿Ha hablado con Panamá en estos días?

—Sí. Allá ya están enterados de todo... La única demora estuvo en el certificado de destino. De todas maneras lo conseguimos dentro del plazo, pero más caro que lo habitual: diez mil dólares.

—¿Suramérica?

— ¡Africa!

"El certificado de destino o de destinatario, es un documento clave en cualquier negocio de armas nuevas o municiones y sin él ninguna fábrica vende nada, puesto que este tipo de negocios se hace de Estado a Estado. Las fábricas están controladas por los Estados y por tanto el certificado debe ser expedido y visado en los consulados. Algunos intermediarios los obtienen falsificados, pero el profesor prefería tramitarlos... legalmente, para evitar riesgos.

—Si tú caes en una operación de éstas —me había explicado— no sólo te vas al fondo de una cárcel sino que te llevas por delante a mucha gente. Es mejor conseguir en los consulados a algún funcionario que le guste el dinero y te evitas líos.

—¿Hace falta algo para terminar los trámites?, le pregunté.

—Sí, el nombre y los datos del buque, la fecha y el destino del zarpe. Eso básicamente. Cuando estén listos volvemos a comunicarnos personalmente aquí en Munich y adelantaremos lo que falta en cuanto a exportación y aduanas. ¿Qué hay del buque?

—Ya encontramos uno en Hamburgo y ayer mismo se iniciaron las gestiones para su adquisición y su nueva matrícula.

—Bien. La carga va a llegar de dos o tres sitios porque como es una cantidad más o menos apreciable, fue necesario conseguirla por diferentes conductos. Si usted va a una industria a pedir un millón de balas, inmediatamente se entera el Estado y confirmarán con el gobierno que expidió el certificado, ¿Me comprende?

"El profesor me explicó bien la legislación sobre comercio legal de armas, sistemas de transporte y embarque y en la noche volví a Frankfort para realizar otros contactos y comunicarme con Bogotá. Tenía que ordenar que se pusiera en marcha por parte de Roberto Montoya y de Luis —otro miembro de nuestra Organización— un plan que habíamos dejado listo antes de mi viaje a Europa. Luego volvería a ver a Heinz.

"Se trataba de que ellos dos tomaran una pequeña avioneta que tenía la Organización y, mientras terminaban los trámites para el embarque y durante el viaje del buque, exploraran las dos costas colombianas en busca de sitios aconsejables para desembarcar y luego encaletar, o sea esconder, el armamento.

"Desde tiempo atrás fue escogido un punto en el Pacífico y allí construíamos un campamento camuflado y varias caletas, o cuevas, pero ellos no lo sabían. Ahora se trataba de ampliar esa posibilidad a más zonas sobre los dos mares, en previsión de cambios que pudieran surgir durante el desenvolvimiento de la operación. Al frente de aquel campamento estaba 'Cerebro' —un miembro de la red urbana que se jactaba de saberlo todo— con veinte hombres de la columna guerrillera que trasladamos desde las selvas del Caquetá.

"La comunicación con Montoya debía ser breve y a través de una clave ('Contrate al técnico de los estudios de factibilidad'), que significaba contactar a Luis y empezar a trabajar".

LUIS: "Eran los últimos días de mayo de 1981 y yo administraba una avioneta Piper Cherokee-180, de propiedad del M-19. Tenía un solo motor —con cerca de 500 horas de vuelo por encima de lo que aconsejaba el fabricante— y le cabían tres personas además del piloto. Yo me acuerdo que para justificar mi papel, aparecía como un mafioso principiante con su avión y desde luego me vestía a tono con el papel: Cadena de oro en el cuello, camisas de raso desabotonadas hasta el ombligo para que se viera la cadena, cartera colgando de la muñeca... Roberto Montoya me dio el aviso y partimos veinticuatro horas más tarde. Tarea: Buscar pistas, playas, refugios, estudiar la manera de mover carga en diferentes puntos de las dos costas y de allí hacia el interior del país. También teníamos que dejar buenos contactos para el desembarque y la encaletada.

"Anteriormente se había acordado que íbamos a explorar por aire la costa Pacífica y por tierra y agua la del Caribe, gracias a las carreteras que hay en esa parte del país, y cuando llegó el momento volamos a Buenaventura con escala técnica en Cali.

"Había sobrevolado en muchas ocasiones el Pacífico Norte, es decir, desde Buenaventura hasta la frontera con Panamá y tenía un buen conocimiento de esa zona, de manera que le dije a Roberto: 'Por allá no hay pistas grandes sobre el litoral y tenemos que descartar toda el área. Concentrémonos en la parte sur, entre Buenaventura y la frontera con el Ecuador'.

"El día de la partida aterrizamos en Buenaventura y como en este país el que llega en avión particular es mafioso y lleva dinero encima, inmediatamente se le abren todas las puertas. A nosotros nos pasó lo mismo: Una vez detuvimos 'La Mosca' —como le decíamos al avioncito— se acercó un funcionario y se nos puso a la orden. Yo le pregunté qué pistas había hacia el sur y él con mucha malicia y una sonrisita de complicidad, empezó a enumerarlas en voz baja y nosotros a anotar. Tomamos una cerveza y le preguntamos qué requisitos necesitábamos para hacer el vuelo y él dijo: 'Ninguno, ninguno. Decolen y yo los reporto como volando hasta el puerto de Tumaco. No hay ningún problema'. Conseguimos gasolina, llenamos los tanques y le dijimos al piloto que decoláramos para un vuelo bajo, siempre por encima de la costa y comenzamos a buscar con detenimiento, ensenadas, canales y pequeñas bahías. Donde veíamos una playa larga le hacíamos varios sobrepasos, calculábamos y....
¡Tan! Ahí aterrizábamos. Creo que nos enterramos en tres o cuatro, pero sacábamos el avioncito con mu-

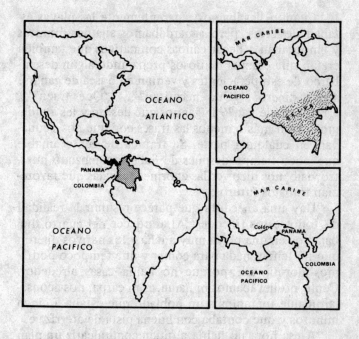

cha facilidad y volvíamos a despegar, cada vez más
hacia el sur. Recuerdo que aterrizamos en todas las
playas que permitían la maniobra de un avión grande,
porque en el Pacífico la marea cambia en forma impresionante y a diferencia del Mar Caribe, cuando la
marea baja, una playa de dos metros de ancha se con-
vierte a las pocas horas en una franja de arena de treinta o cuarenta metros. Generalmente ésta es una zona
de estuario con millares de laberintos, por entre los
cuales corren canales y canales de aguas profundas, en
los que se pueden mover embarcaciones de cierto calado. Islas y canales están cubiertos por un bosque de
mangle muy frondoso que hace del sitio un lugar ideal
para el tipo de desembarco en que nosotros estábamos pensando.

"Cuando llegábamos, aparentemente las playas estaban desiertas, pero aguardábamos algunos minutos y empezaban a llegar canoas con nativos que también creían que éramos mafiosos preparando algún desembarco de estupefacientes y venían en busca de ganarse algún dinero. '¿Qué necesitan?'... '¿Qué traen?'... '¿Para dónde van?' 'Dígannos qué desean y les ayudamos', eran más o menos las frases con que nos saludaban en cualquier parte. Se trataba de gente amable que poco tiempo después de haber comenzado nuestro viaje, nos hizo ver las enormes ventajas que favorecían trabajos futuros.

"Hay una anécdota que parece resumir la realidad de todos estos rincones: Al atardecer del cuarto día bajamos en una playa muy ancha y los nativos dijeron que no tenían nada para comer y que tampoco podíamos dormir allí porque no había casas alrededor. Como no llevábamos ni hamacas ni carpa, nos aconsejaron que fuéramos a un poblado que estaba a cinco minutos y que contaba con buena pista de aterrizaje.

"A esa hora no había a quien comunicarle un plan de vuelo. Simplemente decolamos y para legalizar nuestra llegada —no había torre de control— le dimos algunas vueltas a baja altura y aterrizamos más tarde.

"Apenas tocamos tierra, vimos varias personas alineadas frente a un pequeño rancho. Eran representantes de todos los organismos de seguridad y control que hay en el país... Enumérelos y haga cálculos de cuantas autoridades hay en Colombia y piense que los representantes de todas ellas nos estaban esperando.

"Carreteamos hasta la casita, me bajé adelante y cuando apenas había dado cinco pasos, se me acercó el que venía al frente del grupo —un uniformado sonriente y amabilísimo— y me dijo:

—Tranquilo, hermano que ya estamos arreglados. Desembarque lo que quiera que nosotros somos ciegos. Yo le contesté:

—Hermano, pero es que en este viaje no traemos nada. Venimos limpios.

"Ahí mismo se quedó mirándome con cara de rabia y, volviéndose a los demás, les pegó un grito:

—¡Esculquen a estos hijueputas!

"Bueno, pues nos pidieron toda clase de documentos de identidad, papeles del avión, nos requisaron casi hasta desnudarnos, revisaron el aparato centímetro a centímetro y como no hallaron nada, nos insultaron y empezaron a marcharse uno por uno.

"Así trabajamos una semana completa, al final de la cual habíamos obtenido una buena información de la zona, mapas, toda clase de apuntes, descripciones y observaciones. Lo más importante fueron los contactos con gente dispuesta a colaborar con cualquier operación clandestina.

"Una vez terminamos, nos trasladamos a Cali. Enviamos 'La Mosca' para Bogotá y recibimos un campero de la Organización para arrancar al día siguiente hacia las costas del Caribe que exploramos de punta a punta, desde el Golfo de Urabá hasta la frontera con Venezuela, ya en el desierto de la Guajira.

"En aquel sitio, llegábamos por tierra, veíamos los puntos que permitían acceso y luego nos embarcábamos y acabábamos de examinar la zona por mar, en pequeñas embarcaciones. Empleamos tres semanas trabajando día y noche y conociendo este país más que nunca.

"Imagínese que hay lugares a los cuales usted llega y la gente se le entrega casi inmediatamente, si hay un negocio ilegal de por medio. En cambio, cuando se les habla de cosas que están dentro de la ley, parecen aburrirse. Por ejemplo, llegamos a un pueblo y no encontramos hotel, ni un sitio para comer, ni nada, y lo único que vimos fue una lanchita que transportaba pasajeros hasta un pueblo vecino. Nos acercamos y preguntamos quien era el dueño y dijeron que el hombre poderoso del pueblo y alguien fue a llamarlo.

—Hombre —le dijimos— nosotros estamos pensando en traer desde Panamá unas toneladas de cigarrillos de contrabando y necesitamos planear el desembarco.

—Claro —contestó emocionado— Ustedes acaban de llegar al paraíso que necesitaban. Aquí cada dos días, cada cuatro, cargamos barcos con marihuana y descargamos otros con contrabando. Díganos como es la cosa y yo me encargo de montarle toda la operación sin ningún problema. Además hay tres salidas por tierra y le puedo conseguir camiones para que se lleve la carga.

—Bueno, le dije, pero es que después de los cigarrillos vamos a traer unos repuestos para automóvil y se trata de carga muy pesada.

—Usted puede traer tanques de guerra porque aquí somos expertos en eso. Yo tengo un bongo que puede transportar hasta diez toneladas entre el buque y tierra, dijo, y señalándonos la orilla de un río, nos condujo hasta donde estaba la embarcación.

"Ya por la noche nos llevó a su casa, mandó preparar una cena abundante que apuramos con vasos grandes de ron y luego colgó un par de hamacas para que durmiéramos. Durante la comida, le dije:

—También he pensado traer contrabando por aire, y él sonrió con más placer.

—Hombre —dijo— si aquí muy cerca hay una pista de aterrizaje abandonada. Una pista bellísima, bien afirmada y de más de dos mil metros de larga, con capacidad para aviones DC-4... Imagínese que hace muchos años la construyó una compañía petrolera norteamericana y cuando terminaron los estudios, se fueron y la dejaron. ¡Está perfecta!

"Al día siguiente nos levantamos temprano y fuimos con el hombre a buscarla: Tenía unos 2.800 metros de longitud y a pesar de llevar bastante tiempo sin uso, era posible ponerla a funcionar llevando trabajadores para eliminar el pasto que crecía en algunas zonas. Como estaba dividida por dos cercas de alambre, le preguntamos qué sucedía.

—Mire, dijo, es que los propietarios de esta finca son tres hermanos, pero si ustedes les pagan algún dinero, ellos quitan los postes y los alambres y les permiten usar la pista. Espérenme un momento.

"Se fue y regresó media hora más tarde con tres campesinos sonrientes que nos dijeron que no había ningún problema. Ellos nos alquilaban el sitio por treinta mil pesos —diez mil para cada uno— y además conseguían los trabajadores para que fumigaran la yerba con matamalezas, las bombas de aspersión para esa labor y las mangueras para conducir agua hasta el lugar. Esto último como cortesía de la casa.

"En adelante tuvimos más éxito en nuestra tarea porque en cualquier parte encontrábamos pueblos enteros dispuestos a hacer lo que propusiéramos, si a cambio había negocio. Al final rendimos un informe detallado, en el cual se recomendaban tres sitios aptos para la operación que nos habían descrito: 'Desembarco de cargamentos pesados, encaletada y posterior transporte hacia el interior del país''.

FEDERICO: "El 30 de junio por la mañana volví a ver a Heinz en un restaurante del Roemer —lo único que queda de la ciudad vieja de Frankfort— y para entonces ya estaban prácticamente culminadas las gestiones del buque, ahora con otra bandera, nueva tripulación y el nombre 'Karina', porque, según me dijo, así se llamaba una hija del intermediario principal en el negocio y él le pidió que lo bautizara así:

—Como te dije —explicó— los documentos de propiedad y un par de licencias han salido provisionales, pero eso es normal y nos permiten movernos sin problemas. Una vez expidan los papeles definitivos, los mandaré por correo a Panamá.

—¿Por cuánto cerraste el negocio?

—¡Ja! ¿Por cuánto crees?

—No sé... ¿Doscientos?

—195 mil dólares, incluyendo comisiones y el refuerzo de las partes del casco, que quedaron listas ayer por la mañana. También se compraron el aparato de radio, el motor fuera de borda para la lancha y el día 3 por la mañana nos darán tanqueo de combustible, agua potable y comida para unos diez días, que es lo que debe gastar en la primera etapa, según me anuncia Panamá. Ellos dicen que tienes que viajar a Munich esta misma tarde, porque la orden de zarpe fue solicitada para el 4 de julio y tenemos el tiempo justo para el primer embarque de mercancía.

—¿Para dónde solicitaste el zarpe?

—Surinam en las Guayanas. Inicialmente trataron de poner problemas pero nuestra gente en Bremen y Hamburgo, consiguió —no muy legalmente— el permiso para meternos a la mar transportando piezas para maquinaria de la industria arrocera...

—Y ¿la nueva matrícula?

—Eso es una cosa rutinaria. Honduras, bandera azul y blanca, como todas las de Centroamérica. En eso también logré bajar el presupuesto: Seis mil dólares toda la gestión.

—Dime, ¿qué instrucciones tiene la tripulación?

—Un puerto pasando primero por ruta conocida: Mar del Norte, Calais, le darán la vuelta a España y Portugal, luego el Estrecho de Gibraltar y de ahí en adelante al Mediterráneo, donde recogerán la carga faltante. Allá recibirán instrucciones para el resto del viaje... ¡Ah! de Bremen mandaron cartas de navegación para el Mar del Norte, para el Atlántico, el Caribe y Suramérica, y ya están a bordo. Se trata de tener una buena cantidad para que los marinos no sepan con exactitud el destino final.

—Y ellos, ¿qué dicen?

—No son bobos. Es lo que se acostumbra siempre en este tipo de tráfico, pero por más que les llenes los camarotes de papeles, olfatean bien las cosas. Además se les dijo que el zarpe estaba para Surinam y tienen idea de que la cosa será en América Central.

"Según Heinz, al regreso era necesario hacer una escala en España para gestionar las pólizas de seguros, puesto que la partida se haría con papeles falsificados y era un riesgo continuar el viaje en esas condiciones. En total habían sido embarcados cuatro hombres: Tres alemanes de gran experiencia y un español.

"El español radicado en Alemania, más que capitán era alguien que ganaba mejor que los demás por su relativa confianza hacia nosotros, los latinos... Era tener un pirata en quien confiar en medio de los demás piratas... Y de ahí en adelante había que confiar mucho.

"En cuanto al puerto donde fueron cargadas las armas, nunca supe su nombre porque no me lo dijeron, Era una operación que llamamos, 'Compartimentada', es decir, que uno conoce solo partes del rompecabezas, de manera que si sucede algo imprevisto, es incapaz de armarlo. El Mediterráneo es un mar de piratas donde abundan los contrabandistas, los traficantes. Allí, en una ciudad africana, debían recoger los mil fusiles, cinco mil proveedores y regresar a las Islas Canarias, donde estaba previsto el último abastecimiento, antes del cruce del Atlántico. Su destino real eran Aruba y luego el puerto de Colón, en Panamá.

"Esa mañana escuché detenidamente las explicaciones de Heinz, quien debía partir sobre el medio día para Hamburgo a dar los toques finales de su trabajo, mientras yo lo haría con destino a Munich, puesto que, según calculaba, el Profesor contaba con el tiempo justo para ordenar la entrega de la munición. Una vez finalizara mi entrevista con él, las instrucciones eran regresar a Frankfort y tomar el primer avión para Colombia, quedando el resto de la operación en manos de los negociantes".

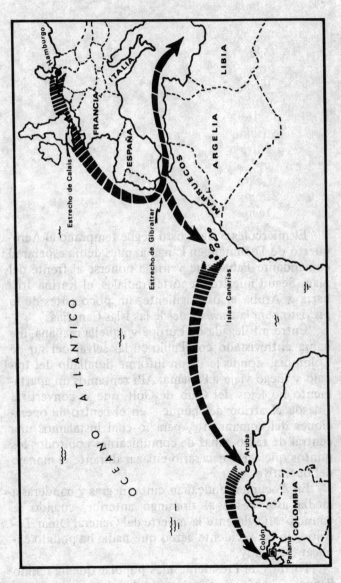

Ruta del Karina.

"El miércoles 5 de agosto llegué temprano al Aeropuerto de Tocumen, en Panamá, pues debía esperar al comandante Pablo que venía a ponerse al frente del plan. Según nuestros reportes radiales, el Karina arribaría a Aruba el día siguiente, un poco antes de lo previsto para la travesía desde las Islas Canarias.

"Entre mi llegada de Europa y aquella mañana, me había entrevistado con Pablo en las selvas del sur de Colombia, donde le di un informe detallado del trabajo y luego viajé a Panamá. Allí rentamos un apartamento no lejos del Club de Golf, que se convertiría —desde el arribo del buque— en el centro de operaciones del comandante, para lo cual instalamos una central de radio capaz de comunicarnos con todos los puntos que sería necesario enlazar durante el manejo del operativo.

"En Tocumen ondeaban cintas negras y banderas a media asta desde el domingo anterior, cuando se anunció oficialmente la muerte del General Omar Torrijos, en un accidente aéreo que nadie ha podido explicar hasta hoy.

"Torrijos, el Presidente más popular que ha tenido Panamá, había sido enterrado la víspera, y ahora,

frente a mí, el avión presidencial de Colombia —un
Fokker blanco con azul— ofrecía su escalerilla a los
dignatarios que habían acudido al sepelio. A la cabeza avanzó López Michelsen, un expresidente de la República. Luego el Canciller Lemos Simmonds y detrás
de ellos el hombre que en ese momento más odiaba y
más perseguía a Pablo en Colombia: el General Camacho Leyva, ministro de Defensa del régimen.

"Simultáneamente vi cómo aparecía frente a la
nariz del Fokker la pequeña avioneta del M-19 en que
venía Pablo desde Colombia. Los dos se cruzaron a
pocos metros y pude distinguir cómo el compañero se
agachaba para evitar ser identificado.

—¿Los viste?, me preguntó cuando nos encontramos. Sonrió miró hacia atrás y todos vimos a través
de los ventanales cuando el Fokker comenzaba a ponerse en movimiento en busca de la pista.

"Durante los nueve días siguientes preparamos algunos detalles del plan general y el 15 de agosto al
medio día, el Karina fondeó en Colón. Más tarde el
Centro de Pilotos del puerto le indicó que podía moverse hasta un sitio llamado Frank Fill, en Bahía de
las Minas.

"Desde su salida de Aruba, nosotros habíamos veri-
ficado la ruta por radio y cuando anunció que estaba
fondeado en la bahía, nos dirigimos al muelle para
constatar su arribo.

"Dentro de la bodega encontramos tres contenedores guardando munición armas y proveedores, pero
pudimos advertir que la tripulación los había abierto
y conocía su contenido. Conversamos con el español
unos minutos y al salir a cubierta hallamos borracho a
uno de los alemanes y sin mucho esfuerzo nos dijo en
inglés que adentro venían armas para el Salvador en
Suramérica. El no entendía como era el problema por

estos lados, pero para ellos, el Salvador era la guerra del momento.

"Desde el principio, la decisión había sido devolverlos pronto, pero ante lo que acabábamos de escuchar, determinamos que no podían permanecer allí más de 24 horas y esa misma tarde les pagamos los últimos dólares y a cambio prometieron largarse en el primer avión con destino a Europa.

"Esa noche dejamos a bordo a alguien de confianza y al día siguiente, cuando regresamos, nos encontramos con que —piratas, al fin y al cabo— habían abandonado el buque llevándose la planta eléctrica, los aparatos de radio y algunos instrumentos de menor importancia. (Hasta ese momento habíamos invertido un millón cien mil dólares y no teníamos un centavo más para continuar adelante).

"De regreso al apartamento del Club de Golf, le contamos a Pablo los pormenores y me dijo que buscara a un centroamericano muy simpático residente en Panamá, con quien habíamos trabado alguna amistad en viajes anteriores. Debía pedirle indicaciones sobre los pasos siguientes. Es que... no teníamos ninguna experiencia en administración de buques: No exagero si anoto que nunca llegamos a imaginarnos que, por ejemplo, la sola presencia del Karina en un muelle, demandaba diariamente una suma alta de dinero, ni que existían servicios como los Ship Chandler, abastecedores de comida, agua dulce, lavandería y material de estiba. Es decir, repuestos, herramientas, cadenas, cabos, madera... O que cada tanqueada nos iba a costar doce mil dólares.

"Ese centroamericano tenía tres barcos que movían contrabando entre Miami y el Caribe: whisky, cigarrillos, perfumería, enlatados, y en Panamá se movilizaba en un automóvil azul metálico, muy ruidoso, por lo que Pablo le puso, 'El Hombre del Abejorro Azul'.

"Fui a su oficina y le conté que para financiarnos habíamos resuelto llevar un poco de contrabando a Colombia, pero que por inexperiencia, estábamos metidos en un lío con un buque, cargado y prácticamente abandonado en el muelle.

" 'El Abejorro' me dio una serie de consejos y entre frase y frase realizó varias llamadas telefónicas y fue anotando en una hoja, las direcciones de los sitios que ese mismo día debía visitar.

"Para él, lo más importante era conseguir una tripulación local: 'Perros viejos en este oficio, que por fortuna abundan en Panamá', me dijo y preguntó por la línea del buque.

—Una embarcación vieja, comprada en Hamburgo, le expliqué, él pensó unos minutos y respondió:

—Tienen que ser máquinas... desde luego alemanas, diesel y con tecnología europea que no es muy trajinada por estos lados. Déjame ver. Déjame ver.

"Pensó durante algunos minutos y luego dijo, '¡ya!'. Buscó en una libreta y anotó en la hoja el nombre y la dirección de un viejo español de 55 años que después de vivir mucho tiempo en Suramérica se enterró por el resto de su vida en Colón.

—Es un estupendo mecánico y conoce bien esas máquinas alemanas. Además, no se trata de un pirata, aún cuando jode mucho y sufre de mal genio. Ustedes necesitan alguien de total confianza y ese gallego es el hombre. Si logras embarcarlo, él te ayudará a conseguir al resto de la tripulación.

"En ese momento le di una información vaga y fraccionaria sobre los planes que teníamos con el buque y una vez realizó cálculos, me dijo que la operación costaría aproximadamente 150 mil dólares, si tardaba un mes. Incluía compra de combustible, comida, pago de derechos en la Zona del Canal, sueldos de tripulación, planta, radio, y la suma me pareció excesivamente alta. Sin embargo, una hora después pude comprobar que no era exagerada.

"En términos generales, el plan inicial era entregarle en el Océano Atlántico algunas armas a las Farc —otra organización guerrillera colombiana— atravesar el Canal de Panamá y navegar hasta las caletas que se habían construido en la costa del Océano Pacífico, donde desembarcarían el resto de la carga. Nosotros calculábamos para toda esta vuelta, una duración máxima de quince días.

"A la tripulación le diríamos primero que los movimientos se harían sobre el Caribe, y después, cuando estuviéramos listos para enfrentarnos a la travesía del Canal, les pagaríamos nuevamente para que entraran al Pacífico. Se trataba de no decirles desde el principio cuál era el destino final de las armas.

"El Abejorro" terminó su trabajo y me aconsejó movilizarme rápido dadas las condiciones en que se encontraba el barco. Cuando le dije que no tenía en qué movilizarme, sonrió y me estiró las llaves de su auto azul metálico para que lo usara el resto del día.

"El español era realmente un tipo áspero, entrado en años, pero con aparente vitalidad y conocimientos suficientes para ponerse frente a las máquinas del Karina. Al contratarle le dije que se trataba de un viaje 'especial', dándole a entender que el buque estaba cargado con contrabando, pero eso no lo impresionó. Simplemente pensó unos segundos y dijo que cobraría una suma también 'especial' por su trabajo. No había problema de nuestra parte y fuimos inmediatamente a conocer el buque.

"Una vez a bordo, lo recorrió de punta a punta, miró con alguna desconfianza los contenedores y al final puso como condición para comenzar, que compráramos la planta y un aparato de radio. Finalmente acordamos el sueldo y quedamos en que subiría al Karina tan pronto le entregara mil dólares como anticipo de honorarios.

"Le pregunté si podía ayudarme a conseguir al resto de la tripulación y respondió secamente que seguiríamos hablando una vez cobrara su dinero. De regreso al centro de operaciones, Pablo me dijo que no había siquiera para pagar los mil dólares del español.

—La única salida es buscar a Garibaldi y pedirle que nos ayude... Háblale de cien mil verdes.

"Garibaldi era un mexicano, también radicado en Panamá, que trabó buena amistad con Pablo. Le decíamos así porque cuando coincidíamos con él en México, nos invitaba a beber Ponche de Granada con maní y a escuchar mariachis en la plaza de Garibaldi. Extrovertido y generoso, su trabajo era el comercio entre México y Suramérica y aun cuando no se trataba de un millonario, yo diría que era boyante. Pablo le había contado un par de años atrás en qué andábamos y aunque no comulgaba con nuestras ideas, le atraían la personalidad del comandante y ese mundo de aventura en que vivía metido. 'Es que yo soy un pinche aventurero frustrado', decía con frecuencia.

"Como aquélla no era la primera vez que le solicitábamos ayuda, tomé el auto y me dirigí a su oficina pero no lo encontré. Estaba en una bodega de su propiedad en la Zona libre de Colón y mientras recorría el camino, imaginé cual sería su respuesta: 'Fíjate que no tengo toda esa cantidad ahora, pero vamos a ver si cobro una cartera vencida o busco quien me haga un préstamo... Llévate esto mientras les consigo el resto'.

Esa era la reacción siempre que tocábamos a su puerta y aun cuando no nos facilitaba toda la suma pedida, tampoco decía que no: Si le hablábamos de siete mil, él nos conseguía tres mil; cuando la cosa era de cincuenta, nos entregaba veinte, o treinta, y si no tenía nada decía: 'Estoy en la re-cabrona, pidan prestado que cuando yo tenga, les doy'. Y nos daba. Siempre nos sacaba de líos y nunca llegó a cobrarnos. Realmente lo hacía porque estimaba mucho a Pablo.

"Esa noche hablé con Garibaldi y, efectivamente, un día después nos entregó 60 mil dólares con los cuales contratamos al resto de la tripulación, ordenamos tanquear el buque y compramos el aparato de radio, quedando pendiente la instalación de la planta, puesto que no nos alcanzaba el dinero. Consultamos con expertos y nos aconsejaron reemplazarla por un par de baterías que, según ellos, nos sacarían del problema temporalmente, mientras recibíamos algunos fondos de Colombia. A esta altura, la operación se veía tan costosa que fue necesario recurrir a más gente y luego de idas y venidas, gestiones y cantidades de llamadas telefónicas, el 18 de agosto por la tarde logramos redondear los 150 mil.

"En ese momento la tripulación quedó formada por Polo, un capitán nacido en la isla colombiana de San Andrés —en El Caribe— que vivía en la zona portuaria de Colón, en una de aquellas casas grandes en las cuales la gente está hacinada cerca de decenas de bares y prostíbulos con mujeres colombianas, panameñas, argentinas, peruanas, salvadoreñas... Era un negro que luego de recorrer el mundo se quedó a vivir allí desde el año sesenta o sesenta y uno, y no se sentía ni sanandresano ni colombiano. El era caribeño. Caribeño del grupo de color con alguna ascendencia inglesa —como todas las gentes de esas islas— y para él su hermandad eran los negros-anglos. Nunca pensó en cosa diferente de sus negritudes y su mar. Era 'chombo' y pensaba y actuaba como 'chombo'.

"Recuerdo que fui a un bar de marineros para convencerlo de que se embarcara. Hablaba ronco y fuerte y bebía mucho ron. Una vez entablamos conversación, me descontroló porque dijo secamente y sin rodeos: 'No joda, ustedes llevan ahí fusiles y nos vamos a meter en un problema'.

—Y, ¿quién le dijo que eran fusiles?, pregunté vacilante.

—Mira, mi hermano —respondió mirándome fijamente— aquí se saben las cosas antes de que tú las hagas... Hace unos días andaba por ahí un alemán borracho y se lo contó a las chicas de la casa de Toña. Dijo que venían de Hamburgo.

—¿El hombre continúa por ahí?

—No, el pobre diablo se fue sin un centavo. Sólo tenía un pasaje aéreo y alguna ropa, y las mujeres le dieron 200 dólares. Se había gastado una fortuna con ellas.

"Luego de darle vueltas a la conversación, logré convencerlo de que teníamos dinero para responder y le alcancé tres mil dólares en billetes de cien, a cuenta de los diez mil que cobraba por trabajar un par de semanas. El resto —le dije— te lo entrego cuando termines el trabajo. Además, (y eso fue lo que lo hizo decidirse), una vez regrese, el buque tendrá que trabajar y tú te quedarás como capitán.

"Así hablamos luego con 'Veneno', un hombre también curtido en el mar, primo del General Noriega —el hombre fuerte de la Guardia Nacional panameña— y medio socio de Polo, por lo que aceptó embarcarse sin mayor resistencia.

"El cuarto hombre era 'Chocó', un negro brillante, azul, alto y acuerpado que había nacido en Acandí,

pequeño puerto colombiano de pescadores, cercano
de la frontera. Desde muy pequeño había soñado con
el mar, pero como por su pueblo no cruzaban, ni mucho menos se detenían grandes buques, un buen día
emigró a Panamá, y allí se inició como marinero. De
esto, me decía, habían pasado dieciocho años.

"En tanto, Pablo insistió ante las demás organizaciones guerrilleras de Colombia para que aceptaran
parte del cargamento, ahora como un regalo . El decía
que le parecía suciedad no hacerlo, pues habían apor-
tado ya algunas cantidades de dinero. No obstante los
únicos que dijeron que sí, fueron los dirigentes de las
Farc y acordamos la entrega para el 22 de agosto.

"Roberto Montoya se hallaba en Panamá y comenzamos a repasar dentro de las filas guerrilleras, los
nombres de aquellos que por sus antecedentes y su
capacidad, podrían ser llamados a subir al Karina.

"Al cabo de un par de reuniones fue elegido 'Salvador', uno de los ocho sobrevivientes de la columna
que meses atrás fue arrasada en el Chocó, zona selvática colombiana sobre el Océano Pacífico. Esa misma noche nos comunicamos con el responsable de la
Organización en Bogotá, le dimos la orden de trasladar a 'Salvador' a Panamá y le pedimos que escogiera
al resto del comando para una operación que él mismo desconocía".

SALVADOR: "Para esos días yo estaba en una
etapa de recuperación física y síquica. El desembarco
de nuestra columna guerrillera en el Chocó había fra-
casado, y de cuarenta y dos hombres y mujeres que
atravesamos la playa y nos internamos en la selva para
establecer el nuevo frente de guerra, solo sobrevivi-
mos ocho pero con graves quebrantos de salud, desnutrición y heridas infectadas. Unos cayeron en combate, otros fueron fusilados y los demás se perdieron.

No los encontró nadie. Simplemente los acabó el medio, se enfermaron, murieron de hambre...

"Como las cosas no estaban bien, me enviaron a una casa de campo a recuperarme. Allí comencé nuevamente a organizar las ideas. Es que, sea como sea, el fracaso lo deja a uno traumatizado, con problemas de tipo sicológico y la verdad es que, incluso... bueno, ya tenía pesadillas y problemas: por ejemplo, alguien cerraba con fuerza una puerta y yo brincaba o terminaba tendido en el suelo de la habitación. Sentía angustia, sentía depresión, sentía una serie de cosas que me preocupaban porque, digámoslo, no eran normales, ¿sí? Pero el tiempo fue haciendo lo suyo y cuando ya me sentía recuperado, recibí la orden de viajar de regreso a Bogotá.

"Allí me dijeron que el 18 de agosto tenía que estar en Panamá. No sabía con que fin, ni pedí explicaciones porque no tenía por qué pedirlas... Y si lo hubiera hecho, no me las iban a dar, de modo que escuché bien las instrucciones, pregunté pocas cosas y luego preparé una 'cobertura', es decir, una coartada que se pudiera sostener, porque ya me había movido por el aeropuerto de Panamá y sabía que allí ponían problemas. La cobertura es necesaria para sostener una situación real en determinado momento y mi historia era que iba a comprar mercancías para traer a Colombia y hacer negocio. Por eso precisamente llevaba 2.500 dólares. Luego repasé un par de veces las preguntas que hacen en inmigración: '¿Cuánto tiempo se va a quedar aquí?'... '¿En qué fecha nació usted?'... '¿En qué hotel se va a hospedar?'... '¿Qué clase de mercancía compra?'... Algo sencillo pero que tienes que llevar listo en la punta de la lengua para soltarlo sin vacilación.

"Más tarde hice contacto con un equipo de personas de la Organización, especializadas en conseguir estos documentos clandestinamente, y por la noche me entregaron una cédula de ciudadanía —el documento básico de identificación en Colombia— y un pasaporte internacional que resultó defectuoso porque la fecha de nacimiento no coincidía con la de la cédula y para salir del país ese es un detalle que tienen en cuenta las autoridades.

"Mi problema era viajar al día siguiente por la mañana y ya no me quedaba tiempo para pedir otro pasaporte. Entonces tenía que borrar. Y borrar sobre un papel de seguridad que se estropea fácilmente. No había otra salida y borré. Claro, la fecha desapareció, pero entonces el papel quedó blanco en el sitio. Pensé unos minutos y vi que lo primero que debía hacer era conseguir una máquina eléctrica IBM con un tipo de letra igual al que utilizan en el Ministerio de Relaciones Exteriores. Eran las ocho de la noche y la encontré a las once. Escribí con cuidado y arreglé esa parte. Pero quedaba por hacer lo que me parecía más difícil: Devolverle el color original al papel y yo no sabía como hacerlo. Busqué a las dos o tres personas que me podrían ayudar, pero no estaban a esa hora en sus casas. Esperé y por fin a la una y media de la madrugada apareció una chica que me dijo que el asunto era fácil si encontrábamos un lápiz color violeta y otro amarillo. ¡Una y media de la mañana!... a las dos y quince apareció otro amigo, que, desde luego no tenía los lápices pero nos prometió conseguirlos con alguien y, por fin, sobre las tres llamó y dijo: 'Listos'. Llegó con ellos a las tres y media y entre todos empezamos a colorear, a colorear, a colorear con mucho cuidado, con calma, hasta que finalmente la cosa quedó tan bien reconstruída que para observar el borrón era necesario acercarse el pasaporte hasta la punta de la nariz.

"A las ocho de la mañana tomé un taxi, pero cuando habíamos andado unas pocas calles recordé que

debía llevar en la mano —como parte de mi identificación ante la persona que me contactaría— un número
de la revista 'Nueva Frontera' y, carajo, empezamos a
recorrer esa ciudad y a detenernos en cuanto kiosco
hallábamos pero la revista estaba agotada. 'Si no hay
aquí, menos debe haber en Panamá. ¿Qué hago?
¡Qué hago, carajo! Y recorra y recorra hasta que por
fin le dije al chofer: 'Vamos al aeropuerto. No la
busco más porque pierdo el vuelo'. Llegamos, localicé
un puesto de revistas en la zona internacional, me
acerqué y lo primero que vi fue, 'Nueva Frontera'.

—Es el último número, dijo la vendedora.

"Como un recurso, esperé con el fin de entrar a
emigración a última hora, puesto que las cédulas falsas que nos daban en esa época, traían un defecto de
impresión en el escudo de Colombia y las autoridades
portuarias conocían bien la cosa. Pero cruzando al
final de la fila, con prisa porque a uno lo va a dejar el
avión, es posible que le digan: ¡'Siga rápido'!

"Durante ese tiempo observé cuál de los funcionarios era menos problemático, escuché la última llamada para abordar y enfilé frente a la mesa de un hombre joven, cuidándome de mirar el reloj con aparente
angustia en el momento de entregarle los documentos
y efectivamente: Estampó un sello y sin mirar demasiado, dijo.

—Apúrese porque lo deja su avión. Siga.

"No sé qué me sucede pero siempre que llegó a Panamá tengo problemas con las autoridades, vaya bien
vestido o mal vestido; vaya bien peluqueado o como
un hippie; lleve ropa de ejecutivo o de cantante. ¿Será
mi cara?

"Aquel día entré a inmigración y un tipo me dijo: 'Venga acá, pase a esa oficina', y allí comenzó un interrogatorio que conozco de memoria:

—¿Qué viene a hacer aquí?
—Comercio. Vengo a llevar mercancía.
—¿Qué mercancía?
—Relojes.
—¿Sí? ¿Usted sabe de relojes?
—Sí.
—Cuánto dinero trae...
—Dos mil quinientos.

"Generalmente esos caballeros joden por varias cosas: Primero, para que tú saques un billete de veinte dólares y se lo regales. Segundo, para intimidarte y evitar que protestes y, tercero, para sondear y saber qué eres: Guerrillero, narcotraficante, contrabandista, una persona corriente... Yo no le di los veinte dólares. Recité mi cobertura y, al final, cuando me preguntó si conocía a alguien allá, le dije que a una amiga. Realmente tenía allí una señora conocida a quien había llamado la víspera por teléfono para decirle que iba a comprar relojes. Viaje de negocios. El me preguntó el teléfono y se lo di. Llamó a la doña y ella respondió que sí, que relojes, que viaje de negocios, que muy simpático. Entonces esculcó mi maletín, me hizo descalzar, revisó los tacones de los zapatos, ojeó la revista, me miró por todos lados y cuando se le acabó la imaginación, dijo, 'siga'.

"Quienes viajamos a esa operación, salimos en diferentes aviones, en diferentes empresas y en días y horas distintas y allí nos hospedamos en varios hoteles. La orden era registrarse y no moverse de la habitación hasta cuando entrara una llamada telefónica o

llegara alguien. Hice eso y una hora después sonó el
teléfono. Voz de hombre:

—Tres de la tarde. McDonalds.

"Llegué al sitio faltando cinco minutos, pero pasaron las tres, las cuatro, las cinco, ¡Las seis! A las seis y
cinco entró un hombre desgarbado y dije, 'Ese es'. Y
esa era. Dijo que se llamaba 'Alejandro', pero mucho
después supe que su verdadero nombre era Roberto
Montoya, un muchacho de unos 23 años, desenvuel-
to, claro en sus cosas. Era el mando de un 'operativo
especial'.

—Hay un buque cargado con armas y municiones
que debe zarpar para Colombia dentro de dos días
—explicó— y como tú serás el segundo al mando, debes estar enterado de algunas cosas de la operación:
Nuestro comando estará formado por ocho o diez
hombres. La cosa está calculada para dos semanas y
durante los primeros días, el trabajo a bordo del barco será abrir tres contenedores, sacar fusil por fusil y
reempacarlos en cajas de cartón con el fin de tener
listo el primer desembarco, que debe ser más o menos
en la noche del 21.

"Entró en otros detalles y señaló que aún faltaba
por recoger más gente, comprar cajas, zuncho, ropa
para quienes se iban a embarcar, linternas, y una serie
de cosas menores. Nuestra nueva cita sería en un bar
de Bahía de Las Minas, el 20, a las tres de la tarde.

"Para terminar, recitó con lentitud uno a uno los
nombres del comando, anotando en cada caso el nombre del hotel en el cual se hospedaban y el número de
la habitación y yo guardé en la memoria toda esa información porque era necesaria para reconfirmar a
última hora la identidad de cada cual. En este tipo de

viajes es lo usual y, como medida de seguridad, el comandante tiene que saber esos detalles para utilizarlos
durante la conversación inicial con su gente —en caso
de que no la conozca— lo que también es usual".

FEDERICO: "El 20 de agosto por la mañana llegó
un indio Cuna de la región de San Blas, un archipiélago cercano a la frontera con Colombia. Esta era la
señal de que las Farc tendrían lista una isla entre Urabá (Colombia) y la Isla de Pinos (Panamá), en la cual
les entregaríamos al anochecer del 21, doscientos fusiles, mil proveedores y una cantidad determinada de
munición.

"La isla estaba dotada de una pista de aterrizaje no
lejos de la playa y una vez descargado el armamento,
ellos lo transportarían por aire hasta algún punto de
la selva colombiana, en Urabá.

"El indio era un conocedor de la región y viajaría
con nosotros haciendo las veces de guía.

"De acuerdo con las características del lugar, el
Karina debía ser fondeado a unos cincuenta metros
de la playa y por lo tanto necesitábamos disponer de
una embarcación para llevar las armas del buque a
tierra. Se tomó la decisión de comprar una lancha con
cierta capacidad, pero que a la vez fuera veloz, ya que
la distancia que nos separaba de San Blas era considerable.

"Vimos varias posibilidades y finalmente fue escogida una con motor a base de gasolina, llamada 'Salsa', cuyo costo fue de 18 mil dólares que nos prestaron Garibaldi y El Abejorro, quienes veían cómo
nuestra deuda con ellos crecía vertiginosamente en
esos días.

"Esa tarde el vendedor la entregó luego de realizar
varios chequeos y comprobar que estaba en perfectas

condiciones. Como era más rápida que el Karina, saldríamos en ella con el indio y un piloto un día después, lo sobrepasaríamos y arribaríamos primero para verificar el sitio y coordinar la entrega de los fusiles. Según el indio, antes de la llegada, debíamos entrar a la Isla de Pinos, un refugio de contrabandistas, donde encontraríamos información sobre los preparativos del desembarco".

SALVADOR: "Bahía de las Minas fue una antigua base norteamericana en la Zona del Canal, pero parte de las construcciones militares habían pasado a manos de los panameños, en virtud de los acuerdos logrados por el General Torrijos para recuperar la soberanía de su país en el lugar. Sin embargo, a las dos y media de la tarde del 20 de agosto, tanto en el bar de nuestra cita como en los alrededores, vi que aún se movían muchos soldados gringos. El sitio previsto para nuestro encuentro era ruidoso: Billares, gente que entraba y salía, marineros y soldados que cantaban, una radiola con música del Caribe a gran volumen y mucha luz. Muchísima iluminación.

"A las tres menos cinco minutos empezaron a llegar los hombres y yo los reconocía porque cada uno traía en la mano una revista colombiana: 'Cromos', 'Guión', 'Al Día'... Yo tenía mi 'Nueva Frontera' sobre la mesa, ellos la descubrían, sonreían y me saludaban.

"El primero en llegar fue 'Henry', 22 años, y quien sería el tercero al mando. Por aquella intuición propia del guerrillero, me pareció que lo acababan de sacar de alguna 'zona de candela', es decir, que venía de participar en acciones urbanas de alto riesgo. Y era lógico, no sólo porque tenía la moral muy alta sino porque para ese tipo de operaciones —con excepción mía— no se lleva gente que venga de perder ya que, sencillamente, no va preparada para triunfar".

JAIRO RUBIO, "HENRY": "En ese momento yo era el guerrillero mejor evaluado en lo que llamamos la fuerza militar urbana, zona de Bogotá, y cuando me dijeron que iba a salir del país para participar en una acción especial, me emocioné porque pensé que se trataría de algún secuestro o a lo mejor de un asalto bancario para conseguir dólares para la Organización.

"Nunca imaginé treparme a un buque. En 1981 ya era buscado por las autoridades del Valle del Cauca, de manera que no podía aparecer con mi nombre real en ningún documento. Sin embargo ya estaba lista la solución: Un comando logró llevarse de las oficinas del gobierno en Valledupar, 17 pasaportes prácticamente elaborados —sólo les faltaba la firma del usuario— y tenían que acomodárselos a uno por ciertos parecidos con sus dueños. Así, lo primero que hicieron fue darnos un formulario en el cual anotábamos el color del cabello, de los ojos, de la piel, la estatura y demás, y con esos datos buscaban cuál de los documentos se ajustaba a las características de cada guerrillero. Una vez conseguían eso, le cambiaban la fotografía y quedaba pendiente la firma... La firma era un trabajo tensionante y yo me acuerdo que me tuvieron doce horas completas copiándola de un formulario original que habían sacado con el pasaporte. Al final, cuando la supe hacer bien la estampé allí y en adelante tuve que llamarme como decía en el documento.

"Era tan delicado el problema de la identificación que, por ejemplo, un compañero que tenía ojos azules no pudo formar parte del comando, pues no había pasaporte de gente rubia.

"La operación estaba completamente compartimentada y desde el principio le mentí a mi compañera. Ella tenía cuatro meses de embarazo y recuerdo que le dije que íbamos a trasladarnos nuevamente para el Valle del Cauca y ella se emocionó porque volveríamos a ver a nuestras familias, aunque se preocupó por los problemas que yo tenía con las autoridades. Le expliqué que no volvería a tomar parte en acciones armadas, me creyó y aceptó viajar adelante.

"Por esos días yo vivía en un apartamento de dos piezas con 'Julio' y su esposa. Justamente él también había sido escogido para la misma misión y desde luego andaba ocultándole a ella la verdad. La víspera del viaje llegué temprano a casa y me acosté a dormir. Al lado de mi cama había dejado un maletín en el que guardé la ropa, el pasaporte y el tiquete de la compañía aérea. La pequeña hija de 'Julio' se vino gateando, sacó las cosas del maletín y se las llevó a su madre que se hallaba enferma. En ese momento no solamente se enteró de nuestro viaje sino que tuvieron una discusión muy agria como despedida".

SALVADOR: "En segundo lugar apareció un hombre que luego llamamos 'El Rolo' porque había nacido en la capital del país. Su nombre era 'Javier' (Héctor González), 17 años, callado pero con un gran sentido del humor, malicioso, de andar lento, de nervios templados y mucha decisión. El iba a ser el séptimo en la línea de mando y también venía de participar con éxito en varios operativos. ¿Cuáles? No lo sabía, ni lo pregunté ni él me lo iba a decir. Así es la cosa.

"Este muchacho —cuya vida logré conocer más adelante— había sido delincuente común, ratero de motos o 'jalador' de motos como se les dice en la jerga del hampa y un día cayó preso y compartió el mismo patio de la cárcel con algunos miembros del M-19. Su amistad con ellos, las conversaciones prolongadas, las conferencias y los libros que le prestaron para que leyera, terminaron por entusiasmarlo y una vez quedó libre, dijo que quería pertenecer al M-19.

Fue aceptado y su primera misión consistió en 'conseguir' una moto para un trabajo 'de finanzas'".

JAIRO RUBIO, "HENRY": "De los guerrilleros seleccionados, dos no llegaron a Panamá, pero en el Hotel Europa —donde me hospedé— vi a un compañero que conocía y me contó que iba con dos más a recibir un curso en el exterior. Como nuestro comando estaba incompleto, le dije a Roberto Montoya que allí había tres hombres de los nuestros de paso para otro país y que, aunque eran relativamente nuevos, los incluyera en la nómina. Me preguntó quienes eran y se lo dije:

—Los tres forman parte de una célula especializada en 'recuperación' de automóviles en Bogotá. Su manera de operar es ésta: Escogen el carro, capturan al chofer, le quitan los documentos del vehículo y lo retienen en algún sitio mientras otra célula realiza cualquier operación. Al final le dicen dónde puede encontrar el auto, le devuelven sus documentos y lo dejan en libertad.

"Roberto escuchó la propuesta y posteriormente los incluyó en nuestro paseo. Uno de ellos era Héctor González o 'Javier' como se le conocía dentro de la Organización".

SALVADOR: "Por último ingresó 'Isaías', 17 años, también con un record importante de acuerdo con las acciones en las cuales había participado. Ultimamente le decíamos 'El Paisa', pero no logré conocer mucho de su vida, aparte de que estaba muy enamorado, que había suspendido su luna de miel para venir a esta operación, y que, igual que todos nosotros, nunca antes se había subido a un barco... Es que éramos gente de tierra firme. Todos del centro del país, procedentes de ciudades y pueblos lejanos del mar, hasta el punto de que algunos no lo habían visto nunca y cuando lo vieron al día siguiente, se quedaron maravillados porque —decían— nunca se imaginaron que pudiera existir una inmensidad igual.

"Ya en el buque esa noche, nos reunimos con el resto del comando, formado por cuatro guerrilleros más, todos bajo el mando de Roberto Montoya. En total eramos ocho. Gente joven. Yo creo que el promedio no pasaba de 17 años.

"De ellos recuerdo al número tres que era 'Henry' (Jairo Rubio). Al número cuatro, un muchacho alto que venía de la misma célula de Henry. Se llamaba 'Julio' y tenía unos 17 años. Parecía de aquellas personas que hace muy poco tiempo han salido de su casa y acusan la huella de esa separación. Nunca había estado preso y tal vez por eso su estado de ánimo llegaba a niveles muy bajos frente a ciertos problemas. Era tímido, inteligente y con un miedo impresionante por el barco.

"El número cinco era El Paisa y el número seis un chiquillo que había participado en la fuga de 'Boris', quién estando preso fue remitido al hospital y de allí lo rescató un comando formado por hombres y mujeres vestidos de médicos y de estudiantes de medicina. Este muchacho era muy callado. Muy introvertido. Recuerdo que tenía la dentadura en muy mal estado, cosa normal en nuestro pueblo por causa de la desnutrición. Se llamaba 'Roque' ".

"ROQUE": "Mi experiencia había sido totalmente en la guerrilla urbana. Por ejemplo, después del rescate de 'Boris' y poniendo a funcionar la imaginación, conseguí dos Magnum 3.57 para lo cual me hice amigo del hombre que cuidaba una casa y logré convencerlo de que me entregara las armas simulando un atraco.

Un día que los dueños habían salido, revolcamos la casa y luego lo amarré y lo amordacé con un pañuelo. Para completar el argumento, saqué de allí una cámara y un aparato de radio. Algún tiempo después viajamos a Manizales con el fin de hacer una toma política en la plaza principal de Chinchiná, un pueblo vecino, pero las cosas no funcionaron y fue necesario suspenderla. Para no perder el viaje, montamos el asalto a un banco de Manizales. Yo iba de comandante en la parte interior del establecimento y la cosa salió bien a pesar de haber tenido sólo un día para planearla. Esa vez rescatamos algún dinero y regresamos a Bogotá. Yo había pertenecido anteriormente a otros grupos guerrilleros en Colombia pero todo resultaba inestable: Primero milité en el PLA donde nos formaban un espíritu muy agresivo, pero un buen día se fraccionó el grupo, los miembros de la dirección se asilaron en varias embajadas y los hombres de la base quedamos nadando y buscando contactos para continuar, pero como no llegaron, nos vinculamos con un sector del ADO. Conocía a uno de los jefes, Juán Manuel González Puentes. El murió un tiempo después y a raíz de eso hubo también crisis en el ADO que empezó a decrecer y a dividirse. Me gustaba el M-19, busqué contacto con ellos y entré a su Organización... En 1981 yo tenía 24 años, era soltero y había cursado unos semestres de sociales en la Universidad del Tolima. porque soy tolimense.

"... esto del Karina me cambió un poco los planes porque para esas fechas yo viajaba con dos compañeros a hacer un curso de especialización en el exterior. Durante la escala en Panamá me avisaron que teníamos que hacer un trabajo antes de seguir adelante y obedecí órdenes... El anuncio me puso contento porque pensé que se trataba de algo así como secuestrar un avión, hacer un asalto... Y a la hora de la verdad terminé en un buque, cuando jamás en la vida había estado en el mar".

SALVADOR: "El número siete era 'Javier' (Héctor González) y el ocho se me ha borrado completamente de la memoria: Un muchacho de baja estatura, 16 años, pelo crespo, callado pero estupendo trabajador. Creo que era de Bogotá, pero, ¡caramba! La verdad es que se me borró de la memoria porque hablé poco con él.

"El número uno era 'Alejandro' (Roberto Montoya), el hombre de la revolución sandinista en Nicaragua, y el número dos, Yo: Tres años de medicina, trabajador, deportista, guerrillero. Nueve hermanos y de ellos, cuatro en la guerrilla. Mi padre... hombre, mi padre un luchador: Fue profesor, fue chofer de bus, fue peluquero y finalmente se quedó sembrando legumbres: Cilantro, perejil, repollo, espinacas. Cosas que puedes cultivar intensivamente en dos cuadras de terreno. A nosotros nos tocó trabajar mucho a su lado. Ibamos al colegio por la mañana y por la tarde le ayudábamos en la huerta. Desde muy jóvenes él nos formó con sentido de la responsabilidad y por eso digo que indirectamente contribuyó a que nosotros cinco hubiéramos tomado una decisión tan trascedental para nuestras vidas, como ésta de seguir el camino de la revolución.

"Pues bien. La cita era a las tres de la tarde en aquel bar de Bahía de Las Minas pero sólo vinieron a recogernos a las seis y media. Durante ese tiempo hablamos de todo, menos de nuestras cosas íntimas, porque no se acostumbra. Uno sabe que parte de su seguridad está en esconder, o... digamos, en proteger la información personal. En cambio escuchamos música, jugamos un poco al billar y bebimos cerveza hasta el punto que, cuando llegó Montoya por nosotros, estábamos borrachos. El venía con otras personas y ocupamos puestos en tres autos que cruzaron por sitios desconocidos y lo único que yo sabía era que estábamos en Colón y que nos dirigíamos al buque. Después de unos minutos, los autos se detuvieron en un muelle lejano, solitario y oscuro. Una vez allí, Roberto nos mostró un buque y dijo: 'Ese es el Karina'. Era inmenso, era grandísimo y tenía apagadas la mayoría de sus luces. Sin embargo, vi a la tripulación asomada mirándonos y alguien dijo que subiéramos rápido. Arriba, sobre la cubierta, había sacos con comida, canastas con cerveza, hielo, canecas con combustible, cajas de cartón colocadas desordenadamente... En ese momento pude darme cuenta que el mando tampoco tenía experiencia en cuestiones de marinería, pero en cambio sabía manejar bien la situación. Pasamos al comedor y cuando estuvimos todos a su lado, comenzó a hablar lentamente y con la voz un poco baja:

—Muchachos —dijo— Dentro de poco tiempo vamos a arrancar. Las armas están abajo, entre unos contenedores y de aquí en adelante tendremos que trabajar muy duro porque el tiempo para desempacarlas es crítico. El primer desembarco se hará en cuestión de horas. Este buque no tiene muchas comodidades. Por ejemplo, los camarotes son solamente dos y serán ocupados por el capitán y el mecánico. Para nosotros hay colchones, pero solo cuando estemos en alta mar decidiremos en qué sitio los hemos de colocar. A partir de ese momento nadie puede asomarse, nadie puede hablar en voz alta...

"El buque aceleró sus máquinas y comenzó a mecerse con suavidad. Roberto dijo que una vez se permitiera salir a cubierta, nadie podía permanecer en ella sin salvavidas y nos entregó un chaleco anaranjado a cada uno, pantalonetas, franelas, zapatos tenis y gorras de mar. Era la ropa que utilizaríamos en el trabajo.

"Otras instrucciones eran circular por cubierta, evitar amontonamiento en ese sitio durante las horas del día para no llamar la atención y no hablar con los tripulantes más allá de las palabras necesarias".

FEDERICO: "Desde el muelle vi que el Karina comenzó a moverse lentamente y cuando había avanzado algunos metros, hizo una maniobra muy rara: Se torció un poco a babor, luego a estribor y aparentemente sin gobierno, embistió contra una especie de muro que tenía al frente y, ¡suaz! se estrelló y quedó allí incrustado. A la distancia escuchamos un golpe seco y vimos que permaneció inmóvil unos segundos, pero después dieron marcha atrás, lo enderezaron, pusieron máquinas avante y lograron salir. Eso despertó en mí una enorme sensación de inseguridad y lo seguí metro a metro a pesar de la oscuridad. Durante los siguientes minutos avanzó normalmente pero una vez en la bahía fue cayendo, cayendo hacia el punto donde estaba fondeado un buque de bandera norteamericana y pensamos que era un movimiento normal dentro de la operación o que lo veíamos irse encima del otro por problemas de visibilidad. Sin embargo, nos dimos cuenta que realmente se acercaba al otro en forma peligrosa y quedamos inmóviles. El Karina se le lanzaba y cuando apretábamos los puños esperando el impacto, vimos que dio un viraje muy forzado y pasó a milímetros del gringo. Como rastreábamos las comunicaciones a través de un radio portátil, escuchamos que el capitán reportaba un daño a causa de la colisión y que Pablo le decía desde el apartamento: 'Vayánse, no se detengan. Váyanse, porque van a causar un lío muy grande si los interceptan. Váyanse'. En ese momento aceleraron y empezaron a alejarse sin que la otra nave reaccionara. Esperamos varios minutos y no escuchamos nada, ni vimos que se prendieran reflectores o que el mercante hiciera alguna señal. 'Tal vez están avisando por radio y es posible que parta alguna lancha de la autoridad portuaria a perseguir al Karina', pensé y esperé cerca de una hora allí parado, pero no vi que se moviera nadie, ni que partiera lancha alguna''.

SALVADOR: "Después del golpe comenzó a entrar agua por debajo de las tablas del piso de la bodega. El capitán bajó y miró bien. Habló con el mecánico y éste dijo que era un boquete en la sentina, pero que podíamos continuar, aunque con algunas dificultades por el inmenso peso del agua que entraba.

"Nos alejamos y ya en alta mar, Roberto Montoya llamó a la gente y empezó el trabajo. Debían ser las ocho de la noche y las luces del puerto se habían quedado atrás. Nos pusimos franelas, zapatos tenis, pantalonetas, chalecos y después de guardar las cosas de comer y de ponerle un poco de orden a la casa, quitamos la tapa de la bodega —compuesta por tablas aseguradas con guayas de acero—, abrimos los tres contenedores de metal que descansaban en el fondo y comenzamos a sacar armas, proveedores y municiones para reempacar en cajas de cartón.

"Afuera el calor era violento. Adentro parecía un infierno. Al abrir el primer contenedor, comprobamos que las cosas fueron metidas allí muchos meses atrás. El sitio apestaba a mortecino no solo por el hedor de la grasa con que estaban embadurnadas las armas, sino porque, además de ser un buque viejo, la bodega llevaba bastante tiempo cerrada y estaba llena de óxido y de moho. El calor y seguramente las cervezas que nos habíamos bebido durante la espera, contribuyeron a

que la cosa se pusiera muy cabrona y unos minutos
después, fue peor. Era la primera vez que nos subía-
mos a un barco y con el vaivén empezamos a sentir
que el estómago se atravesaba en la garganta y... vomitó el primero, y vomitó el segundo, y vomitó el tercero y después todos vomitamos y empezamos a agoni-
zar allá abajo. Subimos, dejamos pasar algún tiempo y
así, muy mareados y muy borrachos, volvimos a bajar
y desbaratamos parte del primer empaque de madera
que había entre el contenedor. Eran unas cajas gran-
dísimas que decían 'Portugal' en letras de buen tamaño y dentro de cada una venían, por lo menos cien
fusiles desarmados, engrasados y envueltos en papel
de cera.

"Cuando tuvimos las primeras piezas en las manos,
aceptamos que no era fantasía suponer que habían
estado en alguna guerra en Asia, Africa, Medio Oriente... Fusiles FAL y FAP, municiones, proveedores. Inicialmente pensamos que ahí venían cañones, ametra-
lladoras, bazucas, fusiles de quién sabe qué características...

"Yo conocía el FAL, sabía el manejo, sabía sus se-
cretos. La sigla quiere decir Fusil Automático Livia-
no. Los otros son hermanos de éstos, mucho más
grandes y pesados y por eso se llaman FAP: Fusil
Automático Pesado. ¿Bien? El calibre de estos jugue-
tes es igual al del G3 que usa el ejército colombiano.
La bala es grande —unos 7 centímetros— tiene forma
de botella y el proyectil es de plomo recubierto con
una aleación a base de cobre endurecido. Una cosa de
ésas lo toca a uno y lo desbarata.

"Pués bien. Lo primero que hicimos fue quitarles el
papel de cera y limpiar la grasa, una grasa negra, vieja.
Después había que armar uno por uno, ensamblando,
por un lado el cañón con el guardamanos y por el
otro, la caja de los mecanismos y la culata. Es decir,
quedaban divididos en dos partes pero era muy fácil,

supremamente fácil empatarlos luego. Las cajas de cartón debían quedar livianas, no solo para su manejo entre el buque y la lancha, sino durante el traslado por la selva —a hombro de guerrillero— el día que fueran desembarcadas.

"Así transcurrió la noche... Y con ese calor y ese mareo y con la boca seca porque no bebíamos nada para contrarrestar el vómito, la pérdida de energía fue bárbara. Al otro día yo veía a la gente verde y con los ojitos metidos por allá atrás y pensaba: 'Debo estar igual a ellos'. Pero no había tiempo para descansar, pues teníamos que alistar más fusiles y unas doscientas mil balas. Esas venían en pequeñas cajas de madera de unos cincuenta kilos cada una y se trataba de meterlas entre sacos, sellarles bien la boca con zunchos y colocarlas en un sitio especial".

FEDERICO: "Al día siguiente preparamos la 'Salsa' y la transportamos por carretera hasta Portobelo, para evadir el control de las autoridades en Colón. Sabíamos que estaban corriendo rumores de que en la zona se encontraba un barco cargado con armas, que había zarpado con problemas la noche anterior y Portobelo nos pareció más apropiado porque allí se mueven básicamente lanchas deportivas. Además nos ahorrábamos muchos kilómetros de navegación y como para trasladarnos hasta allá utilizábamos una carretera, ganábamos aún más tiempo.

"(Aquí aparece un personaje que siempre ha vivido en Panamá. Un colombiano que se hizo contrabandista llevando cigarrillos rubios al país. Es un antioqueño flaco y alto. Una especie de mecenas de los marginados, de la gente que llega desde Colombia a rebuscarse la vida: Vagos, prostitutas, indocumentados. Les ayuda a todos y desde luego se mueve en los bajos mundos. Anda muy bien planchadito a pesar de tener sólo dos trajes y se viste siempre de negro: Camisa negra, pantalón negro, zapatos negros. No usa medias y lo llaman Pedro Navajas, tanto los raterillos como los agentes de la seguridad que también son sus amigos. Yo lo encuadraría como personaje de Manuel Mejía Vallejo en 'Aire de Tango', porque, además le gusta el tango: Ha salido del arrabal antioqueño. No bebe licor y su vicio es tomar café y fumar cigarrillos todo el día, comer poco y ayudarle a la gente. El sabe algo de electricidad, algo de electrónica, algo de carpintería, algo de sastrería).

"A Pedro Navajas me lo presentó un compañero y después lo frecuenté algunas veces. Aunque inicialmente no sabía en qué andábamos, con el tiempo llegó a darse cuenta y como era solidario con los colombianos, se solidarizó con nosotros.

"Para el transporte de la lancha, Pedro Navajas consiguió otros paisanos de su medio y con ellos ayudó a treparla en el remolque. Es que... el hombre colaboraba en todo lo que le pedíamos, en cosas sencillas y en cosas básicas. Por ejemplo, se requería una radio y él decía: "Tranquilo, yo se la consigo'. Iba, se robaba una y la traía. Hacía diligencias, llevaba razones, cambiaba cheques...

"Una vez acomodada la lancha en su remolque, la enganchamos al auto del argentino que nos la vendió. El la cuidaba mucho y antes de partir nos dio cincuenta mil explicaciones para que no la dañáramos.

"El ocupaba el cargo de jefe de mantenimiento del hotel Panamá y siempre pensé que se parecía a Clark Gable: Alto, delgado, con un bigotito perfilado, el pelo lamido con gomina y pañuelo de seda en el cuello.

"Partimos en dos automóviles para Portobelo. Adelante iban el argentino, su hijo, el indio aquél de las islas de San Blas que había llegado la víspera y un viejo motorista contratado para manejar la lancha.

"Atrás, en el Abejorro Azul, nos acomodamos, Diana la Cazadora —una compañera del M-19— Pedro Navajas, el Abejorro y yo... El Abejorro se metió en la aventura desde cuando llegó el buque y tuvimos que contarle quiénes éramos, y qué hacíamos. Entonces se entusiasmó más. Tres días antes nos escuchó hablar del asunto de la lancha y me dijo: 'Yo voy con ustedes, los acompaño, llévenme'. Y lo llevamos. Esa mañana se levantó temprano y dijo: 'Compremos la gasolina... ¡Yo la compro! Después: 'Compremos algo para comer... ¡Yo lo compro!'. Más tarde: 'Compremos algo para beber'... ¡Yo lo compro!'. Un entusiasmo único. Como conocía bien su mundo, fue él quien consiguió al motorista, un tipo callado que se había movido mucho entre el contrabando y como lo necesitaba, aceptó el trabajo aunque a regañadientes, porque decía que las lanchas movidas por gasolina no le merecían mucha confianza. Para contratarlo, El Abejorro le dijo: Hombre, la lancha es buena, es segura. Los dueños son unos muchachos colombianos que están de paso y quieren conocer bien las Islas de San Blas, estar con los indios, hacer un poco de turismo', y el viejo dijo que sí.

"Llegamos a Portobelo, echamos la lancha a la mar, tanqueamos y cargamos más combustible en canecas, llevamos las provisiones y empezamos a abordarla: Subió el motorista, subió el indio, subí yo y una vez arriba miré hacia atrás y ví a Pedro Navajas con la cara larga. Me pareció que estaba... que estaba nostálgico o algo así y cuando levanté la cabeza para preguntarle qué le sucedía, él dijo: 'Hermano, yo me subo a su lado porque algo me dice que debo acompañarlo'. Y se subió.

"Partimos a buena velocidad. Era una lancha de dos motores de centro pero al cabo del tiempo comenzaron a fallar y no alcanzaban la marcha que traían al principio. De ahí en adelante avanzamos len-

gó en medio de la oscuridad m
ncio de ésos que te angustian
nto tiempo hasta cuando las ol
pezaron a crecer y a separarno
No podía dejar que los demás
s grité y ellos también gritaron
amos, fuimos buscándonos ayuda
sta que finalmente nos reunimo
tenía chaleco, hicimos una rued
a sostenerlo y así todo anduvo bie
a hora. Al cabo de ese tiempo n
tigados ni golpeados. Nadie habí
quemaduras y resolvimos hacer l
ar el mínimo de energías mientra
emos a que llegue el día porque es
esperanza', les dije y estuvieron d

ecía orgulloso de un reloj digital con
forescentes, comprado en su viaje a l
gunté qué hora teníamos. 'Ocho-diez'
Más tarde: '¿Qué hora es?' 'Nueve-
'Nueve-cincuenta-uno' el frío se volvió
as piernas empezaron a dormirse. Ahí
rimera vez angustia en algunos de ellos.
r, la llovizna se convirtió en aguacero
d eléctrica y como los relámpagos permi-
rdillera que se levanta detrás de la costa,
no estaba muy lejos de nosotros. Pedro
tusiasmó y dijo, 'Nadando llegamos, na-
mos a la orilla. No nos quedemos aquí.
plandor, la tierra se ve cerca'. Lo pensa-
.. sí. ¿Por qué no? Comenzamos a avanzar
dificultad porque era imposible seguir un
luz era fugaz y una vez pasaba el relámpa-
amos para donde seguir. En ese momento
¡Ah! sí, la costa está allá, pero luego que-
n oscuridad total y no podíamos calcular si

tamente y ya al atardecer nos tocó arrimar y dormir en el camino, cuando la idea era llegar directamente a la Isla de Pinos. Pero además, yo había comprado un par de *walkie-talkies* potentes para comunicarnos con el Karina y a la hora de la verdad, tampoco funcionaron".

SALVADOR: "A pesar de no haber dormido la noche anterior, ese día trabajamos sin descanso hasta culminar la tarea, puesto que según el plan inicial, debíamos arrimar a una isla donde un yate trasladaría a tierra los 200 fusiles y la munición correspondiente. Comenzó a atardecer y Roberto nos dijo que durmiéramos un par de horas pero no nos llamaron en toda la noche y cuando despertamos, el buque daba vueltas alrededor de la isla a la espera de algo. Después del desayuno el mando ordenó continuar alistando el armamento que aún se encontraba dentro de los contendores y nos metimos nuevamente de cabeza entre aquella bodega maloliente y húmeda".

FEDERICO: "El 22 de agosto madrugamos y al llegar a la Isla de Pinos alguien nos dijo que no siguiéramos adelante porque la operación estaba 'caída' y que las Farc habían decidido retirarse. '¿Qué significa caída?', pregunté, y me explicaron que al parecer, la Guardia Nacional había detectado algo anormal y posiblemente nos estaban esperando'. Nunca supe qué sucedió allí, pero lo cierto es que desde cuando salí de Colón, tuve el presentimiento de que las autoridades tenían los ojos encima del Karina. Días antes habíamos detectado que la gente del puerto estaba especulando con el cargamento, pero no sabíamos con exactitud si el chisme partió de la tripulación o de las conexiones que tienen los mismos contrabandistas de armas con algunos funcionarios panameños, que generalmente andan metidos en el baile porque les gusta el dólar. Por eso Panamá ha sido siempre un centro de tráfico ilegal entre el norte y el sur del Continente. Es un punto en el cual el contrabando ha estado ligado históricamente a su vida... Y las autoridades son parte de ella. ¿Qué planteaba entonces que la Guardia se hubiera enterado de la existencia de nuestras armas? Pués que de un momento a otro intentaría exigirnos dinero y eso iba a enredar mucho la situación. Por este motivo me devolví con la preocupación de lo que pudiera suceder a bordo del buque y pensé que si re-

estábamos avanzando hacia tierra o hacia el centro del mar. A tal punto, Navajas llegó a la desesperación. 'Tenemos que llegar, tenemos que salvarlos a todos', decía y movía los brazos y las piernas con angustia tratando de avanzar. A las 'Once-trece' estaba casi muerto y fue necesario sostenerlo entre todos, haciendo un gran esfuerzo para mantenerlo con la cabeza fuera del agua. Sin embargo insistía en que había que nadar y nosotros le decíamos: 'Tranquilo, tranquilo', pero él no hacía caso, hasta que se desmadejó totalmente.

"El indio estaba calmado y se veía fuerte. A las 'Doce-cinco' la angustia fue del motorista que se puso a llorar. Comenzó a hablar de sus hijos, a maldecir por haberse venido 'en esa lancha hijueputa... si me hubiera quedado en casa no habría un sueldo pero, ¡coño! Estaría tranquilo en mi cama, con mi vieja al lado... Ay mi vieja, mi viejita, ¿Por qué mierda me vine? Y mis hijos. Yo no voy a volver a ver a mis hijos. Dios mío, no me dejes. No me dejes aquí, Dioooos'. Gritó, se calló, luego habló de la muerte y de lo que sentía en esos últimos minutos de su vida.

"A esa altura la fatiga fue avanzando. Me quedaba dormido por segundos, cabeceaba, metía la cara entre el agua y se me llenaban las narices, despertaba nerviosamente y hacía composición del lugar: 'Tranquilo, tranquilo, no puedes perder la cabeza', decía y reaccionaba unos minutos. Sobre la 'Una-uno', me di cuenta que las piernas comenzaban a pelárseme porque la sal penetra la piel. Sentía un ardor intenso pero tenía que moverlas para evitar el entumecimiento. También comencé a sentir ardor bajo los brazos, en el cuello y en la cintura, que era donde el salvavidas tenía bordes.

"Definitivamente el indígena era el más tranquilo y como poseía el único reloj fosforescente —el primer reloj que había comprado en su vida— parecía cam-

biar la angustia por el orgullo de ser la persona que
daba la hora. Ese hombre nunca perdió la tranquilidad
y conservó un estupendo espíritu colectivo. Pedro Navajas también lo mantenía, pero continuaba agotado
por el esfuerzo de las dos horas iniciales. En cambio,
el viejo se hallaba en la desesperanza total. Sobre las
'Dos-diez' pedía que lo dejáramos morir. Se puso muy
pesado —tratando de luchar para soltarse de nosotros— y vi la necesidad de darle dos o tres golpes fuertes en la cara, pues me parecía absurdo que alguien
quisiera dejar de vivir. Después del castigo, el viejo bajó el tono, sollozó un poco y le hablé pausadamente:

—¿Qué hace usted? Fíjese en los demás. Estamos
bien y vamos a esperar al día. Si se agarra de aquí...
¡Agárrese hijueputa de uno de nosotros y aguante!
Usted tiene salvavidas, hermano, y eso lo ayuda a
flotar. Agárrese de nosotros.

"Las palabras no le servían de nada y continuaba
diciendo que se quitaba el salvavidas. Le di otro golpe
y trató de reaccionar, pero volvió a llorar. Entonces
decidimos no ponerle atención a su llanto ni a las llamadas a sus hijos y a su mujer y resolví volver a hablarle duro. Mientras tanto, la actitud del indígena era
pasiva. Se limitaba a mirarnos, y Navajas seguía lejano. Se sostenía porque debía sostenerse.

"Cinco-veinte" dijo el indio y vimos que comenzaba a amanecer. 'Cinco-veinte-cinco'... 'Cinco-treinta-
cinco'... 'Cinco-cuarenta-cinco': Estaba clareando y
pudimos precisar donde se hallaba la playa. Yo calculaba unas cinco millas, seis millas. Nunca pude saber
cuánto... Uno veía la costa y creía que podía llegar y
eso lo animaba mucho porque ya era posible tener un
punto de mira y calcular un rumbo. Como pasamos
toda la noche pensando precisamente en ese momento y tuvimos fe en que veríamos amanecer, ahora

cuando llegaba la luz me parecía que las cosas iban a tener una solución feliz.

"Empezó a correr el día y nos ubicamos. El indígena agarró al viejo y yo a Pedro Navajas y comenzamos a nadar enlazados por un brazo, hombro con hombro, mientras remábamos con el que quedaba libre. Nos movíamos suavecito y tratábamos de coordinar para que el compañero se moviera más o menos al tiempo. Al principio ensayamos un nadado de perro y creíamos que nos estaba rindiendo... Yo no sé si en realidad nos rendía o no, pero pensábamos que cada hora la playa se hallaba más cerca y me parecía reconocer cosas.

"Con frecuencia teníamos que parar. Parábamos. Descansábamos y yo decía: 'Vamos a dar cien brazadas y luego nos detenemos. ¿Listos?... ¡Ya! 'Una-dos-tres-cuatro-cinco-seis...' Y así íbamos. Al indio y al viejo les rendía más. El indio no tenía salvavidas y como era fuerte empezaron a perdérsenos a medida que las olas hacían una comba grande al frente y me preocupaba que nos separáramos unos de los otros. Sin embargo nunca perdimos de vista que éramos los cuatro los que íbamos a salir. Eso siempre lo tuvimos presente.

"Sobre el medio día la fatiga fue mayor y volvió la desesperación. A esa hora los ojos me ardían mucho por la sal, la luz y la falta de sueño y la garganta comenzó a pelarse. A algunos se les inflamaron las amígdalas y vimos cómo con el paso de las horas, aparecían nuevos problemas. Por ejemplo, las piernas se deshollaron porque las movimos toda la noche, pero ahora lo que agitábamos era los brazos y por tanto se ampollaban las axilas... Y si durante las horas anteriores no habíamos tenido problemas con ellos, a esta altura comenzaban a doler y a fastidiar. Todo se estaba volviendo crítico.

"Al mismo tiempo surgía una tremenda incerti-
dumbre: Si no llegábamos a la playa antes de que
atardeciera, sería imposible resistir el paso de dos noches y por primera vez tuve dudas. '¿Será que no
vamos a llegar? Y si no llegamos nos perdemos...
¿Otra noche? ¡No! No somos capaces de vencer otra
noche'... Entonces comencé a querer nadar más rápido, pero Navajas aún estaba semi-inconciente. Como
era una persona que comía muy poco y su dieta consistía en café y cigarrillo, y además era muy flaco,
muy flaco, no tenía reservas. En cambio el indio y yo
contábamos con un físico mejor que el suyo y el del
viejo.

"Más o menos a las dos de la tarde, Navajas y el
motorista hicieron crisis una vez más y empezaron a
gritar: 'Sálvense ustedes y déjenos aquí, hijueputas,
que nosotros queremos morirnos. Váyanse ustedes.
Nosotros no podemos continuar y ustedes se van a
morir por culpa nuestra...'.

"Luego de una pausa, Pedro Navajas me dijo: 'Hermano, déjeme aquí que usted es el que tiene que sal-
varse. Usted está en una pelea y yo ¡qué hijueputa!
Yo soy un paria, yo no soy nada. ¡Salvese!' Le dije,
'No, olvídese de maricadas. Este no es un problema
de uno o de dos. De aquí salimos todos. Además,
usted está jugando un papel importante en la vida'.

"Se puso muy histérico y hasta las tres de la tarde
transcurrió una hora muy difícil. Sin embargo, en ese
momento yo sí pensé que íbamos a llegar por la fuerza con que nadaba el indígena y porque medía mis
reservas y sabía que aún no me agotaba físicamente.
Es más: No sé si estaba viendo visiones, pero allá estaba la playa: Por la mañana vi solamente gris. Como a
las diez, verde y ahora amarillo. Y yo decía: ¡Amarillo, playa. Hijueputa, ¡Playa! Podía ser que en la fatiga estuviera creando mi propia fantasía o podría ser la
seguridad de que llegaríamos. No lo sé.

"Tal vez a las cuatro de la tarde el indio gritó: 'Humo, humo' Los demás volvimos la cara, pero no. No había humo. '¿Estará viendo visiones?', me pregunté. Esperamos un momento y volvió a gritar, '¡Humo, humo!'. Creo que lo vi pero pensé otra vez, estoy viendo visiones. El motorista y Pedro Navajas parecieron volver en sí pero tampoco veían nada y le pregunté al viejo: '¿Un barco?' Y él me respondió quejumbroso: 'Qué barco ni qué coño. Por aquí nunca ha habido rutas de barcos. Esto lo conozco desde que nací y por aquí no pasa nada'. Sin embargo recordé que los ojos y los oídos de los indios son muy agudos y aguardamos con mucha ansiedad y nuevas fuerzas. Pasó un minuto, tres, cinco... Sí, ¡carajo! Es humo, es humo, no joda. ¡Un barco!

"A los que estaban agotados les renació la esperanza y no sé de donde sacaron fuerzas, de manera que los soltamos y se defendieron solos. Ya no se dejaban hundir, no había que sostenerlos. Comenzamos a agitar los brazos que era con lo único que contábamos para hacer señales y el humo se fue agrandando y agrandando y ya no vimos solamente el humo sino una manchita debajo de él. 'Qué raro, dijo el motorista, qué raro, si por esta zona nunca pasan buques porque hay bajos. Esto es un espejismo o un milagro'. Pués era un milagro. Teníamos a la vista un vapor grande que seguramente nos vio y enfiló la proa hacia nosotros. Se vino de frente y dijimos: '¡Nos salvamos!'. Dejamos de agitar los brazos y nos miramos con unos ojos que mostraban la satisfacción de volver a vivir y empezamos a reírnos y a abrazarnos hasta que el buque llegó muy cerca. Era un crucero lujosísimo del que nos tiraron una escala, pero no podíamos agarrarla. La subieron y bajaron unos cabos, nos engarzaron y comenzaron a izarnos a uno por uno. Cuando llegué arriba traté de ponerme de pies pero fue imposible. Sentí que las piernas se me doblaban como si

fueran de lana y rodé por el suelo. Lo intenté nuevamente porque juraba que me podría parar, pero no.
No pude, caí una vez más. Entonces me miré las piernas porque sentí un ardor más intenso que antes y vi
que tenía la piel tan arrugada como la de una ciruela
pasa. Nos acostaron, nos dieron franelas, calzoncillos
secos, y unas mantas porque el frío era intenso. Cuando reaccioné, pregunté qué buque era ése y un oficial
me dijo: 'Un crucero con turistas norteamericanos
que quieren conocer parte del Archipiélago de San
Blas'.

—¿Cómo nos avistaron?

—Hombre, ustedes tienen mucha suerte. Alrededor
de las cuatro, una señora del pasaje de primera clase
resolvió sentarse en la proa para continuar bebiendo
allí su *Dry Martini*. Estaba muy contenta mirando el
paisaje y buscando los delfines que saltan delante de
los buques en algunas áreas y parece que le dijo a alguién: 'Consígame unos binoculares porque quiero
ver los bellos delfines del Caribe'. Tomaba sorbos de
licor y buscaba en la distancia y al poco tiempo vio
algo que se movía a lo lejos y exclamó: 'Vealos, los
encontré, los lindos delfines, los lindos delfines'. En
ese momento crucé por allí y le dije: '¿Delfines?' Si
en esta zona no hay delfines. ¿Cuáles delfines?' Ella
contestó: 'Pues ésos que están allá, mire cómo saltan.
' ¡Mis lindos delfines!' Tomé los lentes, observé bien y
le respondí excitado: 'Eso no son delfines, Madame,
eso es gente. ' ¡Náufragos!'.

SALVADOR: "Estuvimos unos tres días esperando
hacer contacto, y la lancha no apareció. Roberto Montoya hablaba tres veces al día con Panamá a través de
la radio, pero al parecer no le sabían informar con
exactitud qué sucedía y las instrucciones eran que
esperara. Mientras nosotros trabajábamos abajo en la

bodega, sacando, limpiando y armando fusiles, él se iba para la punta del barco con un *walkie-talkie* y allí buscaba comunicación con alguien pero no se oía que le contestaran. El cuarto día alcancé a escuchar que decía: 'Aguila roja llamando al nido' y como no le respondieron volvió a llamar. Así pasó muchas horas. Mientras tanto el buque daba vueltas alrededor de la isla, manteniéndose a cierta distancia de la playa y al ver esto comenzamos a preocuparnos y a decir: 'Aquí hay algo que no funciona. Contábamos con que nos recibirían el armamento al segundo día y ya entramos en el cuarto y nada'.

"Esa noche intentaron hacer el programa de radio acostumbrado con Panamá pero dizque las baterías del aparato se descompusieron y quedamos definitivamente incomunicados, ante lo cual, Roberto le ordenó al capitán que regresara a Colón".

FEDERICO: "El crucero continuó su rumbo hacia San Blas y nos alojaron en la enfermería. Allí principiaron a darnos agua dulce en pocas cantidades, preguntaron qué había sucedido pero no les dimos mucha información. Estábamos paseando y la lancha en que viajábamos se incendió. El capitán sabía que fue a una isla y allí le dijeron que regresara. Pedro Navajas no tenía muchos alientos para hablar y el indio con su malicia guardó silencio.

"Pedro Navajas y el viejo estaban realmente mal y fue necesario que les aplicaran suero inmediatamente subieron a bordo. Durante el viaje descansamos, dormimos no sé cuantas horas y a la mañana siguiente desembarcamos en una isla con aeropuerto, desde el cual era fácil regresar a la capital, lo que hicimos sobre el medio día en una avioneta de línea regular... Yo tenía ocho mil dólares dentro de una pequeña cartera engarzada en mi brazo derecho, y con parte de ese dinero pagamos el viaje. Una vez en Panamá, salieron tres ambulancias a recogernos. Le di unos dólares a Pedro Navajas, envié a mis compañeros al hospital para que les hicieran un chequeo completo y en el mismo aeropuerto tomé un taxi que me llevó hasta el apartamento del Club de Golf donde estaban Pablo y Diana".

SALVADOR: "A la una de la tarde del 26 de agosto cruzamos frente al rompeolas de Colón —muy cerca de la entrada al Canal de Panamá— y anclamos en plena bahía. Roberto salió a tierra con el fin de llegar al puerto, conseguir un teléfono y reportar nuestra llegada, puesto que la radio seguía fuera de servicio. Mientras iba y volvía quedé al mando de la gente, con orden expresa de impedir que alguien más saliera, porque los marinos conocían lo que transportábamos. Ellos se dieron cuenta desde la primera noche, cuando se hizo todo el trabajo con la bodega descubierta y al asomarse nos veían allá abajo limpiando y armando fusiles. Hasta ese momento creían que transportábamos contrabando, pero al ver la cantidad de armamento que movíamos, su reacción fue de susto. Después se familiarizaron con la situación y empezaron a trabar confianza y nosotros cedimos. Creo que Roberto Montoya demoró unas tres horas y durante ese tiempo los marinos se sublevaron porque no les permitíamos abandonar el buque y largarse a tierra. Hablé acaloradamente con el capitán pero no logré convencerlo y en un descuido llamaron a una lancha que cruzaba y comenzaron a evacuar el barco".

FEDERICO: "Sobre las seis de la tarde del 26 llegué al apartamento y prácticamente no tuve tiempo de informar sobre nuestro accidente porque Diana me saludó con malas noticias.

—Hermano, el barco regresó y se metió al puerto a pesar de lo que sucedió la noche del zarpe. Pero lo más grave es que tiene un hueco. No sabemos más. Roberto Montoya llamó por teléfono: Un diálogo breve, muy pocas palabras. Debió sucederle algo a la radio porque no podemos comunicarnos.

"Les conté rápidamente lo de la explosión de la lancha y Pablo dijo que buscáramos al Abejorro que tenía en su oficina un aparato de radio. Fui hasta allá, lo sintonizamos en las frecuencias del Karina e insistimos cerca de una hora, pero tampoco logramos comunicación. Al analizar la situación, él me dijo: 'Quédese usted descansando aquí porque lo veo mal y yo parto inmediatamente para Colón a enterarme detalladamente de lo que sucede.

"Al día siguiente regresó preocupado porque le parecía que la situación era complicada:

—La tripulación abandonó el buque, están bebiendo en el puerto y es imposible que regresen, a menos que se les pague lo de esta semana. Pero además hay un boquete en la sentina y es necesario arreglarlo a la mayor brevedad. Tenemos que poner a funcionar la radio nuevamente... Como puedes verlo, las cosas son difíciles. ¿Hay dinero?

"No había. Pablo tocó varias puertas y finalmente pensó que tendríamos que recurrir nuevamente a Garibaldi y a otro amigo suyo que también nos había ayudado en situaciones similares. Pero Garibaldi no estaba en la ciudad y me fui en busca del segundo hombre. Ese personaje era un panameño a quien llamábamos El Padrino porque manejaba con solvencia los diferentes extremos ideológicos, morales, económicos o de poder. Por ejemplo, tenía buenas relaciones con los curas y los mafiosos, con los banqueros y los contrabandistas, con los guerrilleros y la Guardia Nacional. Su poder consistía en manejar varias cuerdas a la vez, sin dejarlas enredar.

"Para nosotros la cuestión se circunscribía a ganar amistades, a lograr la suma de muchas voluntades y de muchas vidas, que, aun cuando no estaban en la revolución, nos habían tomado cariño y tangencialmente terminaban metidas en la aventura, muchas veces por placer. Aquél no era entonces un problema ideológico sino una identificación humana como la que surgió con El Padrino... Recuerdo cómo en aquella época transcurrían los días y cuando estábamos saturados de problemas, sentíamos la necesidad de, por ejemplo, tener un poco de calor de hogar. En ese momento lo visitábamos en su casa de la playa y nos atendía como a hermanos. El suyo era un hogar cálido, cristiano.

"Esa noche, visité pues al Padrino, le conté que afrontábamos problemas especiales y después de escucharme se retiró a un estudio, abrió la caja fuerte y me entregó doce mil dólares que mucho más tarde le devolvimos. El sabía que éramos del M-19, pero desconocía la historia del Karina.

"Con esa suma ya podía volver a contactar a la tripulación, pagarle lo que le debíamos y contratarla por más tiempo. Recuerdo que lo primero que hice fue buscar a Polo —aquel marino chombo que pensaba y actuaba como chombo— y lo encontré en una cantina de su arrabal, bebiendo ron desde la víspera. Me habló del cargamento, del riesgo que conllevaba, pero igual que la primera vez le mostré algunos billetes y él abrió los ojos y prometió que se embarcaría pero cobrando más dinero. Salió de allí, se fue a su casa a dormir un par de horas y quedé de recogerlo luego.

"Posteriormente repetí la operación con Veneno —el primo del General Noriega— y con Chocó, aquel moreno acuerpado que había llegado hacia unos 18 años de Acandí, el pequeño puerto de pescadores cercano de la frontera.

"El único que no regresó al buque fue el español, porque Salvador se quejó. Según él, se trataba de un elemento que desde la primera noche había rozado con todos. Al parecer era un ser prepotente que no le permitía a nadie acercarse al cuarto de máquinas y permanecía borracho mientras tuviera una gota de licor en la mano. Además, tenía aquello que caracteriza a buena parte de los españoles: Hablar muy fuerte, y eso no nos agrada en el trópico. Posiblemente sea normal entre ellos, pero aquí a nosotros nos indigna. Le pagué lo que le debíamos y se quedó en tierra".

SALVADOR: "Una vez regresó la tripulación, Roberto Montoya me entregó el mando porque dijo que debía salir para Colombia a ejecutar una serie de planes necesarios dentro del desarrollo de la operación y escogió a cuatro compañeros nuestros para que lo acompañaran. Entre otras cosas se necesitaba conseguir moneda y creo que llevaba en su mente algunas 'recuperaciones' de dinero en bancos y entidades similares. También tuve la impresión de que se estaba planeando algo más para buscar una salida de emergencia al atolladero en que nos encontrábamos, pero no me imaginé cual podía ser esa nueva alternativa. En el buque quedamos entonces a partir de ese momento, 'Henry' (Jairo Rubio), 'Javier' (Héctor González), tres marinos y yo.

"A pesar de que el capitán es la autoridad suprema, acordamos que a partir de ese momento todos iban a obedecer mis órdenes en cuanto a seguridad y yo no intervendría en la operación técnica del buque. Por otra parte, quedé con el control de la radio. En adelante mi nombre clave era 'Coco' y el punto panameño desde el cual coordinaban el operativo e impartían las órdenes, comenzaba a llamarse 'Palma'.

"Durante los dos primeros días, las relaciones con la tripulación continuaron tensas y nuestro mayor esfuerzo consistía en no dejarles saber que éramos colombianos. Entendían que pertenecíamos a alguna organización guerrillera, pero nos dimos cuenta que no precisaban con exactitud de donde veníamos. Ellos por su parte, se ufanaban de haber pasado parte de su vida realizando operaciones que significaban cierto riesgo y nos miraban con desdén. 'Estos guerrilleritos...' decían despectivamente cuando los teníamos frente y la verdad era que la vida en el buque nos resultaba dura hasta ese momento y por tanto no respondíamos bién a las exigencias del trabajo: Nos cansábamos, aún nos mareábamos y la primera jornada de navegación nos había castigado mucho. Ahora estábamos quemados por el sol, más delgados, con las manos ampolladas y la punta de la nariz bastante lacerada. Además, veían nuestra juventud y decían entre ellos para que los escucháramos: 'Oiga compadre, pero estos guerrilleros de quince, de diecisiete años son un chiste'. Nosotros callábamos. Trabajábamos en la limpieza, armada y reempaque de los últimos fusiles y por las noches hacíamos nuestras reuniones aparte. En el fondo yo les admiraba que a pesar de ser mercenarios y de cobrar por su trabajo, afrontaran el riesgo de estar allí con ese cargamento. Transcurridas unas cuarenta y ocho horas empezaron a mirarnos en forma diferente, tal vez por nuestro espíritu de sacrificio. Y empezó a cambiar nuestra relación: De pronto se bajaron de su cátedra de marineros expertos, frente a nosotros los inexpertos, los niños que nunca habían navegado y comenzamos a hablar. Y más adelante la tensión siguió creciendo porque entre otras cosas, aceptamos sin contradicción su gran machismo de hombres de mar que es algo determinante dentro de su personalidad. Desde luego estábamos en dos planos bien distintos: Ellos hablaban de mujeres y de ron y nosotros de la guerra, de la política, de las noticias. Eramos dos mundos diferentes pero nos tolerábamos. Así las cosas, la vida dentro del buque se hizo más llevadera, pero eso no quería decir que pudiéramos confiar totalmente a partir de ese instante. Todo lo contrario: Me reuní con Héctor González y Jairo Rubio y les dije que según me podía dar cuenta, ellos intentarían regresar nuevamente a tierra y que por lo tanto teníamos que tomar algunas medidas especiales. Una de ellas no me gustaba mucho, pero ante la experiencia anterior, parecía imperativa: Armarnos. Y armarnos significaba tomar cada uno un fusil y prestar guardias permanentes aún en cubierta, a la vista de la gente. No obstante, ideamos la manera de disimular —creo que totalmente— los fusiles. Para eso calculamos nuestros movimientos y los suyos, especialmente en las noches, y así afrontamos ese gran riesgo.

"El sexto día empezó a escasear la comida, se agotó el agua y no demoró en surguir la protesta. Polo y su gente se quejaron porque tenían un poco de hambre y lógicamente salió a cuento el deseo de buscar mujeres, música y ron y decidieron saltar nuevamente a tierra. ¡Coño!

"Inmediatamente me comuniqué con 'Palma' y hablando en clave le dije que la situación era tensa porque los trabajadores deseaban salir nuevamente a la ciudad. Allá me aconsejaron que esperara mientras enviaban a alguien desde Panamá a hablar con ellos, pero cuando llegó el emisario se pusieron en plan de chantajistas. Sabían que llevábamos armas, sospechaban que la demora en partir, una vez más obedecía a problemas económicos y como nos tenían en sus manos, pidieron que les duplicaran el sueldo. El negociador aceptó el aumento y prometió abastecer el buque con agua dulce y comida la mañana siguiente. Pero una vez volvió la espalda, tomaron la actitud insolente del comienzo y yo no tuve más remedio que llamar al cabrón capitán y ponerle las cartas sobre la mesa.

"En ese momento ellos ya sabían que —a pesar de nuestra juventud y de nuestra inexperiencia en el mar— éramos gente de armas tomar, duros frente a la vida como lo podrían ser ellos y que por esto en cualquier momento las cosas podían cambiar de precio. Refleccioné un momento y dije para mis adentros: '¡Coño! Y si a pesar de todo, estos hijos de puta se bajan del barco y se van, ¿Qué podemos hacer? ¡Nada! No los podemos matar aquí'. De todas formas llamé al hombre y le dije: '¿Se van? Bien. Váyanse, pero usted se hace responsable de lo que suceda, mi estimado Polo. Ahora, si nosotros nos caemos, le juro que se mueren, de manera que, ¡hágalo! Bájese. Pero escúcheme bien lo que le voy a repetir: Si usted llega al puerto a hablar mierda, lo eliminamos, porque uno tiene que ser serio en esta vida. ¿Estamos?'

FEDERICO: "El 1 de septiembre la tripulación volvió a abandonar el buque y esto complicaba muchísisimo la situación, de manera que con el poco dinero que quedaba, volví a buscar a los marinos, les pagamos los saldos pendientes, realizamos otro arreglo, enviamos un nuevo aparato de radio al buque y lo abastecimos totalmente. Ellos regresaron a bordo cinco días después.

SALVADOR: "Durante el tiempo que la tripulación estuvo en tierra por segunda vez y viendo que permanecíamos fondeados prácticamente a la entrada del Canal, las autoridades portuarias enviaron una lancha con cinco funcionarios, cuyas intenciones eran saber qué pasaba a bordo del Karina. La embarcación se acercó, lanzamos una escalera y dos de ellos subieron, saludaron y preguntaron si íbamos a cruzar el Canal o no. Miraron de reojo la cubierta, anotaron el nombre del capitán y luego se marcharon.

"En las horas de la tarde vinieron otros, aparentemente con el mismo fin, pero esta vez se interesaron por la carga. Cuando preguntaron qué venía dentro de los contenedores, me tomaron tan de sorpresa que les respondí, 'harina de pescado'. El buque no olía a eso y creo que me descontrolé. Entonces volvieron a la carga:

—Y, ¿De dónde viene la harina?
—De Aruba

"Vacilé un segundo y pensé: Mierda, si Aruba no exporta harina de pescado. Preguntaron algo más y luego insistieron:

—Y, ¿Para dónde va el buque?

"Ahí cometí un error todavía más infantil. Les dije:

—Para el Perú.
(El Perú es productor de harina de pescado).

"Los hombres se quedaron muy serios y se despidieron".

Al día siguiente llegó una nueva visita:

—¿Qué llevan?
—Mercancías en general.
—¿De dónde vienen?
—Aruba.
—¿Destino?
—Perú.
—¿Qué Puerto?
—El Callao.

"En total tuvimos cinco inspecciones en cuatro días: Diferentes lanchas, diferentes funcionarios pero a pesar de todo yo estaba seguro de que aún la operación no se había echado a perder y que todo seguía igual. De lo contrario —razonaba— el gobierno panameño hubiera allanado el buque, nos habrían capturado y estaría formando el escándalo.

"Después de la tercera visita le consulté a 'Palma' qué explicación debía dar cuando me hablaran de la demora y ellos recomendaron decir que se había dañado la propela.

—¿Qué es la propela?, pregunté.
—Pués la hélice que impulsa el barco. Va atrás, entre el agua, da vueltas, es de acero...
—¡Ya! Ya. Ya sé.
—Diles —agregó la voz— que se está buscando un mecánico y que el capitán va al buque todos los días para enterarse de las cosas. Diles también el nombre del capitán porque es muy conocido aquí y por favor, mantén la naturalidad. Posesiónate aún más de tu papel.

"Con esa historia sorteamos las dos últimas visitas.
"Simultáneamente teníamos otra preocupación muy grande y eran los piratas de puerto, que en esta parte del mundo se meten en los buques durante las horas de la noche y si para robarlo tienen que matar a toda la tripulación, la matan y la tiran al mar y se llevan la mercancía. Entonces dispuse turnos permanentes de guardia que terminaron por desgastarnos más, pues tres hombres resultan pocos para esta labor".

FEDERICO: "El problema era sacar rápido ese barco de allí, porque no había ninguna justificación para tenerlo tanto tiempo fondeado a la entrada del Canal, donde habitualmente permanecen apenas unas horas.

Entonces, mientras buscábamos quién lo reparara y decidíamos qué hacer con las armas, era necesario llevarlo a algún sitio donde fuese menos visible. Si lo arreglábamos allí, estábamos delatándonos. Entonces Polo, el capitán, propuso una cosa: 'Me lo puedo arrastrar para El Escudo de Veraguas, una isla semi-perdida que hay en Bocas del Toro, cerca de la frontera con Costa Rica'. La idea parecía buena y después de consultar un mapa y medir distancias, de escuchar con los oídos muy abiertos la situación general del lugar en cuanto a líneas marítimas, movimientos de las autoridades y otros detalles, fui donde Pablo, repetí la propuesta del viejo y él dijo que le parecía perfecto. Debíamos enviar el buque para allá.

"Como estaba tanqueado y aprovisionado en ese momento, les dimos la orden de zarpar con dirección a la isla y mantenerse escondidos en sus contornos, mientras nosotros, con menos presión, conseguíamos dinero, reparábamos el casco y emprendíamos la travesía del Canal que costaba unos ocho mil dólares, porque, entre otras cosas si el Karina estaba averiado no le permitirían cruzar por allí rumbo al Océano Pacífico.

"El buque zarpó la mañana del 9 de septiembre simulando un cabotaje. Había permanecido allí trece días a partir del 27 de agosto, cuando regresó del intento de desembarco de los primeros doscientos fusiles en el Archipiélago de San Blas.

"Para las comunicaciones con 'Palma' fueron escogidas tres frecuencias diferentes: 4.470 que llamamos 'la azotea'; 4.420, 'el sótano' y 4.450, 'la planta principal', según claves acordadas. Así, cuando estábamos hablando en la primera y decidíamos cambiar, le decíamos a 'Coco' que se bajara al sótano o que fuera al salón principal. Estos cambios eran aconsejables según la importancia de la conversación que estuviéramos sosteniendo en determinado momento. Asimismo,

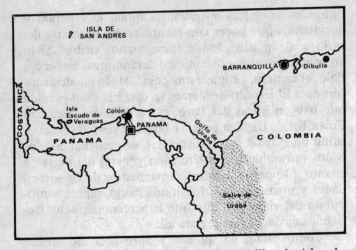

establecimos dentro de un código sencillo, decirle a la isla 'el garaje', a la munición el abono', etcétera, y no pocas veces 'Coco' cometió errores como aquél del día que llegaron a su destino y él reportó: 'Acabo de entrar en el garaje pero las olas son muy fuertes'.

"Para este zarpe se compró una pequeña bomba de achique con el fin de sacar el agua que inundaba la sentina, pero a las dos horas de navegación nos dijeron que no funcionaba como se requería y por lo tanto 'la cañería continuaba atascada'. En cuatro palabras, esto significaba que necesitábamos acelerar la reparación del boquete, y eso era muy complicado porque como no nos movíamos bien en aquel medio, desconocíamos a quién decirle, 'tenemos un barco en tal parte, hay que arreglarlo así y asá'. De todas maneras me fui a buscar algún contacto y luego de caminar mucho tiempo sin rumbo fijo, pensé en El Abejorro. Dos horas después, él me presentó a un hombre que al parecer manejaba todas las situaciones de su vida con una calculadora. Por ejemplo, se sentaba a hablar con uno y daba la impresión de estar contabilizando cuantos minutos empleaba y cuánto le costaba cada segundo, cada décima y cuánto le debía producir ese tiempo en caso de que la reunión se tradujera en un negocio. Antes de presentármelo, El Abejorro me dijo: 'Abrete con él. Dile la verdad porque es de confianza y sólo piensa en dinero. Es un tipo clave en estos ambientes de marinería y te va a ayudar mucho'. Efectivamente, desde un comienzo le dije: 'Mire: Se trata de un barco cargado con armas y necesito arreglarlo'.

"El Calculador reflexionó un instante y luego me explicó que sabía de muchos sitios capacitados para hacer la reparación si se tratara de una embarcación normal, pero que como el Karina era un pirata no podría ser llevado a dique seco, ni mucho menos quedar en manos de una compañía comercial seria. 'Debes buscar a alguien que sepa que se trata de algo sucio', agregó y se puso a revisar algunas anotaciones en su calendario, luego de lo cual dijo bajando la voz: Mira: Hay un hombre que tiene un aserradero en Bocas del Toro, en la frontera con Costa Rica, justamente cerca del lugar donde está el buque. Se trata de un judío que sueña con el dinero pero no es de entera confianza y por eso hay que esconderle la verdad sobre el cargamento. Dile que está cargado con contrabando. Preséntate como centroamericano, mafioso o contrabandista, pero nunca le nombres la guerrilla. Cuidado. Desgraciadamente él es la única persona que puede sacarte de este problema porque tiene los medios y los conocimientos suficientes para realizar el tipo de reparación que estás necesitando. Y no te pongas nervioso al hablarle, porque aquí es normal que se hagan negocios por debajo de la mesa. Piensa que, por ejemplo, del aeropuerto de Tocumen salen los aviones cargados con contrabando para Colombia y aquí nadie se escandaliza por eso. De ahí es que salen. Y la zona libre la pusimos para que vinieran comerciantes de todo el Continente a negociar con contrabando. Entonces un centro como éste genera cualquier tipo de

cosas, de manera que ve a buscarlo y dile sin rodeos
que te ayude. Si logras interesarlo, él hará la reparación... Eso sí, ' ¡Va a cobrar caro!'.

"Para terminar, El Calculador me dio·una clave ci-
frada: El judío necesitaba con urgencia un buque y a
cambio de sus servicios yo le podía prometer vendér-
selo una vez transportara mi contrabando. Esta pro-
mesa resultaba ser una especie de ábrete sésamo, así
que me animé, lo llamé por teléfono y nos citamos en
una cafetería de la Vía Argentina que se llama 'Manolo'.

"Dos horas más tarde lo vi entrar al lugar y descubrí que era él por la descripción que me había hecho
El Calculador: 'Alto, blanco, delgado, de unos 55
años y una mentalidad muy cerrada desde el punto de
vista político, pues fue miembro del Servicio de Inteligencia Israelí, aun cuando algunos aseguran que todavía está en servicio activo.

—En ningún momento vayas a permitir que él conozca algo de tus ideas políticas —me repitió un par
de veces— porque como presumo que son totalmente
contrarias a las tuyas, es capaz de entregarte o de ven-
derte a la CIA. A la manera de pensar de la gente es a
lo único que el judío no le interpone dinero.

"Desde un comienzo el tipo me pareció seco pero
amable y como los dos buscábamos un negocio, me
presenté como un contrabandista que traía un cargamento y se me había dañado el buque. Como él tenía
un aserradero por los lados de Bocas del Toro le pedí
que me permitiera meterlo en su muelle para poderlo
reparar, porque si lo traía a Colón se me iban a presentar algunas dificultades.

"Me dijo: 'No puedo definirlo en este momento,
tengo que consultarlo con mi familia' y se quedó pensando un par de minutos. Le pregunté qué quería to-

mar y me dijo que, un 'capochino'. Siempre que nos
veíamos tomaba una tacita de 'capochino'. Sólo una.
Durante la conversación hablaba únicamente lo necesario, sin dar rodeos. Tenía una buena economía de
las palabras.

"Al día siguiente volvimos a vernos en 'Manolo' a
la hora convenida y luego de pedir su 'capochino',
soltó así:

—He pensado bastante y creo que no le puedo prestar el aserradero porque voy a tener problemas. Lo
que puedo hacer es buscar la forma para que ese barco sea reparado en el mar. En este momento lo que
usted tiene que decirme con exactitud son las características de la avería.

"Yo sabía únicamente que se trataba de un hueco
en el casco a través del cual le entraba el agua y por
tanto era necesario enviar a uno de sus mecánicos hasta el sitio para que comprobara la avería y calculara
las dimensiones de la reparación.

—De acuerdo, eso también es posible, dijo, y después de hacer cálculos, me comunicó que el viaje valía
cuatro mil dólares.
—¿No puede ser un poco menos?, le pregunté.
—No. Le estoy cobrando lo normal. Es que el hombre tiene que irse hasta el occidente por carretera y
ferrocarril, llegar a la costa cerca de Chiriquí Grande,
embarcarse en una lancha y atravesar la Laguna de
Chiquirí hasta llegar a la Isla Bastimentos que está en
la zona bananera y de allí continuar para el aserradero. En el aserradero cambia de embarcación y se va
hasta El Escudo de Veraguas a buscar su barco. Eso
cuesta cuatro mil dólares. No hay otra forma de saber
a ciencia cierta como es la avería, qué materiales serán

necesarios para repararla, qué tipo de gente y de equipos tendremos que enviar más adelante. ¿OK?

"Un día más tarde cerramos el negocio y de regreso a la base, en el apartamento del Club de Golf, me encontré con que la radio del Karina había dejado de funcionar nuevamente. Al parecer se habían vuelto a descargar las baterías.

"El judío regresó a los tres días trayendo su diagnóstico de la avería.

—Llegué hasta el aserradero y desde allí envié un mecánico —me contó— El dice que es posible realizar las reparaciones requeridas pero que es necesario conseguir en Panamá soldadores y lámina porque allá no hay.

"Solamente la compra de parte de los materiales y su transporte en avioneta hasta Bocas del Toro, tenían un costo de 20 mil dólares, que conseguimos, parte con Garibaldi, parte nos la prestó El Calculador y parte la teníamos nosotros. Mientras tanto en Colombia se estaban ejecutando operaciones de 'recuperación' en diferentes bancos. Nosotros poseíamos inversiones, pero esos dineros no podían ser retirados en forma inmediata. Eran operaciones a término fijo y la financiación por ese lado resultaba lenta. De todas maneras se solicitó un adelanto de utilidades en algunas empresas complementarias y reunimos 40 mil dólares.

SALVADOR: "Al cabo de algunos días en aquellla isla, la tripulación volvió a sublevarse porque una vez más empezaron a escasear el agua y la comida y Polo, el capitán, me llamó y me dijo: 'Hombre, yo no espero más. ¿Cuánto tiempo vamos a durar aquí? Mi gente está aburrida y no ve ninguna salida rápida. Además necesito conseguir trabajadores para que arreglen el barco aquí mismo, porque imagínate, ¿cómo lo vamos a trasladar a un dique seco? Sería una locura. Eso hay que hacerlo en este sitio, pero para acelerar las cosas tengo que hablar con tu gente en Panamá, conseguir nuevo abastecimiento de agua y comida, buscar una solución definitiva para este maldito equipo de radio y ver algunas cosas más. Por eso me voy con mi gente.

"Como el viejo conocía bien la zona, nos abandonó un par de horas más tarde y quedamos esperando que viniera alguien porque aún estábamos incomunicados".

FEDERICO: "En un segundo viaje al Escudo, el judío entró a las instalaciones de una empresa bananera norteamericana, la Chiriquí Fruit Company y habló con alguien en los talleres, luego de lo cual consiguió que algunos trabajadores aceptaran sacar clandestinamente varias láminas que faltaban y ese fin de semana tomaron una lancha, cargaron el material y se fueron en busca del buque, llevando también algo de comida y agua dulce.

"Yo creo que en ese momento el judío debió imaginarse que estaba haciendo el mejor negocio del año porque nos pedía mucho dinero. Es que cualquier dedo que moviera valía unas sumas realmente altas, pero no teníamos otro camino y él sabía perfectamente que era nuestra única alternativa.

"Por ejemplo, antes de partir por segunda vez, nos presionó para que aceptáramos que, terminada la operación, él sería el vendedor del buque a cambio de una comisión y nosotros le dijimos que sí. Entonces acordamos quedarle debiendo algunos dólares para ser cancelados después con la venta del Karina, que a su vez él estaba negociando con el Calculador. Todo esto quedó claro y se dio el paso definitivo para reparar la avería".

SALVADOR: "Los mecánicos y los soldadores llegaron cuatro días después de haberse largado la tripulación. Trajeron algo de comida y de agua dulce, un buen equipo de luces, motores, elementos para bucear y trabajaron toda la noche soldando una serie de placas sobre la zona agujereada. Como no tenían motobomba el buque quedó con agua dentro. Toneladas de agua. Pero en ese momento lo importante era que habíamos salido del problema del hueco allá debajo de la bodega. Al día siguiente, sin dormir siquiera, se devolvieron para Panamá y nosotros quedamos a la espera de alguna comunicación".

FEDERICO: Cuando el judío regresó con el aviso de que el buque estaba reparado y en condiciones de realizar cualquier viaje por largo que fuera, nos reunimos en la base y analizamos la situación que en aquel momento parecía más complicada que nunca por los abandonos constantes de la tripulación y su conocimiento de lo que había en los contenedores. Eso, nos hacía pensar en problemas futuros. Pero como también teníamos que hacerlo cruzar el Canal para que llegara al Océano Pacífico y bajara hasta las caletas, el riesgo aumentaba más. Entonces Pablo tomó una decisión aparentemente sencilla pero que, en la práctica, significaba montar otra empresa grande:

—Definitivamente —dijo— separemos el cargamento porque no podemos continuar guardando todos los huevos en un solo canasto. No hay nada más que hacer: Separémoslo.

—¿Cuál es la fórmula para separar los huevos?, pregunté.

—Hay que conseguir otro barco, esta vez en Colombia, traerlo a Panamá, pasarle parte de las armas que tiene el Karina y enviarlo de regreso a algún punto en El Caribe colombiano. Allí esconderemos las armas mientras trazamos un plan para hacerlas llegar a las selvas del sur.

—¿Por dónde comienzo?

—Vete para Colombia y en Barranquilla buscas a la gente que tiene la solución.

FEDERICO: "Barranquilla es el principal puerto de Colombia. Más de un millón de habitantes, situado en las costas del Mar Caribe y muy cerca de Santa Marta, otro puerto donde nació Pablo. Por ese motivo la gente de toda esa gran región costera admiraba al comandante, no digamos porque siguieran frenéticamente sus ideas, sino por aquel sentimiento caribeño que parece —en cierta forma— haber abierto una brecha entre las gentes de Colombia. Los costeños colombianos son gente extrovertida, descomplicada, con sentido del humor y unas costumbres diferentes a las del resto del país y Pablo, o sea Jaime Bateman Cayón, era un clásico representante de su raza.

"Para septiembre de 1981, la exportación de marihuana de Colombia a la Florida había comenzado a decrecer porque los Estados Unidos ya eran productores de la yerba y estaban enfrascados en una ofensiva con el fin de 'sustituir' importaciones, lo que determinó que algunas pistas aéreas ilegales fueran abandonadas y que parte de los 'capos' colombianos conocieran la ruina económica. De todas maneras, durante más de un lustro el tráfico partió de aquella región y todavía resultaba fácil encontrar buena infraestructura, no

solamente de buques y puertos clandestinos, sino de
gente que se le midiera a cualquier negocio ilegal, por
mar o por aire. Es decir, estaban abiertos los caminos
que un lustro atrás vinieron a establecer centenares de
traficantes norteamericanos para abastecer el mercado
más grande de narcóticos del mundo.

"Llegué a Barranquilla sobre el 23 de septiembre y
busqué a una serie de personas que —como decía antes— admiraban a Pablo y se sentían orgullosas porque él las tuviera en cuenta para algo. Allí realizamos
una serie de reuniones en diferentes ambientes marineros, y entre otras cosas pregunté si era posible contratar una tripulación completa. La que se empleaba
en Panamá costaba ríos de dinero y amenazaba con
echar a pique la operación por su indisciplina. Me
dijeron. 'Tranquilo, aquí se consiguen marinos contrabandistas para que hagan lo que usted quiera... Y le
van a cobrar en pesos colombianos, nó en dólares'.

"Un día más tarde acudí al puerto y conocí a un
hombre que se movía en este mundo clandestino y a
quien llamaban jústamente 'Barranquilla'. Por alguna
referencia, él sabía que yo estaba buscando un buque
para alguna operación 'chueca' y por tanto no me preguntó quién era ni de donde venía. Lo único que le
importaba era ganar dinero y de paso, rescatar un
barco empleado en el transporte de marihuana y contrabando, que había caído en manos de las autoridades.

—Yo tengo la solución —me dijo— En San Andrés
hay un buque retenido en el puerto y nos lo podemos
llevar de allí en cualquier momento, siempre y cuando pensemos en algún plan bien coordinado. Yo conozco bien la isla, la mentalidad de las autoridades y
no será un trabajo difícil. Eso sí, antes de llevárnoslo
es necesario pagarle una deuda importante a la gente
del lugar: Digamos, proveedores de combustible, co-

mida que se ha consumido durante unos cuatro meses
—porque la tripulación aún está a bordo— y dos o tres
cosas más. Saldando cuentas nos podremos ir para
donde tú quieras.

"San Andrés es una isla situada en El Caribe colombiano, 739 kilómetros al norte de Barranquilla, pero
ubicada frente a las costas de Centroamérica, lo que
significaba una relativa cercanía con el sitio donde teníamos escondido el Karina.

—¿Cuándo podríamos sacar el buque?, le pregunté,
—Tan pronto tengamos el dinero.
—Bueno, el dinero existe, pero lo primero que necesito saber es si está en condiciones de navegar. Quiero
decir, máquinas, casco... Tú me comprendes.
—Desde luego —me dijo—. Es un barco guía, que
participa especialmente en operaciones con marihuana, camuflado como pesquero. Navega con los nombres de 'El Rey' y de 'El Monarca', según las circunstancias y créeme que tiene un par de motores en buen
estado. Además ha sido un barco de muy buena suerte. Es algo así como un amuleto para los que lo emplean. Siempre ha tenido buena estrella.
—¿Por qué está retenido?
—Hombre, en una operación, el capitán resolvió
auxiliar a un buque reconocido como 'marimbero'
que navegaba a la deriva y para llevarlo a puerto lo
tomó del moco —como se dice— y lo fue llevando, lo
fue llevando, pero las autoridades le echaron mano y
ahí está retenido. Para recuperarlo los dueños han hecho todo lo que es posible dentro de la ley, pero no
han conseguido nada positivo.
—¿Qué tipo de tripulación tiene?
—Cinco hombres de gran experiencia, inclusive en
cosas legales, aburridos porque llevan mucho tiempo
en puerto y hasta donde yo entiendo, están sin un

centavo. Hace unas semanas me contaron que habían empeñado el equipo de radio-comunicaciones para poder comer.

"La información era valiosa. Por tanto volé a Panamá para hablar con Pablo y luego de muchas horas de debates y cálculos me dijo que regresara una vez más a Barranquilla y buscara a Jaime Guillot Lara quien podría ayudarnos a esconder las armas en algún lugar de La Guajira, un desierto tropical en las costas colombianas sobre El Caribe.

"Guillot había estudiado con Pablo en la escuela primaria, más tarde fueron compañeros de bachillerato en el Liceo Celedón de Santa Marta y finalmente cursaron juntos un año de Derecho en la Universidad Libre de Bogota.

—Este hombre, amigo de mi infancia y ante todo caribeño, me tiene que ayudar —dijo Pablo— y tras indicarme como podría localizarlo, tomé el avión para Barranquilla. Allí Guillot era conocido como miembro del mundo de la marihuana, pero independientemente de eso, me pareció un tipo culto, con sensibilidad social y bastante interés por los problemas del país. Lo localicé en su oficina, cerca del estadio de beisbol, le dije que venía de parte de Jaime Bateman Cayón y él se emocionó. Vi entonces que su disposición era la misma de todos los costeños que contacté durante varios años por orden de Pablo: Hombres vinculados a la industria, al comercio, a la política, en fin... La gente de la Costa ha colaborado en infinidad de cosas y un ejemplo es Antonio Escovar, político y piloto de la región, quien murió con Pablo conduciendo su propio avión, el mismo que había puesto al servicio del amigo unos meses atrás.

"Guillot es un hombre de mediana estatura, macizo y extrovertido y se veía que la gente lo respetaba bastante. Tenía mucho ascendiente sobre aquéllos que se movían en su mundo. Inmediatamente confirmó que venía de parte de Pablo, me llevó a una oficina aparte, cerró la puerta y, repito, emocionado, habló de su vieja amistad con el comandante, de las andanzas de niños y luego de muchachos, dijo que se sentía orgulloso de ser paisano suyo y que estaba dispuesto a colaborar. 'Tenemos un buque con armas y Pablo te pide que por favor le ayudes a esconderlas, por ejemplo, en las mismas caletas donde se guarda la marihuana. Son fusiles y municiones que vamos a despachar más adelante para el interior del país', —le expliqué— y sin impresionarse comentó que no tenía ningún inconveniente porque en las caletas marimberas de La Guajira, almacenaban antes de los embarques toneladas y toneladas de 'mercancía' y que guardar una cosita más no implicaba mayor esfuerzo. Yo nunca le dije a Gillot la cantidad del armamento que llegaría. Mencioné solamente, 'algunos' fusiles y municiones y él se mostró de acuerdo.

"Guillot dominaba los 492 kilómetros de playas que tiene La Guajira y a la vez manejaba un pequeño imperio económico y de poder, que lo hacía un hombre clave en la zona. Por ejemplo, era propietario de una firma importadora de automóviles, había sido dueño de hoteles, poseía algunos edificios comerciales y, dentro de la legalidad, mantenía negocios importantes no solamente con el sector privado sino con algunas agencias locales del Estado colombiano.

"Durante dos días sostuve algunas entrevistas con él en el bar del Hotel del Prado y finalmente acordamos varios puntos concretos sobre su colaboración, que consistiría en organizar, no solamente el desembarco del armamento, sino el transporte por tierra hasta un lugar cercano de la playa. Allí prestarían una caleta para esconderlo, mientras nosotros craneábamos un plan y nos lo llevábamos.

"Dentro de su organización, Guillot contaba con una buena maquinaria humana para este tipo de negocios y me pareció metódico y claro en sus cosas.

—Lo primero que quiero puntualizar, dijo, es que yo manejaré la operación desde el comienzo, porque soy quien tiene aquí las relaciones, ¿De acuerdo?

—De acuerdo.

—Otra cosa: Las comunicaciones serán centralizadas en esta oficina a partir del primer movimiento del barco y dejaremos más o menos quieta la estación de Panamá en cuanto se refiere a detalles. Yo les voy a responder por su cargamento pero tenemos que establecer una sola base para evitar confusiones. ¿Te parece bien?

—Me parece bien. ¿Qué otra cosa importante nos queda por fuera?

—Dinero, porque la mayor parte del éxito está en 'amarrar' a las autoridades con anterioridad a cualquier negocio. Yo calculo que esos 'nudos' nos pueden valer arriba de los tres millones de pesos. ¿Tienes aquí ese dinero?

—Nosotros calculamos que todo podía costar como máximo tres millones y eso fue lo que traje, expliqué alcanzándole un paquete con billetes de quinientos y él sonrió antes de recibirlo:

—Con esto, apenas arreglaremos a esa gente... Pero bueno. Déjamelos y yo presto lo que falte. Dile al comandante que esto vale más pero que si le prometí ayudarlo, lo voy a hacer.

"Acordada otra serie de cosas menores, regresé a Panamá y quedamos en que lo llamaría más tarde desde San Andrés para darle la frecuencia del buque.

"En el apartamento del Club de Golf repasé pormenorizadamente lo sucedido y cuando terminé de hablar, Pablo preguntó:

—¿Qué esperamos? Para San Andrés... ¿Con quién te vas?
—Con Roberto Montoya y parte de su gente.
—Perfecto. Pónganse en marcha.

"Para esos días Roberto Montoya y los muchachos que habían salido del Karina estaban nuevamente en Panamá y planeamos el viaje en cuestión de horas. Nosotros conocíamos un poco aquel mundo del contrabando y estábamos conectados con él porque, precisamente para este tipo de operaciones, habíamos llevado gente a aprender el 'arte' en 1980. Roberto fue uno de ellos y conocía a un viejo panameño, casado con colombiana y por tanto muy vinculado a toda esa región de nuestras costas.

"El hombre era pequeño, fornido y muy simpático y me llamó la atención el esfuerzo que hacía por no pasar inadvertido. Para él, el mundo tenía que ser una vitrina a través de la cual la gente lo estuviera admirando permanentemente. Era un vitrinero. Pero además, conocía toda América porque su trabajo era llevar mercancías, preferentemente norteamericanas, a los países que van desde México hasta la Argentina. Negociaba con oro, esmeraldas, telas, aparatos eléctricos. En una época comerció con whisky y tenía buenas amistades en La Guajira, el Perú, la Isla Margarita, Aruba, Curazao, Martinica, Haití, Guyana... En San Andrés estaba entroncado con alguien y lo buscamos porque nunca habíamos operado allí y carecíamos de conexiones.

—Pero claro —nos dijo— yo me muevo como pez en el agua en esa isla. Yo allá tengo muchas posibilida-

des, yo conozco a todo el mundo, ellos son mi sangre.
Vayamos y hablo con Frank, hablo con Kent, hablo
con el viejo Douglas. Hombre, si ellos son mis hermanos... ¿De qué se trata?

—Estamos planeando un negocio.

—Claro, yo puedo ir y hacer los contactos, no solamente con la gente del puerto sino con la Aduana y
con otras autoridades. Es que, mire una cosa: Usted
no puede hacer nada en ninguna de esas islas si no le
da dinero a las autoridades. Allá, olvídese que los medios legales sirvan para algo. Llene una maleta con
dinero y nos vamos.

"El Vitrinero parecía un hombre clave y cuando le
contamos a Pablo, dijo: 'Ese es el hombre, váyanse
con él'.

"Roberto y su gente partieron adelante con el fin
de estudiar el ambiente de la isla, adaptarse al medio,
averiguar las condiciones reales del barco, conocer
muy bien el puerto y precisar detalles como la vigilancia, distancias del muelle a los cuarteles de la policía,
etcétera.

"Mientras tanto me comuniqué con 'Barranquilla'
quien viajaría a la isla para colaborar en la operación
y, desde luego, cobrar una comisión por la sacada del
barco.

—Acuérdate que allí hay un problema de comunicaciones —me dijo— y por tanto tienes que llevar un
equipo de radio, potente y completo, no sólo para
instalar en el buque sino para montar una estación
coordinadora en tierra. Yo arreglo a las autoridades y
te espero en el aeropuerto con el fin de que no te
pongan ningún problema para entrar.

"Antes de partir era necesario solucionar los líos
que afrontaba una vez más el Karina con su tripula-

ción, así que fui hasta la casa de Polo, pero su mujer me dijo que llevaba dos días bebiendo en un bar de las cercanías. Cuando lo encontré estaba en compañía de 'Veneno' y me pidieron que pagara la cuenta porque deseaban irse a dormir.

—Un momento. Ustedes tienen que volver al buque, les dije.

—Volveremos cuando nos pague el ron que hemos pedido aquí, cuando nos pague estas dos semanas de trabajo y nos adelante dinero sobre la que viene, dijo Polo y le contesté que no, que ellos no habían trabajado últimamente.

—Pues esto es trabajo y si no estamos en el barco es por culpa tuya. Entonces saca el dinero y hablamos, respondió con la mirada perdida y un tufo que apestaba.

—Bién, pago ahora el ron y ustedes se van a dormir porque yo no hago cuentas con borrachos. Mañana temprano les pago y arrancan para El Escudo, ¿Correcto?

— ¡Correcto!

"En ese momento parecía que nos hubiéramos familiarizado con esta situación que realmente representaba un alto riesgo, pero como creíamos que todo estaba por terminar, resolvimos dejar los mismos marineros. A la hora de la verdad un cambio de tripulación significaba nuevos problemas y, al fin y al cabo, podíamos manejar a esa gente en forma relativamente fácil.

"De aquel bar fui hasta la oficina de 'El Calculador' y antes de que lo saludara me dijo: '¿Qué necesitas ahora?' Le conté que debía mandarle comida y agua dulce al Karina y respondió que no había problema.

—Puedo hacerlo mañana en la mañana —contestó—.
Entre tú y yo está un gran amigo (El Abejorro) y esa
es una garantía suficiente para mí. Como tengo un
Ship Chandler pongo *full* un bote esta misma tarde y
envío hasta El Escudo de Veraguas lo que tú pidas.
Eso quiere decir que pasado mañana tu nave estará lista. No hay ningún problema.

— ¿Cuánto vale todo?

—Diez mil dólares pero te lo voy a dejar en siete
mil.

"Le dije que no tenía como pagarle en ese momento y le pareció bien: 'Te lo anoto en tu cuenta corriente', subrayó luego de estudiar un libro y anunciarme
que hasta ese momento le estábamos debiendo 17 mil
dólares pero que la cuenta podría subir un poco más.
Hablamos de algunas generalidades y me preguntó si
iba a ver esa noche un partido de beisbol estelar, pero
le conté que no teníamos televisor. Sacó uno de su
bodega y me lo regaló porque le caíamos bien. Además, ése era el lenguaje de su trabajo. Sabía en qué
estábamos y veía la posibilidad de hacer grandes negocios futuros con nosotros.

"Esa noche reunimos 15 mil dólares —que al cambio de ese momento debían representar algo así como
un millón de pesos colombianos— y luego de pagarle
por aparte a la tripulación y de embarcarla para El
Escudo, partimos al día siguiente para San Andrés
con 'El Vitrinero'.

"En tanto, Jaime Guillot Lara buscó en La Guajira
a un grupo de hombres que venían colaborando con
él desde hacía varios años y a pesar de que para ellos
organizar una operación de este tipo era algo de costumbre, esta vez el género del cargamento exigía una

serie de detalles especiales que lo alejaron un poco de la rutina.

"En primer lugar, sólo los más allegados a él sabrían que se trataba de armas para el M-19, mientras a los demás se les hablaría de un contrabando de repuestos para automotores, es decir, piezas metálicas de bastante peso.

"La escogencia del lugar del desembarco exigía la cercanía de una pista aérea, ciertas condiciones naturales para esconder el cargamento en sus inmediaciones, vías de acceso rápidas para los vehículos que debían intervenir y, hasta donde fuera posible, aislamiento del lugar en relación con pueblos y ciudades.

"Durante los años anteriores, el tráfico aéreo en La Guajira fue tan grande, que el Departamento de Estado de los Estados Unidos publicó un informe en el cual anotaba que su satélite Lasat había detectado en la Zona, 186 pistas clandestinas para la operación de aviones con marihuana. No obstante, ahora muchas estaban abandonadas y para Guillot y su gente, utilizar una de ellas significaba realizar, primero que todo, algunas actividades previas a la llegada del armamento, y en esta forma, las autoridades, locales, acostumbradas a convivir con el movimiento de marihuana a cambio de cuantiosas sumas de dinero, no sospecharían nada 'irregular'. Con esas bases reunió a su gente y empezó a trabajar."

Hoy para quienes estuvieron más cerca de él, Jaime Guillot Lara es 'Don Venancio Moreno' y aparece como tal en sus relatos.

VERSION DE TIBERIO MONTERO, "YEYO"
(Guajiro, 39 años)

"Don Venancio llegó a mi casa una tarde y después
de hablar de la situación del país y de decirme que nadie podía estar de espaldas a ella, entró de lleno a lo
que venía: Su amistad con el comandante del M-19,
su infancia, sus recuerdos y la admiración que le tenía, por lo cual había decidido ayudarle.

—¿Ayudarle a qué?, le pregunté y él respondio
muy convencido:

—Mira, 'primo', él quiere que le colabore en el desembarco de un poco de armas en alguna de estas playas y yo siento una especie de obligación de hacerlo.
¿Sabes? Simpatizo personalmente con él. ¿Tú estás
conmigo esta vez?

"Yo siempre había participado con Don Venancio
en estas vainas y no veía por qué no iba a estar con él
ahora. Le dije que sí y me explicó que luego del desembarco, la carga quedaría bajo su responsabilidad,
mientras se la entregaba al M-19 que vendría por ella
para llevársela hacia el interior del país.

"Como en mi caso, él llamó a uno por uno y una
vez aceptamos, nos trasladamos todos a Barranquilla
para escuchar sus instrucciones y de acuerdo con
ellas, trazar un plan rápido y seguro.

"Este tipo de trabajo requiere un equipo de hombres, dentro del cual cada uno maneja un campo determinado. Por ejemplo, uno se encarga de los buques,
su funcionamiento, tripulaciones, abastecimiento,
puertos; otro es experto en aviones, pistas, combusti-
bles y repuestos; otro en embarcos, otro en desembarcos, otro en transportes terrestres, otro en manejo de
las autoridades. ¿Me entiendes?

"Habitualmente el hombre más cercano de Don Venancio era Goebbels. Su trabajo consistía en coordinar a los demás y para eso tenía que estar muy cerca de nosotros, porque los guajiros no aceptamos que venga alguien de otra parte a darnos instrucciones en un terreno que conocemos desde el día que nacimos. Goebbels sabe como es nuestra manera de ser, habla nuestra lengua y es amigo de todos. El escogió por ejemplo a Manuel Saltarén, 'Nen', quién debía recibir las armas del buque, llevarlas a puerto y luego organizar su transporte hasta la caleta. Mi trabajo tenía que ver con la seguridad del grupo y algo de abastecimientos y apoyo material. Como ya nos conocíamos, entre nosotros no había diferencias ni problemas, de manera que, hasta cierto punto, este nuevo trabajo era algo rutinario. Goebbels también llamó a José del Carmen Insiarte, índigena que manejaba una zona muy lejana y despoblada, donde, al parecer, podría ser escogido el punto para la operación sin que nadie se diera cuenta.

"Desde un principio se dijo que los arreglos con las autoridades debían hacerse con tino y alguien propuso para cubrir esa parte a Francisco Ricaurte, quien no había trabajado nunca con nosotros. El era un contrabandista 'corriente', digamoslo así, pero sus relaciones con la gente de la ley al parecer eran buenas y como concretamente se trataba en este caso de darles dinero para que cerraran la boca, ¿quién podría hacerlo mejor que él que era su amigo? A Ricaurte nunca le dijeron que se trataba de un cargamento de armas. Con él debía trabajar un muchacho llamado Tangaré Martínez, 'Tanga', hombre de nuestra confianza y cuya misión era vigilar a Ricaurte en todos sus pasos frente a las autoridades.

"En total éramos nueve cabezas de grupo —llamémoslas de alguna forma— de las cuales iba a depender mucha más gente, y arriba de todos estaba Don Venancio.

"Desde el comienzo se acordó realizar un recorrido por diferentes zonas para· establecer qué pistas podrían ser aconsejables, lugares para caletas, seguridad, accesos, distancias y ese fue mi primer trabajo en compañía de Goebbels, con quien nos trasladamos a la zona de Dibulla, no lejos de Riohacha —capital de La Guajira— Allí reconocimos la pista Will y vimos que técnicamente era poco indicada para la operación: A dos kilómetros cruza la Carretera Troncal del Caribe, una autopista de alto tráfico. De otra parte, está rodeada por varios pueblos, La Punta, Las Flores, Campana Nuevo, Campana Viejo, Pelechúa, Dibulla... Su vecindad complica la situación ya que cualquier avión que opere en el área es visto rápidamente por centenares de personas. No había un cálculo inicial sobre cantidades, pero Don Venancio dijo que tendría que venir una nave de cierto tamaño que seguramente necesitaría recoger la carga en varios viajes y eso representaba mucho riesgo. Simultáneamente, ubicamos en las cercanías un arroyo y una laguna y las gentes del lugar nos dijeron que en época de lluvias —como la que había comenzado— sus aguas se desbordaban y anegaban parte de la pista. Por todo esto nos pareció que aquel lugar debía ser descartado.

"Después nos internamos Guajira adentro, hacia la zona de Matita, hacia la zona de Tigresa, hacia la zona de Camarones pues teníamos acceso a una finca donde ubicamos otra pista de unos dos mil metros de longitud y consideramos que podría ser tenida en cuenta en caso de emergencia. Esta presentaba menos problemas que la anterior, aunque el recorrido desde el mar resultaba mucho mayor para el traslado de las armas. Para llegar allí hay que recorrer unos 16 kilómetros por la autopista y 30 más por un camino de arena en malas condiciones, y eso planteaba algunos riesgos durante el desplazamiento.

"Finalmente 'El Indio' Insiarte nos llevó al sitio más remoto de la Península, entre Punta Estrella y Punta Gallinas. Alta Guajira. Unas soledades inmensas, sin puestos de policía o ejército, ni carreteras, ni poblaciones cercanas. Las únicas vías de acceso son caminos que abre la gente espontáneamente a fuerza de pasar por allí, de manera que en una emergencia, las autoridades pueden demorarse ocho o nueve horas en llegar.

"Allí encontramos una pista inmensa. La medimos con el auto y vimos que tenía 2.800 metros de longitud y un par de zonas de seguridad muy amplias en cada una de las cabeceras. El piso era consistente, bien afirmado y la orientación perfecta de acuerdo con los vientos del lugar. Pero posiblemente lo mejor de todo era su cercanía con la playa, que calculamos en 200 metros y frente a ella, un faro oficial que serviría de guía a cualquier embarcación. En esa zona El Caribe es habitualmente picado pero estábamos en octubre y con las primeras lluvias sus aguas se tranquilizan convirtiéndose en un mar de bonanza, ideal para cualquier desembarco.

"Pensando en las caletas, vimos que a pesar de ser una zona desértica, en los alrededores había áreas extensas de vegetación con buen follaje, unas veces protegidas por masas completas de pichiguelos, plantas muy espinosas, y otras cubiertas por trupillos, cuyas copas evitan la visibilidad desde el aire. Había también cardones —con espinas— y cardonales con piedras de muy difícil acceso y entre los cuales los indios son maestros para localizar escondrijos. Como complemento, el área es controlada por el *clan* familiar de Insiarte que no habla español y cuyas ataduras de sangre le merecen fidelidad total.

"Una vez terminamos la visita regresamos a Barranquilla y le informamos a Don Venancio, quién tenía que comunicarse con la gente del M-19 para explicarles la situación. El les diría por qué se había escogido aquel punto, dónde quedaba, qué condiciones reunía la zona, etcétera".

FEDERICO: "El Vitrinero" y yo llegamos a San Andrés, y 'Barranquilla' estaba esperándonos en el aeropuerto, rodeado por agentes de la Aduana y el DAS (policía secreta). Delante de ellos me preguntó si había llevado el equipo de radio. Le dije tímidamente que sí con un movimiento de cabeza y exclamó: 'Fresco, hermano, aquí estamos en casa'. Tomó la caja con los aparatos y allí mismo empezó a desempacarlos, mientras un funcionario revisaba mi maletín de mano, entre el cual venía los dólares en efectivo. En ese momento había una serie de restricciones al papel moneda extranjero, pero no solamente las autoridades no me dijeron nada, sino que me invitaron amablemente a seguir adelante. La efectividad de 'Barranquilla' para arreglarlas comenzaba a ponerse de manifiesto y eso era un buen augurio.

"El Vitrinero" no se quedaba atrás. Desde cuando descendió del avión comenzó a saludar gente y afuera del terminal aéreo se encontró con varios amigos que nos ofrecieron sus autos para llevarnos hasta el centro de la ciudad, formado por hoteles modernos y centenares de almacenes con mercancías de todo el mundo.

"Barranquilla" se había hospedado en el hotel El Isleño y allí mismo, en su habitación, instaló parte del equipo de radio, abrió la ventana, sacó unas cuerdas a manera de antena, las fijó en una corniza visible desde la calle y puso a funcionar el aparato. A partir de ese momento teníamos comunicación perfecta con Barranquilla y Panamá. Entre tanto, él no sabía que nuestros planes consistían en llevar 'El Monarca' o 'El

Rey' o como se llamara en ese momento, hasta el
Escudo de Veraguas, acoderarlo con el Karina y transbordar parte del armamento. Desde allí vendría hasta
un puerto perdido en La Guajira. 'Barranquilla' pensaba solamente en sacarlo de la isla, esperar alguna operación de contrabando y luego quedarse con él o, por
lo menos —como dije antes— cobrar una buena comisión por su trabajo. Durante el día hicimos varias visitas y a las ocho de la noche llegó Roberto Montoya
con un diario local bajo el brazo y antes de decir algo,
lo extendió frente a mis ojos, señalando un titular que
decía: "MISS UNIVERSO VISITA SAN ANDRES".

—Y, ¿Eso qué tiene que ver con nosotros?, le pregunté.

—Muchísimo, respondió, hay que leer la noticia
completa para entender.

"Allí decía que la venezolana Irene Sáez Conde,
elegida recientemente Miss Universo, se encontraba en
el país y que el 4 de octubre visitaría Barranquilla para trasladarse a San Andrés el día 5. En la isla —anotaba el diario— se prepara un gran recibimiento por
parte de las autoridades y de la ciudadanía en general.
Leí apresuradamente y volví a mirar a Roberto que
sonreía:

— ¡El 5 de octubre en San Andrés! Esa es la fecha
clave para llevarnos el barco porque toda la isla estará
detrás de la reina.

"Entre otras cosas, Colombia es un país subyuga-
do por los reinados. Aquí anualmente son elegidas
más de setenta mujeres en pueblos y ciudades. Hay
reina nacional de la belleza, reina del café, reina de la
caña de azúcar, reina del coco, reina de la panela, reina de la naranja, reina de la sal... Cada certamen para-

liza totalmente a un departamento, a una ciudad, a un pueblo. Por ejemplo, es tanto el amor y la admiración por las reinas, que el certamen nacional de belleza se realiza en el marco de unas festividades que duran una semana completa, durante la cual la única preocupación de la gente de la costa son el baile y el licor. El día de la coronación producen una maratónica revista de televisión —con los más altos índices de sintonía en todo el país— que comienza con un discurso en el cual el mandatario local que esté de turno, le canta a la belleza de la mujer colombiana, a las palmeras y a la brisa. Esta cursilería que forma parte de la vida nacional, estaba ahora a nuestro favor, porque el revuelo que formaría la visita de la señorita Sáez Conde, sería la cobertura perfecta para nuestro plan.

—Hoy es 30 de septiembre, eso quiere decir que apenas tenemos cinco días para prepararlo todo, dijo Roberto, pero 'Barranquilla' y 'El Vitrinero' aseguraron que no sólo había tiempo suficiente para alistar las cosas sino que quedarían un par de días libres.

"El 1 de octubre en la mañana, 'Barranquilla' nos llevó al muelle donde estaba retenido el buque. Era una motonave vieja, más pequeña y más veloz que el Karina, pero con un pasado amplio en trabajos clandestinos. Sus dueños la habían equipado con buenos instrumentos y me llamó la atención un radar cuyo cubrimiento pasaba de las sesenta millas. Mientras la recorríamos, 'El Vitrinero' se fue en busca del capitán. Media hora después aparecieron él y un radio-operador, a quienes dejamos a bordo y luego tres marinos que también contratamos, quedando completa la tripulación. Una vez reunidos, les dijimos que se trataba de un contrabando que debíamos recoger en algún lugar del Caribe y aceptaron sin formular una sola pregunta. Roberto les comunicó que irían cinco personas más y les pareció normal. No preguntaron la fecha de la partida, ni la manera como se iba a efectuar y solamente fue necesario decirles que, por la situación del buque, había que abastecerlo y alistarlo dentro de la mayor discreción. Ellos propusieron hacer todas esas faenas entre las diez de la noche y las cuatro de la mañana, y eso nos pareció lógico.

"Por su parte, 'Barranquilla' y 'El Vitrinero', sondearon a varios funcionarios y autoridades portuarias, encontrando que todas las personas con las cuales habían hablado, estaban dispuestas a cerrar los ojos durante el zarpe. Con esa base hicimos una lista de lo que ellos llaman 'los amarres', que no son nada diferente de dar dinero a cambio del silencio, y un día más tarde realizaron los pagos y obtubieron una serie de informaciones importantes como garantía de que contaríamos con vía libre para la sacada del buque.

"Como los arreglos fueron hechos a un nivel intermedio, quedaban por fuera las autoridades más altas, pero Barranquila dijo que no había por qué preocuparse, puesto que absolutamente todas asistirían a una gran recepción en honor de la beldad venezolana en el Club de Pesca.

"Simultáneamente nos dimos a la tarea de cancelar las deudas pendientes con quienes abastecían el barco, pensando que ellos eran los más interesados en evitar cualquier movimiento. Así, le pagamos a quien había suministrado el combustible y le compramos más. Al hombre del agua dulce, al de la carne, al de las verduras y al que lo había pintado. En un día pusimos las cosas en regla y la noche del 3 de octubre comenzaron el tanqueo de combustible y el aprovisionamiento de comida.

"El día 4, muy temprano, 'El Vitrinero' me despertó para decirme que había arribado un buque de cabotaje con cocos de las islas vecinas y se dirigía a Cartagena.

—Como pensaba irse esta misma noche —me informó— le ofrecí al capitán cincuenta mil pesos para que nos ayude a robarnos el barco y aceptó. El lo único que tiene que hacer es acoderarlo al nuestro, 'arroparlo', prender luces y sacarlo del puerto, cubriéndonos hasta que estemos en alta mar. Dáme los cincuenta mil para arreglar ya esa vaina.

"Le entregué el dinero y dos horas más tarde regresó con una sonrisa inmensa:

—Todo está listo. Esta noche acabarán de abastecerlo, le instalaremos la radio y tendremos dos días libres. Dos días. O sea que desde ahora nos podemos ir para la playa porque las cosas están funcionando perfectamente, dijo, se puso un traje de baño, anteojos de sol y salió silbando.

"El millón de pesos alcanzó justo para los cuadres de las autoridades y el pago de hoteles, proveedores, transportes locales y algunos detalles pequeños con los que cerrábamos esta parte del plan. Ahora sólo teníamos que esperar a que comenzara la gran recepción en honor de Irene Sáez Conde, Miss Universo".

SALVADOR: "Más o menos el 4 de octubre regresó la tripulación y por otro lado trajeron agua dulce, comida y beterías nuevas para el equipo de radio.

"Polo prendió máquinas y estuvieron todo el día revisándolas. Durante la noche nos comunicamos con 'Palma' y más tarde entró en nuestra frecuencia del 'salón principal' la señal de alguien que se identificó como 'el suegro' y lo asocié inmediatamente con la isla de San Andrés. La clave de nuestro buque era 'la niña'. Si él decía suegro, me imaginé que habían conseguido otro buque o sea 'el novio' de la niña. El suegro tenía que ser entonces una estación coordinadora en tierra. De allí nos avisaron que la boda sería dos días después, 'en las horas de la noche como corresponde a un matrimonio elegante'. Luego informaron que la iglesia estaba cerca y que por lo tanto no había qué llevar el auto muy lejos del garaje. ¿Qué debía pensar? Que el trasbordo de las armas se haría por fin el 6 de octubre después del atardecer, cerca de nuestro escondite.

TIBERIO MONTERO, "YEYO": "El 4 de octubre, luego de una serie de comunicaciones con gente del M-19 en Panamá, Don Venancio nos dijo que para la operación había sido escogida, precisamente, la pista Will que según nuestra exploración era la que ofrecía mayores riesgos. Esto quería decir que el Zar —como ya nos dijeron que se llamaba el buque que venía en camino— debía atracar en Dibulla, aquel pequeño puerto cercano a Riohacha, la capital.

"Era una decisión tomada y aunque algunos no estuviéramos de acuerdo con ella, teníamos que aceptarla. Como se trataba de una zona que había estado abandonada algún tiempo, el primer paso era realizar o por lo menos simular nuevamente movimiento con el fin de cebar las autoridades y hacerlas creer que la pista recobraba su vigencia. Con este fin Don Venancio vino, habló con la gente, hizo ostensibles los planes de actividad, llamó a Ricaurte y a Tangaré Martínez y les entregó una buena cantidad de dinero para que se lo dieran a los cuerpos de seguridad, anunciándoles la llegada de un avión pequeño para el día 7 de octubre, aunque realmente no iba a venir nadie. Era el comienzo de esta parte del plan".

**VERSION DE FULGENCIO CUADRADO,
"ENCHO"**
(Guajiro, 22 años)

"El 5 de octubre vino 'Don Venancio' y nos dijo que necesitaba colaboración, porque unos gringos iban a movilizar por la pista Will un avión pequeño con 800 mil pastillas de Metacualona para despachar a la Florida y que él estaba buscando la forma de coordinar el embarque. Esto me pareció normal porque aquí llega cualquier persona y llama a los expertos y les dice: 'Hombre, yo tengo un embarque de tal cosa, hay tanto dinero'. Esos expertos buscan el personai, el combustible, el transporte, fijan el día y se les colabora si pagan bien. Don Venancio dijo que le habían pagado bien y estuvimos de acuerdo en trabajar para él. La fecha indicada salió la gente a la pista antes de media noche —porque el avión llegaba a la madrugada— pero pasaron las horas, amaneció y no vino. Como eso sucede algunas veces, nadie protestó y Don Venancio se fue a averiguar qué había sucedido.

"Esa misma tarde corrió la bola sobre el despacho de un barco con 50 mil libras, cuya mercancía sería preparada por allí cerca. Los dueños eran unos señores de Santa Marta y eso significaba que se generaría mucho billete en la zona.

"Creo que fue por esos días cuando anunciaron también una serie de operaciones con repuestos para automotores y como alguien preguntó por qué ese tipo de contrabando, le explicaron que se trataba de una línea con muy buenas utilidades. Si señor. La gente se puso contenta y empezó a hacer cuentas, porque aquí uno gana bien en cuanto haya más movimiento. ¿Me entiendes?... Todas esas noticias a la vez crearon un clima de entusiasmo y se olvidó la falla de la avioneta y de la Metacualona. 'El aparato pudo haber tenido un traspiés y no salió de los Estados Unidos, pero no se perdió nada. Algún día volverá' decían unos amigos míos como consolándose, porque ahora lo importante era esperar los planes que nos había comunicado Don Venancio".

TIBERIO MONTERO, "YEYO": "Para la misma fecha se supo en Barranquilla de un buque norteamericano, el Nike II, que venía en busca de un viaje de marihuana con destino a la Florida y Don Venancio se las arregló para convencerlos que podía ayudar a poner el cargamento, siempre y cuando se trasladaran a Dibulla en una fecha determinada. Ahí él estaba calculando la llegada del Zar, pues pensó que si éste fondeaba teniendo otro buque a su lado, las autoridades iban a respirar esa sensación de movimiento que necesitábamos. Para ellas también era bueno eso porque cobraban antes de cada operación. Y cobraban bastante. Los gringos aceptaron el negocio y anunciaron su llegada dentro de la semana siguiente".

FEDERICO: "Y llegó el 5 de octubre. Como todo estaba listo, me fui al aeropuerto con 'El Vitrinero' a recibir a Miss Universo un poco después del medio día, pero no pudimos verla detenidamente porque tanto las instalaciones del terminal de pasajeros, como la plataforma de taxeo de los aviones, la parte exterior y aún la valla colocada entre la pista y el resto de la ciudad, estaban atestadas de gentes que luchaban por abrirse paso a codazos. Tal como lo imaginamos, todo se había paralizado con la visita de la venezolana. Pero ella descendió del avión como una bala, se escurrió entre un automóvil y partió. Nosotros seguimos con la vista la caravana encabezada por el auto de la reina tras el cual se colocaron todos los carros, motos y bicicletas de la isla. Más atrás la nube de curiosos corrió desaforadamente hasta el sitio donde se alejaría nuestra benefactora.

"A las seis y media de la tarde, autoridades civiles y militares, damas y caballeros, invitados especiales y honorable comitiva visitante, comenzaban a trasladarse, vestidas de punta en blanco, para el Club de Pesca.

En las afueras se agolpaba a esa hora, por lo menos la mitad de los habitantes de la isla.

"En ese momento nos fuimos hasta el muelle y vimos cómo el buque de los cocos, efectivamente, se había acoderado a nuestro barco, dejándolo hacia la parte de afuera. El Monarca tenía todas sus luces apagadas y tanto la tripulación como Roberto y su gente estaban escondidos dentro. Con ellos iba 'Barranquilla' que ya estaba calculando quedarse con él y por eso había ayudado tanto durante los días anteriores. La otra nave puso a funcionar sus máquinas al máximo para ahogar el sonido de los motores del nuestro y a diferencia de éste, tenía las luces bien prendidas.

"Una vez comenzó la operación del zarpe, miré para todos lados y pude ver el muelle semi-desierto, mientras los buques se alejaban, se alejaban, se alejaban lentamente sin que nadie se fijara en ellos. En el Club de Pesca había comenzado la recepción y no se me olvida jamás esta frase que llegó a través de los altavoces, cuando los barcos se habían perdido allá al frente: 'San Andrés, perla del Caribe, te ofrenda, oh señora, el azul aguamarina de sus olas y el cariño de sus gentes, que como digna hija de Venus...'.

"Se calculaba que el Monarca debía navegar unas 30 horas antes de llegar al punto donde lo esperaba el Karina para entregarle quinientos fusiles y más o menos medio millón de municiones. El Vitrinero, se quedó frente a la radio en el hotel El Isleño y al día siguiente viajé a Panamá a informarle los detalles a Pablo y a seguir la operación que, en adelante, sería coordinada desde Barranquilla. Los huevos estaban repartidos en dos canastas".

SALVADOR: "Bien avanzada la mañana del 6 de octubre zarpamos de el Escudo con dirección a una isla cercana con el fin de hacer el trasbordo en un puerto natural —con aguas tranquilas— porque según Polo,

arrimar un buque a otro en mar abierto es complicado
y peligroso, especialmente en esa época de olas y mucha agitación. Yo creo que navegamos unas tres horas
y escuchamos en la frecuencia del 'sótano' que el Monarca se dirigía sin problemas al sitio previsto. Le pregunté al capitán dónde estábamos y lo vi nervioso
porque no encontraba la isla a pesar de ser un buen
conocedor del lugar. Navegamos un par de horas más
y sobre las tres de la tarde, calculando que habíamos
sobrepasado el tiempo programado, le volví a preguntar y tuvo que aceptar que nos hallábamos perdidos:

—He mantenido el rumbo sin ningún error y a la velocidad que llevamos —que son nueve nudos, o sea
todo lo que nos dan las máquinas— hace más de una
hora debíamos estar en el sitio, pero no sé qué pasa,
yo no encuentro esa isla, dijo.

—¿Pero usted sí sabe dónde queda?

—Claro. He venido muchas veces pero hoy me está
sucediendo algo raro. No la encuentro.

—¿Y qué hay que hacer para encontrarla?

—Buscar más, respondió molesto dándome a entender que lo dejara en paz.

—Maestro Polo —le dije antes de abandonar el puente— me da la ligera impresión que usted es un lobo de
mar... ¡Pero con caja de dientes! Ja, ja, ja.

"Los demás soltaron la risa, Chocó movió la cabeza
solidarizándose con nosotros y el viejo se puso azul
oscuro y más nervioso, pero no respondió una sola
palabra. Lo cierto es que navegamos el resto del día y
sobre las ocho de la noche entró la señal de Panamá
por 'la terraza' para decirme que ajustara la frecuencia
de mi radio y hablara directamente con el novio que
ya se encontraba en la iglesia, o sea en la isla que nosotros estábamos buscando.

—Ya estamos en el atrio, dijo el otro buque y yo le respondí que íbamos a llegar tarde porque la modista no encontraba agujas para terminar de coserme el vestido. Miré a Polo y ahora la tonalidad de su cara era marrón encendido.

"El día siguiente —7 de octubre— a las cuatro de la tarde seguíamos buscando la tal isla y por fin el lobo de mar tiró la toalla:

—Mira Coco, la única manera de encontrarla es volviendo una vez más a Colón. Allí podremos retomar el rumbo y nos regresamos. Yo no encuentro otra salida, dijo.

"Por razones de seguridad, acercarnos nuevamente al puerto era una locura. No obstante, consulté con 'Palma' y después de veinte minutos, durante los cuales creo que analizaron la situación, escuchamos que preguntaban,

—¿Es imperativo que lo hagan?
Miré a Polo y él asintió con la cabeza.
—Sí, la costurera dice que sí.
—¿No hay otra salida?
—Ninguna. Ese es el único almacén donde venden las agujas.
Hubo una pausa larga y al final volvió la voz:
—No estamos de acuerdo, pero si la costurera es incapaz de hacerlo con lo que tiene, váyanse para el almacén. Autorizados. Cambio y fuera.
—Cambio y fuera.

"El día 8 tuvimos a Colón en la mira y regresamos. El 9 hacia las cinco de la tarde Polo anunció que estábamos llegando al sitio. Era una tarde oscura, con mar agitado. A las seis apareció la niebla y disminuyó tan-

to la visibilidad que no alcanzábamos a distinguir más
allá de la punta del buque. Redujimos la velocidad,
nos deslizamos una hora más y finalmente el capitán
dijo que teníamos que estar en el lugar de la cita,

—¿Con absoluta seguridad?
—Con absoluta seguridad, respondió en un tono
que me hizo creerle.

FEDERICO: "Pablo determinó que durante esta
operación realizáramos todas las comunicaciones a
través de un equipo de radio que tenía El Abejorro en
su oficina, puesto que estaban entrando a la base muchas personas de Colombia que no debían enterarse
de lo que hacíamos. Por otra parte, como ya sabíamos que el encuentro iba a demorarse más de lo previsto, le indicamos a Roberto Montoya y a su gente
que aprovecharan ese tiempo para pintar parte de la
proa del Monarca y cambiarle el nombre, por simple
medida de seguridad: El buque había sido robado en
San Andrés y existía la posibilidad de que lo estuvieran buscando las autoridades de los dos países. Hicieron el trabajo y lo bautizaron, esta vez como 'El Zar'.

"Para esa época, Pablo le había propuesto al gobierno colombiano un alto en las actividades de insurgen-
cia, contra-insurgencia, muerte, secuestro, persecución, tortura... Creía que aún era posible encontrar
caminos de solución a los problemas sociales del país,
mediante un diálogo civilizado. Puesto que nuestra
organización estaba proscrita y se movía en la clan-
destinidad, insinuó que las reuniones preliminares se
realizaran en Panamá e invitó a participar en ellas a
una serie de representantes de los diferentes frentes
de la vida nacional y a cuantos pensaran que era mejor sentarse a hablar que continuar disparando. Por
ese motivo permanecía en el apartamento vistiendo
un 'short', leyendo y escuchando los programas de

radio que sosteníamos con los diferentes puestos e in-
tervenía en ellos, solamente si había cosas urgentes.
Simultáneamente manejaba las relaciones con personas importantes que venían para enterarse mejor de
su propuesta de diálogo y paz. Con ese fin aceptó
citas con cuantos quisieron hablar con él. Yo creo que
medio Colombia desfiló por allí en esos días.

"Sin embargo el 8 canceló varias reuniones, pues la
situación que planteaba el Karina era complicada y
estuvimos todo el día y toda la noche pendientes de
la radio. El 9 sobre las seis de la tarde, 'Salvador' reportó que habían ingresado en la zona prevista para el
encuentro y sostuvimos una comunicación permanente entre los buques y la radio de El Abejorro. Recuerdo que a partir de las siete, el diálogo fue más o menos así:

ZAR: Padre, no aparece la novia. Yo estoy
              en el atrio de la iglesia.
KARINA: Mi papá dice que ya llegamos a la pa-
              rroquia pero que no ve las torres de la
              iglesia.
ZAR: ¿Por qué no me autorizan para pren-
              der las velas del altar? (Pedía permiso
              para lanzar unas bengalas).
PALMA: Es muy prematuro, el auto de la no-
              via debe avanzar unas calles más.
KARINA: Mi papá está nervioso. No sabe por
              cuál avenida entrar.

"Este diálogo continuó más o menos igual hasta las
diez y media de la noche, cuando ya, muy preocupado, 'Salvador' solicitó desde el Karina que le permitie-
ran por fin disparar las bengalas, y lo autorizamos".

SALVADOR: "Cuando ellos autorizaron, le dije a
Jairo Rubio, 'Hermano, lance una de esas balas'. Tiró

la bengala y, ffffuuuu, vimos que se iluminó el cielo y los localizamos a cien metros de nosotros, en medio de la niebla. Tomé el micrófono y les indiqué nuestra posición y como ellos también nos habían visto, empezaron por prender un reflector y guiarnos, hasta que estuvimos muy cerca. En ese momento sacaron varias llantas y las colocaron en la borda del Zar y empezó una operación muy difícil, porque a pesar de estar en puerto, el mar se sentía muy picado y las olas sacudían mucho los buques. Los marinos trabajaron a ambos lados y exactamente a las doce de la noche estuvimos uno contra otro. Se quitaron las cubiertas de las bodegas y como venía bastante gente en el Zar, hicimos filas allá y acá y empezamos a pasar, de mano en mano, paquetes y paquetes con armas".

FEDERICO: "Parte de la demora en encontrarse se debió a que el Karina no tenía luces —por falta de planta de energía eléctrica— y se ayudaba colocando en ciertos sitios algunos tarros entre los cuales embutían trapos empapados con petróleo y luego les prendían candela. Nosotros supimos que estaban en la operación de unir un buque con otro, cuando el diálogo a través de la radio fue así:

KARINA: Ya nos estamos casando.
ZAR: Ya nos estamos dando la bendición.
KARINA: Estamos saliendo de la iglesia.
ZAR: Estamos partiendo el ponqué.
KARINA: Se acaba de consumar el matrimonio.
ZAR: Listo, listo. Esto está listo.

SALVADOR: "El otro barco era un poco más pequeño, pero todo salió bien y como había bastante gente ayudando, terminamos el trabajo en cosa de dos horas. Cuando se dió la orden de volver a cubrir las bodegas, miré el reloj y eran las dos y diez minutos de la mañana del 10 de octubre.

"Antes de separarnos, hablé unos cuantos minutos con Roberto Montoya y me dijo que se dirigían a algún punto de La Guajira, donde iban a esconder el cargamento mientras había alguna manera de trasladarlo hasta las selvas del sur, que deben estar a más de mil kilómetros de distancias.

"En El Zar iban, además de la tripulación, varios colombianos que se habían embarcado para ayudar a cargar, a cambio de que les dieran la comida y el transporte, porque —según me dijeron— estaban aburridos de pasar hambre en la isla. Ellos se dieron cuenta que allá había armas, porque antes de cerrar la bodega, Roberto sacó fusiles, le repartió a los compañeros, tomó uno y cuando estaba montándolo me dijo, 'Esto es por si se llegare a necesitar. Uno no sabe si entre tanta gente que va aquí, resulten algunos avivatos, nos maten, nos tiren al mar y se lleven el buque con las armas'.

"Finalmente me indicó que yo debía regresar con el Karina a mi escondite y esperar el tiempo necesario, mientras terminaba la parte de la operación que estaba empezando en ese momento. Durante los días de permanencia en El Escudo de Veraguas, la consigna era pintar el buque. Hasta ese momento el puente era de color madera, otras zonas verdes y los mástiles grises y dijo, 'De la cubierta para abajo pónganle negro y a la torre del puente, blanco'. Respondí que sí y una vez comenzaron a acelerar máquinas, nos entregó a dos de los hombres que traía y aconsejó dejarlos en Colón".

FEDERICO: "Esos dos debían mantenerse alejados de Colombia durante algún tiempo porque figuraban como responsables del Zar ante las autoridades judiciales y portuarias y si regresaban, lo más seguro era

que los detuvieran y hablaran en pleno desembarco.
Para sacarlos de circulación fueron pasados al Karina,
pensando que llegarían a su destino después que todo
hubiera terminado.

ROQUE: "El regreso del Zar estuvo rodeado de todas las medidas de seguridad que era posible tomar a
bordo, comenzando por una vigilancia estrecha sobre
la tripulación, que representaba el mayor peligro.

"En la bodega habíamos colgado varias hamacas
y allí permanecíamos escondidos durante el día, en
previsión de que pudiéramos ser avistados por otro
buque. Roberto Montoya distribuyó varios turnos de
guardia y sólo subían a cubierta los encargados de vigilar a los marineros, que se veían temerosos y des-
confiados. Ellos conocían el cargamento y sabían que
era para la guerrilla colombiana, pero no identificaban
la organización. Nosotros no se lo dijimos nunca.

"Durante el viaje hablamos poco y el segundo día
nos permitieron ensayar los fusiles, disparando sobre
varias cajas lanzadas al mar. Eran estupendos.

"Aún cuando navegábamos rápido, pronto escasea-
ron el agua dulce y la comida y todo el mundo empezó a quejarse, especialmente de sed. Como el barco
fue abastecido para un tiempo determinado, la demora en encontrar a 'la niña' hizo crítica la situación y se
impuso un racionamiento más o menos drástico, del
que se escapó la tripulación porque no queríamos que
se sintiera molesta. De todas maneras estaban desesperados y fue necesario hablarles para que se aguantaran
un poco y no complicaran las cosas. Sin embargo la
situación era muy tensa a bordo y las horas parecían
interminables. No recuerdo que hubiera sucedido algo
especial durante ese tiempo y cuando dijeron que nos
acercábamos a aguas colombianas se redobló la disciplina.

"Roberto Montoya distribuyó a la gente, nos asignaron sitios precisos y tomamos posición de combate, pensando en un encuentro eventual con buques de la Armada Nacional.

"Como en el Karina, la orden era que esas armas no podían caer en manos de nadie y que si llegare a suceder algo, teníamos que hundir el barco".

El Zar entró a puerto a las 11 y 55 minutos de la noche del 10 de octubre y fondeó a 40 metros de la costa, en aguas muy tranquilas. A esa hora las calles de Dibulla —un pequeño pueblo bajo las palmeras— estaban desiertas. ('Aquí estamos acostumbrados a los embarques de marihuana y cuando hay uno, solamente se quedan despiertos los que van a trabajar').

El único sitio con gente era aquel trozo de playa donde comienza la Calle de La Marina, desde donde José Saltarén, 'Nen', y catorce personas más, observaban las tres pequeñas luces del buque que avanzó hacia ellos a un tercio de máquina y luego siguió deslizándose empujado por la viada, hasta cuando Nen —el hombre del equipo de Guillot encargado del desembarco— les hizo las últimas señales con una linterna de destellos y ordenó guardar silencio.

Del buque partió una lancha con dos hombres a bordo. Llegaron a la playa, confirmaron que todo estaba en calma y pidieron algo para beber. Les entregaron dos cajas con botellas de refresco y regresaron al barco. En ese momento, Nen dijo que pusieran en movimiento 'La Ranger', un bongo amarrado en el bosque de mangle que bordea al Río Jerez, dentro del mismo pueblo. El piloto recibió la orden y dejó su escondite, cruzó las bocas del río y ya en el mar, se acoderó al Zar para recibir la carga y traerla en las mis-

mas narices de la autoridad, cuyos representantes dormían tan profundamente como el resto del pueblo.

"NEN": "Temprano en la mañana se habló con
alquien de la policía y le dijimos que durante la noche
llegaría un barco cargado en Colombia, que se estaba
devolviendo porque tenía fallas en las máquinas. Buscando que no se arrimaran al desembarcadero, se les
pagaron cincuenta mil pesos. Eso es algo acostumbrado por aquí para poder trabajar en paz.

"Aquella noche la marea estaba baja pero en calma
y cuando la gente del buque retiró los tablones de la
escotilla, metimos cuatro hombres en la bodega con
la misión de comenzar a sacar las cajas, unas cajas
pesadas, ¡Pesadísimas! Don Venancio me había dicho
que eran repuestos de acero y llaves para turbina y tenía razón porque la vaina era jodida de levantar...
Esos cuatro hombres las subían hasta cubierta y allá
las recibían otros dos, encargados de arrastrarlas hasta
la borda y se las entregaban a seis que esperaban entre
el bongo, las bajaban y las acomodaban con cuidado.

"Comenzamos a pasar y a pasar cajas y a la media
hora —esta gente que está acostumbrada a mover bastante peso— andaba quejándose un poco, no joda,
pero como se les paga bien por su trabajo, los puyé
para que no perdieran tiempo y acabamos de pasarlo
todo al bongo a las tres de la mañana. El cargamento
consistía en 90 cajas entre grandes y chiquitas. Las
grandes venían de cartón, bien zunchadas pero de un
tamaño respetable porque tenían 90 centímetros de
ancho, 80 de fondo y 1.50 de largas y en total suma-
ron 54. Las pequeñas pesaban menos. Yo le calculo
50 kilos a cada una. Eran 36 en total.

"Cuando estuvimos listos, el bongo iba a *full*, con
las doce toneladas de capacidad porque lo que le quedaba de boya por fuera del agua no pasaba de veinte
centímetros o sea que estaba a punto de que se le

Arriba: Lugar donde fueron desembarcadas las armas del Zar.
Abajo: Bongos marimberos en Dibulla.

colara el gua. Mire: Iba tan cargado que cuando empezamos a arrimar a tierra, el que estaba sentado dentro estiraba la mano y se alcanzaba a mojar el dedo. Por fortuna el mar se portó muy bien. Parecía una piscina, quieto, tranquilo y logramos llegar a la playa en cosa de minutos. Allá sin descansar ni nada, porque no podíamos dejar amanecer, cuadramos un camión D-7 con capacidad para doce toneladas, ordenamos la gente y ¡hágale! A pasar cajas entre todos o sea que hicimos tres grupos de a seis hombres, metiendo guerrilleros, gente que yo había traído para esa operación y alguien del pueblo que me pidió trabajo. Cada grupo manejaba la mercancía bien entre el bongo o bien entre el camión y allí sí nos rindió bastante porque a las cuatro en punto no solo habíamos terminado sino que teníamos el camión llenito de carga y bien carpadito, de manera que no le cabía más nada.

"Estábamos disponiéndonos a salir cuando alguien dijo que venía entrando un barco al puerto y sí señor. Las luces se veían bien al fondo. ¿Quién sería? Llamamos por un *walkie-talkie* a la gente de Don Venancio que se encontraba por esos lados chequeando movimientos extraños en la zona y respondieron que todo era correcto. Que se trataba de un buque gringo, el Nike II que iba a fondear al lado de El Zar como parte de una estrategia y que no perdiéramos tiempo. Que siguiéramos adelante. El buque llegó efectivamente y se fondeó al lado del que acabámos de descargar y allí los dejamos a los dos.

"En ese momento el chofer fue a prender el camión, lo prendió y cuando quiso arrancar, ¡pistola! No salió. Se quedó pegado a la arena por el peso tan bárbaro y el hombre se vio obligado a mandarle la primera y el bajo y ahí sí empezó a moverse. A las cuatro y diez minutos cruzamos la calle de La Marina, atravesamos parte del pueblo y nos metimos por la trocha de Casaluminio, una vía, no joda, llena de huecos, que tiene 8 kilómetros. Al final está la 'carretera negra' (Autopista troncal del Caribe) por la que se recorren 15 kilómetros hasta encontrar otro camino reventado que lo lleva a uno a la pista Will, donde Don Venancio me dijo que estaban listas las caletas para esconder la mercancía. Por esa vía seguimos cuatro kilómetros y a las cinco de la mañana llegamos al arroyo Mariamina y lo encontramos rebosando agua como un verraco. Nos bajamos, tanto el conductor como los cargueros y los guerrilleros que venían detrás en una camioneta y, mi hermano, el agua nos daba por los pechos. ¡Mierda! Ahí lo único que había que hacer era tirar p'alante el aparato y le dije al chofer, 'Cuadro, quítale al camión la correa del ventilador para que no se mueva la hélice porque si no, le manda agua al ventilador y se para la máquina'. Pero el hombre no tuvo precaución y antes de hacer eso dejó que el carro se escurriera, no lo aguantó y, ¡juás! se fue de narices entre el arroyo. Se fue y se clavó allá entre el lecho, pero bien clavado, porque el agua le tapaba el motor y parte de la carrocería y, claro, se mojó la carga que venía debajo. Ahí nos quedamos. Como a las seis mandé pedir prestado un tractor a la finca y llegó apenas a las siete y media, porque dijeron que no estaba el tractorista en ese momento o no se qué joda y empezamos a tratar de sacarlo, pero no, mi hermano, ese chucho no se movía ni un centímetro y como el piso era jabón, el tractor bailaba para todos lados. Total que por ahí como a las ocho y media le ordené a la gente descargar el camión, pasar las cajas a la otra orilla y mirar a ver cómo las íbamos a llevar hasta la pista, pero estos cabrones se rebeldizaron: Que nadie iba a hacer nada, que eso pesaba mucho, que no joda, que por aquí, que por allá, que tenían hambre... y se sentaron. Se sentaron, cuadro, y no se movían de allí. Les hablé una vez más y entonces ya no respondieron sino que uno de los

Paso del Arroyo Mariamina, en verano, antes de llegar a la pista.

nuestros, Tiburcio Gualé, 'Tibu', me dijo que no. Que no movían ni un dedo. Entonces viendo el camión allí y viéndolos a ellos rebeldizados, me fui hasta Puentebomba donde estaban Don Venancio, Goebbels y Yeyo y le dije a Nancio: 'Mira a ver qué vamos a hacer porque estamos metidos en un bojote bien grande y nadie quiere trabajar. Se sentaron y el camión anda entre el agua del Mariamina'.

"Don Venancio le pidió a Goebbels —que era el segundo de él— que fuera a poner orden. Nos devolvimos y llegando le dijo a Tibu: 'Si a ti no te da la gana trabajar, no incites a los demás a que no lo hagan'. Miró al resto y todo el mundo se puso de pies y empezaron a quitarle la carpa al camión. En ese momento Tibu trató de agarrar una caja y Goebbels le dijo muy encabronado: 'No la toques. El macho debe sostener su palabra. ¡retírate de aquí inmediatamente!'. Eso sirvió para que los demás se pusieran las pilas y se volvieron a dividir en grupos de a seis. ¿Qué hacíamos? Sacar las cajas y bajarlas entre el arroyo y de allí llevarlas a tierra, caminando con el agua al pecho... Eso eran cajas y cajas y cajas hasta que por fin terminamos, tipo doce del día".

ROQUE: "Todo eso fue un desastre porque con la cantidad de agua tan verraca que se metió entre el camión y luego con la que tuvieron que chupar los empaques, el cartón se descompuso y empezaron a desbaratarse las tales cajas y, ¡no joda! Quedaron las armas a la vista y los que no se habían dado cuenta qué iba dentro, se dieron y empezó el comentario y el susto y la vaina. Ahí medio arreglamos algunas, pero de todas maneras las armas se veían".

"NEN": "A esa hora el tractor que se había regresado hasta la finca por un zorro (carro de tiro) ya estaba de vuelta y entonces lo que teníamos que

hacer era volver a levantar la carga y acomodarla en el
vehículo. Se hicieron tres viajes de zorro hasta el escondite, localizado a unos ocho kilómetros del Mariamina. Esa caleta era una zanja natural entre el bosque
bien frondoso, un kilómetro más allá de la pista. A las
seis de la tarde quedó todo bien acomodado y le hice
entrega a Goebbels. Ahí se acabó mi tarea''.

ROQUE: "La caleta era un trabajo bien hecho.
Imagínese un refugio antiaéreo con piso de cemento y
una puerta pequeña al nivel de la tierra. Como no la
utilizaban hacía bastante tiempo, olía a humedad y
tuvimos que ponerle palos y vigas para aislar el agua
apocetada abajo y sobre todo ese andamio fuimos
depositando las cajas. Una vez terminamos, cerraron
la puerta y le acomodaron encima —para camuflarla—
unos diez sacos llenos de centeno''.

TIBERIO MONTERO, "YEYO": "El plan decía
que Nen le entregaba las armas a Goebbels en la caleta
para que él coordinara con la gente del M-19 todo lo
relacionado con la vigilancia durante el tiempo que
permaneciera allí. Esa misma tarde, Goebbels habló
con 'Alejandro', el hombre que vino como comandante en el Zar y acordaron que él y sus hombres vigila-
rían el cargamento. Inmediatamente reunió a los cuatro guerrilleros que lo acompañaban, impartió órdenes, se armaron con los mismos fusiles que habían
desembarcado y dispusieron sus turnos de guardia.
Nosotros salvábamos en ese momento nuestra responsabilidad porque allí terminaba la operación, según lo
que nos había dicho Don Venancio''.

FEDERICO: "A su regreso al escondite, lo primero
que tenían que hacer los hombres del Karina era pin-

tarlo para cambiarle la fisonomía hasta donde fuera posible, puesto que ya lo conocía la tripulación de el Zar y por otra parte se había paseado mucho por Colón donde era necesario que no lo identificaran antes de atravesar el Canal. Con este fin le enviamos pintura y brochas a través del judío del 'capochino', quien continuaba abasteciéndonos".

SALVADOR: "Héctor González, Jairo Rubio, las dos ratas y yo duramos más o menos diez días pintando el buque de blanco y negro y afrontando una serie de contratiempos que algunas veces nos parecían fuera de lo normal. Lo primero fue el grito de la tripulación que otra vez estaba aburrida, otra vez quería más dinero, más mujeres y más borrachera. '¡Que nos vamos!' Bueno, esta vez tampoco los podía detener y ya muy aburrido con esos cabrones, le dije a Jairo, "Lléveselos p'a la mierda porque nos están trastornando con sus protestas'. Habló con ellos y le dijeron que debía dejarlos en Bocas del Toro, a unas dos horas y media de camino, pues querían devolverse para Colón a hablar con nuestra gente y cobrar, porque no querían quedarse allí enterrados esperando hasta quién sabe cuando, antes de volver a zarpar. Como el muchacho no tenía ninguna experiencia, le dije que se llevara a una de las ratas para manejar el bote y de paso traer alguna comida, porque también esta vez comenzaba a faltar. Eso, precisamente, fue lo que empujó a la tripulación a salir de allí, pués son una especie de ratones que cuando ven la despensa ligeramente vacía, abandonan el buque. Pués sí señor. Jairo y la rata bajaron la lancha, le acomodaron su motor y partieron con los marinos. Yo calculé su regreso a media tarde".

JAIRO RUBIO, "HENRY": "Partimos con Jairo —la rata que mandó 'Salvador' para que guiara la lancha— y navegamos una, dos, tres horas y no llegábamos a Bocas del Toro, el puerto hasta el cual querían llegar los marineros. 'Ese motor de nueve caballos es muy pequeño y vamos a demorarnos más', dijo Polo y, efectivamente: seis, siete, ocho... gastamos ocho horas hasta el sitio y allí nos cogió la noche pero le dije a Jairo que descansara un rato mientras yo iba a comprar una vitualla y regresaríamos esa misma noche por una cosa: Si nos perdíamos, tendríamos el día siguiente para orientarnos y buscar el escondite del barco. En cambio, si partíamos de día, tendríamos al frente otra noche y ahí sí nos llevaba la verraca. El me esperó acostado entre el bote y cuando regresé comenzó a caer un aguacero violento, pero salimos al mar. Navegamos en la dirección que creíamos correcta y comenzó a pasar el tiempo: Tres horas, cuatro, cinco, ¡seis! A las seis nos sentimos perdidos porque no llevábamos brújula ni ninguna ayuda diferente de los conocimientos de la rata y además no encontrábamos ninguna guía porque la noche era negra como un soberano putas, ¿oyó? Negra esa cabrona noche. Sin embargo llegamos a un punto desde el cual se vio la silueta de unas montañas allá al fondo y en la parte de abajo una luz y le dije: 'Arrimemos que allá tomamos referencias, nos dan alguna información y podremos seguir adelante', y el hombre enrumbó hacia ese punto. Pero, ¡Qué va! Navegamos unas dos horas más y la luz no se acercaba sino que parecía cada vez más lejos. ¿Sabe qué sucedía? Que andábamos costeando y al fondo veíamos una montaña alta. Pero a medida que la superábamos con la vista, aparecía otra más alta y detrás de aquella otra más alta y así sucesivamente, de manera que nos parecía imposible llegar hasta la luz.

"Viendo aquello, recordé que cuando navegábamos de venida, la cordillera estaba formada por una sucesión de montañas al lado de las cuales aparecían algu-

nos poblados y me calmé. Debía esperar a que pasara
el tiempo sin preocuparme por el engaño que sufría la
vista a causa de la oscuridad.

"Jairo estaba tranquilo porque era un buen marinero y como llevábamos buena cantidad de gasolina,
comida y refrescos, el asunto era dejar que trabajaran
el motorcito del bote y el reloj, mientras amanecía.
Yo creo que en ese momento debían ser las dos de la
mañana. A las tres, la rata se cansó y me pidió que lo
reemplazara y, aún cuando yo nunca en la vida había
tocado un motor fuera de borda, acepté. El se acostó
en el piso y yo seguí dándole, dándole hacia la luz
aquella y al poco tiempo nos metimos en unos bajos
llenos de algas y vegetación, como especie de barbas
que se enredaban en el motor de cuando en cuando y
había que levantarlo y limpiarle la hélice porque la
aprisionaban formándose como madejas de hilo alrededor de las aspas. Seguimos por ese camino y recuerdo que algunas veces sacaba el remo, lo estiraba y
tocaba fondo a menos de un metro de la superficie
del agua. '¿Habría problema?', le preguntaba a la rata
y él me decía: 'No, cuadro, dále p'alante'. El estaba
cansando y respondía cualquier cosa para que lo dejara dormir. Avanzamos un poco más y de pronto pude
darme cuenta que flotábamos entre unos arrecifes
porque ya el fondo estaba casi a flor de agua, y de allí
pasamos a una especie de esteros como encerrados
entre rocas muy altas contra las cuales sentía chapo-
tear el agua con suavidad porque el mar estaba quieto,
calmado y la noche muy oscura. Salí de algo que parecía una barrera al frente de nosotros y ya volví a ver
la luz al fondo. Pero esta vez era una luz intermitente.
Al principio pensé que fueran luciérnagas, pero no.
Prendía y apagaba como enviando alguna clave o algo
así, y le dije a la rata: 'Tiro p'a la luz'. El hombre me
contestó con un ronquido y yo le di, de frente, de
frente y a medida que avanzaba yo le contestaba las

señales con una linterna: Cuando ellos prendían, yo
prendía y cuando ellos apagaban, yo apagaba. Ya serían las cuatro de la mañana y nos empezamos a acercar... y media hora y una hora y una hora y media y
ya empecé a ver siluetas de casas y fuimos acortando
el camino hasta que llegamos a ellos. Resulta que era
una tribu indígena que había tenido la muerte de un
niño la víspera y estaban esperando a un cura para
que celebrara la misa a las seis de la mañana y salieron
muy temprano para hacer la señal y guiarlo. Cuando
llegamos vi que nos miraron con asombro, y les pregunté qué sucedía. 'Pués que nadie se atreve a meterse
por ese sitio', me dijeron. Según ellos, allí había un
desfiladero formado por dos acantilados inmensos
entre los cuales se cuela el mar, golpeando primero un
lado y luego el otro con una furia impresionante, de
manera que lo agarran y lo trituran; esa fue más o
menos la palabra: lo muelen contra las rocas.

—Mire —me contó el más viejo— hace un año se metieron por ahí unos gringos traficantes de marihuana
y los agarró el mar. A los dos días encontramos un pedazo de trapo con una masita de carne adentro. Parecía que se los hubiera sorbido una máquina de esas de
moler carne.

"Allá nos dieron algo de comer y dijeron que el espíritu del niño que había viajado nos salvó, porque de
lo contrario ellos no hubieran estado allí a esas horas
de la madrugada haciendo señales para que viniera un
cura. Cuando llegó el día les compramos más combustible, Jairo se orientó y enrumbamos hasta llegar al
barco: En total estuvimos 18 horas perdidos".

El 12 de octubre, las armas que había traído el Zar a Dibulla estaban escondidas entre la caleta y en el puerto se mecían dos buques a la vista de todo el mundo. Uno era el Zar. El otro un barco de mayor calado con bandera de los Estados Unidos que llevaba dos días esperando a alguien que bajara de la sierra a darle aviso de un embarque de marihuana con destino a la Florida. Pero nadie iba a venir ni en el pueblo estaban dispuestos a trabajar, porque ese día se celebraba la fiesta de la Virgen del Pilar.

Aquella mañana, Nen se levantó temprano y durante todo el día trabajó en los preparativos para una 'rumba' en acción de gracias a La Patrona porque el desembarco había resultado bien y, según creía, ella fue quien lo liberó de la responsabilidad que significaba haber traficado con armamento.

MANUEL SALTAREN, "NEN": "Yo había invitado a mucha gente y, mira mi hermano, comenzaron a llegar de La Punta, de Riohacha, de Campana Viejo, de Mingueo, además de los del pueblo que entraban a la casa, agarraban su traguito y salían al parque o se quedaban ahí adentro bebiendo. La gente bailaba donde quería porque la banda, una banda papayera muy buena que mandé traer de Barranquilla, soplaba, no joda, a todo pulmón. La fiesta comenzó el 12 como a las nueve de la noche y terminó el 13 a las tres de la tarde, parejito, sin dejar un minuto de hacerle, porque cuando paraba la banda —que rara vez paraba— ponían a sonar las radiolas de las casas del marco de la plaza y píquele, no joda, a agarrar pareja y a moverse ahí mismito en la arena. En esa fiesta nos metimos diez cajas de whisky o sea 240 botellas. Cuarenta cajas de aguardiente, por la mañanita para refrescar la garganta y al medio día para quitar la sed que da el alcohol, se destaparon 420 cajas de cerveza. Apunte bien: 420 cajas con 30 botellas cada una... Son 12.600

cervezas, ¿no? Eso fue lo que se tomó la gente porque aquí en la Costa no estamos para invitar a diez personas y cerrar la puerta de la casa y bailar y comer aislados, sino que una fiesta es con puertas abiertas para que todo el pueblo participe. De los dos mil habitantes de Dibulla, creo que quedaron pocos sin tomarse un traguito o una cerveza. Y como también vino mucha gente de otros pueblos... Ese día inclusive estábamos que no teníamos dinero y queriendo que la gente quedara contenta, le hicimos unos cheques a los de la banda y a los que vendieron la cerveza y a los del aguardiente, para que los cobraran más tarde. Pero más tarde —que era como a los veinte días— vino el ejército a investigar la cuestión de las armas y, no joda: Por no comprometerse en la vaina, nadie cobró los cheques. Calladitos los iban rompiendo y los iban quemando, porque si se acercaban al banco, los fichaban como cómplices del desembarco y entonces iban a parar a un calabozo, ja, ja, ja... Esa fue la celebración del día de la Patrona, el 12 de octubre.

Barco que transportó armas

BARRANQUILLA. En este viejo barco de propiedad de mafiosos llegaron a las costas de la Guajira las armas que más tarde se vendieron al M-19 y que, en un avión de Aeropesca, fueron llevadas hasta el Caquetá. (Fotografía especial para EL TIEMPO)

Las armas fueron traídas de algún país del Caribe

BARRANQUILLA. 26. (Por Jacquelin Donado). — El pesquero de bandera colombiana que transportó las armas a las guerrillas del M-19 gracias a una negociación con un capo de la mafia criolla, fue traído a la Base Naval "Arc Barranquilla" desde las costas de la Guajira, donde fue capturado por los guardacostas de la marina colombiana.

El pesquero, de nombre "Zar", llegó capacidad de 10 toneladas, que ahora está fondeado en los muelles de la Armada Nacional, en esta ciudad y que logró burlar la vigilancia de las autoridades portuarias de la zona para entrar en aguas territoriales con el armamento.

Las autoridades locales no saben con certeza si el "Zar" es de Jaime Guillot, ya que él tiene los documentos de propiedad de la nave.

una nave de bandera hondureña y de nombre "Karina" navegaba por el Pacífico en forma cautelosa y horas atrás había cruzado por las costas de Panamá con otro nombre y otra bandera y las bodegas totalmente desocupadas.

El 14 de noviembre, ya cargado el "Karina", viajaba en aguas del Pacífico cuando fue sorprendido por una patrullera de la Armada que le solicitó detener su marcha y más tarde debió

FEDERICO: "El 12 de octubre ocurrieron varias cosas importantes en Panamá, a donde yo había regresado una vez despachamos el Zar de San Andrés. Por la mañana vino alguien de la Organización en Bogotá, trayendo 25 mil dólares como producto de 'recuperaciones' de dinero en instituciones bancarias de Colombia, hechas para financiar la parte básica del plan, que hasta ese momento era cruzar el Canal con el Karina y hacerlo llegar a las caletas construídas en El Pacífico.

"Luego apareció Garibaldi, aquél comerciante mexicano, y nos encontró comentando la forma tan oportuna como habían llegado esos dineros, porque Pablo estaba obsesionado con el buque. Delante de él hablamos, pués, de finanzas, porque siempre —y esa es una historia permanente de esa aventura— siempre afrontamos dificultades económicas. Si hubiéramos contado con billete en cantidades, ¡puta!, habríamos entrado las armas desde un principio. Pero bueno, lo cierto es que hablando de esto, Garibaldi dijo de pronto:

—Y, ¿Es que ya les llegaron los pinches truenos?
—Sí —dijo Pablo— la mitad está en Colombia, escondida en algún punto mientras movemos el Karina que

sigue con problemas. Una vez hagamos eso, pensaremos como sacar el resto del escondite.

—Chavos, —dijo Garibaldi— ¡Cuál Karina! Lo que tienen que hacer es empujar aquello que ya coronó porque lo que va adelante es lo que alumbra. Si eso ya entró, ¿ustedes lo van a dejar ahí? Y si lo dejan, ¿Qué seguridad tienen de que no caerá en manos de la Guardia? Ya lo metieron a Colombia pero eso no ha llegado a su destino. Deben terminar.

"Realmente en ese momento comenzamos a entender que lo que había entrado al país, era lo que teníamos que asegurar. Lo del Karina se debía mantener un tiempo más en la locura del mar, y esa misma noche comenzamos a analizar lo que implicaba dejar los fierros en La Guajira, en una zona de marimberos, con una pista cercana... Por esos días había mucha actividad aérea pués estaban en una supuesta guerra contra la marihuana y el gobierno había establecido en las cercanías, zonas restringidas tanto para volar como para navegar. Asimismo, se hablaba de un combate aéreo sostenido encima de Riohacha entre un avión de la Fuerza Aérea Colombiana y una nave gringa que venía por marihuana, y al final de una evaluación relativamente rápida, Pablo mandó llamar a Roberto Montoya que se hallaba en la caleta, frente al cuidado de las armas.

"Por otra parte, recordamos que él y 'Luis', aquel guerrillero que recorrió las costas colombianas en el pequeño avión del M-19 para buscar sitios donde hacer desembarcos, propusieron en su momento contratar un avión para transportar fierros.

"Según Luis —un hombre muy metido en los medios aeronáuticos— muchas veces antes habían sido contratados vuelos *charter* en Panamá y Miami para llevar toneladas de contrabando a Colombia y los aviones aterrizaban en los aeropuertos oficiales con el visto bueno de la Aduana Nacional y de otras autoridades arregladas previamente. Yo recuerdo que Luis nos decía: 'Miren, eso al principio le parece a uno un misterio, pero tanto aquí en Panamá como en Colombia, la cuestión es normal y a la hora de la verdad no vale tanto dinero y tomar ese camino resulta viable.

"Le dimos varias vueltas a la idea y Pablo dijo que Roberto y Luis también habían propuesto secuestrar un avión, llevarlo a las caletas y hacerlo volar luego con las armas hasta las selvas del Caquetá. Para eso solamente se necesitaba escoger un comando experimentado.

"En ese momento había un problema: Gente de la Organización intentó hacer una pista clandestina en medio de la selva, pero luego de más de un año de trabajo con machetes, picas y palas, sólo logró despejar de árboles una pequeña franja que no hubiera servido ni para que aterrizara una avioneta pequeña porque el piso era un mar de barro inconsistente. Sin embargo, Pablo ordenó que Roberto se trasladara a Bogotá, contactara a Luis y viniera con él a Panamá.

"El día 14 yo volé a Barranquilla y me reuní con Guillot, a quien le conté solamente parte del plan:

—Mira, le dije, Pablo ha decidido sacar muy pronto las armas que están encaletadas en La Guajira y para eso se contratará un avión, posiblemente en Panamá.

—Pero eso significa todo un montaje, respondió, porque la cosa no es tan sencilla como puede parecer. ¿Cuánto tiempo hay para alistar el asunto?

—Una semana.

—Bueno, no es mucho tiempo, pero tampoco me parece un plazo crítico. Déjame ver... Hay que montar rápidamente nuevos embarques de alguna cosa o continuar simulando algo para reforzar la imagen de que la pista realmente tiene auge... Debemos colocar gasolina para tanqueo del avión, conseguir las diferentes cuadrillas de trabajadores... Es cosa de un par de días. No te preocupes que yo coordino todo.

—¿Cuánto dinero necesitas?

—Por ahora, sesenta mil dólares para pagarle a las autoridades. Luego te diré cuánto cuestan los salarios de la gente que va a trabajar allí, transporte y una serie de cosas menores, pero eso no es urgente. Lo que necesito muy rápido son los sesenta mil verdes para los 'amarres'.

—Perfecto, ese dinero estará aquí dentro de tres días.

—Tres días como máximo. Acuérdate muy bien que necesito la fecha exacta de la llegada del avión, porque las autoridades estarán 'amarradas' para una fecha y unas horas precisas que no es fácil variar. Por otra parte, ese cargamento es grande y tengo que citar gente especializada en diferentes labores durante el embarque. A propósito, ¿Qué tipo de avión van a conseguir?

—No sé. Se está hablando con un par de compañías en Miami y Panamá con el fin de saber qué naves tienen disponibles.

—Antes de adelantar cualquier gestión —me explicó— ustedes deben tener en cuenta que esta pista es de dos mil metros de longitud, a nivel del mar. A nivel del mar, es decir que aquí los aviones pueden salir cómodamente con el *full* de carga. Cuando contraten, suministren esas dimensiones, de manera que la compañía sepa qué equipo va a alquilar. De lo contrario pueden enviar un DC-6 o alguna nave grande que no podría aterrizar allá. ¿Entendido?

—Entendido.

"Con estas instrucciones regresé a Panamá el día 15 y el 16 temprano me acordé que en Colón vivía un piloto contrabandista, muy simpático y muy buen lector, que alguna vez comparó su vida con la del coronel Aureliano Buendía. El era un hombre solo, aparentemente sin familia y lleno de historias de guerras. De verdaderas guerras de contrabando en América Latina. Aureliano era buen amigo pero había que partir del secreto. El no podía saber nada de la operación y cuando le conté a Pablo la idea, me dijo, 'Sí habla con Aureliano y pídele cuanta información pueda darnos sobre aviones.

"Partí sobre las diez de la mañana y alrededor del medio día lo encontré en su pequeña casa frente al mar, donde le dije que teníamos un contrabando listo para llevar a Colombia, pero que no habíamos podido determinar cual era el avión ideal. Me preguntó por el peso del contrabando y calculé unas cinco o seis toneladas, pero le dije que había un problema:

—¿Cuál es?

—La pista con que contamos es muy corta y por tanto no podemos partir de la idea de un aterrizaje normal.

—¡Un barrigazo! dijo mirando vagamente al suelo y luego preguntó qué clase de contrabando era.

—Televisores y aparatos electrodomésticos, ¿por qué?

—Porque ustedes deben hacer buenos cálculos para saber si la operación justifica romper un avión y si las autoridades les permiten dejarlo allí y luego quemarlo. Mira: En Miami es posible conseguir aviones a pistón muy baratos. Ya prácticamente son desechos. Entonces hagan números.

"El viejo preguntó información sobre la pista, distancia, recorrido y prácticamente sin pensarlo, exclamó:

—Lo que necesitan es un Curtiss. Un Curtiss C-46. ¿Lo conoces?

—No, pero hay quien nos lo puede conseguir, le expliqué. El se emocionó porque, dijo, había volado ese modelo durante diez años y por tanto lo conocía como a la palma de su mano.

— ¡Hombre!, señaló. Parece que hubieran construí- do al C-46 exclusivamente para embarrigarse, porque además de su inmenso compartimiento de carga, po- see debajo tres bodegas amplias: Una en la nariz, otra en la parte central donde lleva el sistema hidráulico y otra atrás. Eso quiere decir que si tú las dejas vacías, al tocar tierra amortiguan cualquier golpe y no sufri- rá lo que va encima. Además la barriga está al nivel de las barquillas o tapas de compartimiento del tren de aterrizaje y eso te garantiza una emergencia estu- penda. Es tan apropiado para este tipo de operaciones que en la Segunda Guerra Mundial lo embarrigaban de intento en las playas y respondía al ciento por ciento.

—¿Sí?

— ¡Claro! Le ponían su *full* de carga y llevaban una hélice de repuesto, de manera que al llegar al sitio es- cogido, apagaban un motor y lo perfilaban, dejando dos de las hélices horizontales y la tercera para arriba. Y aterrizaban. Como la hélice del motor que había quedado funcionando se dañaba, colocaban debajo de los ángulos de acople de los planos al tabaco del avión —que es la parte más fuerte— unas vejigas de hule y las inflaban, lo levantaban, sacaban el tren de aterriza- je, cambiaban la hélice y cuando bajaba la marea, de- colaban luego de dejar la carga.

—Pero ¿puede aterrizar con un sólo motor?

—Pues claro, porque cada uno tiene una potencia de 2.000 caballos de fuerza. ¡Eso es una barbaridad!

"El viejo hablaba con pasión y después de varias historias por el estilo, me preguntó la distancia que era necesario cubrir y yo calculé, entre Dibulla y la sel- va, unos 1.100 kilómetros.

—Bueno, dijo, la carga útil de ese avión son cinco toneladas y media, pero tú puedes meterle una tonelada más y trabaja bien si decolas del nivel del mar. Con ese peso vas a volar a unos 200 kilómetros por hora, lo que significa que necesitará estar en el aire cinco horas y media. Déjame ver...

"Se puso de pies, escarbó entre un arrume de papeles y regresó con un manual amarillento y arrugado y empezó a hacer cálculos de combustible:

—El C-46, explicó, tiene seis tanques entre las alas, empotrados cerca del ángulo de acople con el fuselaje. Los dos frontales hacen... hacen... 488 galones; los centrales 584 galones y los traseros otros 350. O sea que abastecido a full podrá llevar 1.222 galones de gasolina y como consume unos 200 galones por hora de vuelo —con una tonelada de sobrecarga— puede cubrir perfectamente la distancia y se contaría con una reserva de treinta minutos, ¡Sólo treinta!

"Posteriormente le dije que una vez entrara a Colombia, debería bajar en algún lugar de la Costa para tanquear y luego atravesaría el país por sobre los Andes. Buscó cartas de aeronavegación y empezó a hacer un proyecto de plan de vuelo, ayudado por un pequeño computador.

— ¡Ja! Lo van a meter por una zona difícil porque allí las montañas son muy altas, pero volando a 15 mil pies no tendrán problemas. ¿El vuelo será este mes?

—Sí, dentro de unos diez días.

—Van a encontrar zonas con muy mal tiempo sobre la cordillera, muchos cúmulos y estrato-cúmulos, pero ese avión es supremamente seguro para afrontar tempestades. Por ejemplo, en Estados Unidos la NAVY

aún lo utiliza para ciertas operaciones. Yo creo que el
Curtiss C-46 es uno de los mejores en las turbulencias
por su misma configuración: Buen peso y una superficie alar muy grande. Imagínate que la envergadura
—de plano a plano— es de 33 metros, mientras la longitud es de 28. Y las alas son muy gruesas. Tiene bastante de donde agarrarse. En cambio es muy celoso en
tierra, y ojo con esto, porque como el empenaje...

—¿El qué?

—El empenaje, la aleta vertical de la cola, es muy
grande. Entonces al aterrizar, los vientos cruzados
chocan contra ella y lo tuercen fácilmente. Esos vientos cuentan abajo, cuando uno está sentando ruedas.
¿Me entiendes? Por otra parte, es una nave convencional, con patín de cola y esto también influye para que
sea celoso. De todas maneras, me imagino que van a
conseguir un piloto experimentado y no tendrán problemas.

"Finalmente tomó un papel y escribió en él un proyecto de plan de vuelo que más tarde le sería entregado al comando encargado de conseguir en Colombia
el avión que necesitábamos. Con esta información regresé a Panamá y encontré a Roberto Montoya y a
'Luis', reunidos con Pablo"

LUIS: "Inmediatamente llegamos, Pablo pidió información sobre las armas y él, muy entusiasmado, le
dijo que se hallaban seguras y que quienes se habían
quedado a cuidarlas tenían instrucciones de volarlas
con dinamita en caso de peligro. 'Hemos instalado
varias cargas estratégicamente con ese fin', comentó,
luego entró a enumerar algunos problemas que tuvieron durante el viaje y la solución que le dio a cada
uno.

"Después de escuchar el cuento, Pablo planteó algo
que llamamos los niveles de seguridad y le preguntó si

consideraba que debíamos avanzar con esa fase del plan o dejar las armas allí guardadas más tiempo y concentrarnos en el Karina. Después de un debate, Roberto estuvo de acuerdo con que había que sacar adelante lo que ya estaba en Colombia.

"Una vez salimos de estos temas, el comandante nos dijo:

—Ustedes plantearon hace algún tiempo la toma de un avión para transportar fierros, ¿Cómo es la idea?

—Muy fácil —le expliqué— cogemos un Twin Otter en alguno de los aeropuertos principales y ¡ya! Lo agarramos por la fuerza y como hay experiencia en eso, lo único que se necesita es un comando bien conformado. Yo no le veo problema.

—Y, ¿Por qué un Twin Otter?

—Primero porque hay varios en Colombia y segundo porque necesita poca pista, tiene tren fijo, es duro, resistente, moderno y posee otras condiciones que nos favorecen.

—¿Qué capacidad de carga tiene un avión de esos?, preguntó con mayor insistencia.

—Depende de la distancia que se quiera cubrir pero yo creo que, en promedio, podremos llevar unas dos y media a tres toneladas.

—No mi hermano, necesitamos llevar más carga. Hay que pensar en algo más grande, dijo sonriendo.

"Hasta ese momento yo había pensado en un avión de pasajeros, cuyo control después de la toma tiene sus problemas. Luego de eso, me había imaginado buscar una pista donde dejarlos y seguir con la nave vacía, pero la operación era realmente complicada y Pablo interrumpió con esta frase: 'Piensen mejor en uno de carga'.

—Pues más fácil, le dije, porque buscamos una historia para alquilarlo y una vez esté en el aire, reducimos a la tripulación y nos lo llevamos. Eso es más fácil, sí señor.

"Acababa de decir eso cuando entró Federico sonriendo, nos saludó, habló una media hora con el comandante y luego se incorporaron a la reunión y concretaron que el avión debía ser un Curtiss C-46.

—En Colombia hay dos empresas que lo tienen, les expliqué. Una se llama Aeronorte y la otra Aeropesca, pero yo he visto oficinas de la segunda en Medellín, de manera que debemos tratar de comenzar por allá.

—Y ¿Cuánta plata se necesita para eso?, preguntó Pablo.

—No mucha. La necesaria para contratar el vuelo y darle a la compañía algo por adelantando.

—Pero es que no hay dinero, respondió.

—Pero por favor, hay que dar algo por anticipado.

—Por anticipado... ¿Cuánto es lo mínimo?

—Dame unos ciento cincuenta mil pesos para pasajes, hoteles y otros gastos del comando. Propongo que la operación sea iniciada en Medellín y que trasladémos hasta allí a la gente.

—Perfecto, dijo. Buscó en su habitación y me dio unos tres mil dólares, que al cambio del momento eran más o menos la suma que yo había solicitado. Una vez conté los billetes, le pregunté para cuando era la operación y soltó así:

— ¡Para mañana!

—Muy bién, para mañana.

"En ese momento supe que la pista estaba en La Guajira y Pablo dijo que él ponía la carga allá. No puntualizó en qué sitio exacto, pero sobre ese cálculo se hizo el proyecto. Después me entregó un papel con un boceto de plan de vuelo y pidió que lo estudiáramos y le diéramos un concepto sobre las condiciones que había en la selva, donde fue construído el remedo de pista.

—¿Cuánto tiene de longitud?, le preguntó a Federico y él le dijo,

—Ochocientos metros, pero eso no sirve ni para entrar y embarrigar el avión, según me lo explicó Aureliano. Ese Curtiss necesita, como mínimo, 1.200 metros con piso muy firme.

"Roberto se puso de pies y dijo muy serio: 'Pues si hay que estrellar el avión en plena selva por falta de pista, lo estrellamos y nos matamos, pero conseguimos que las armas queden intactas y lleguen por fin a su destino'.

"Hubo un silencio breve durante el cual todos nos miramos fíjamente y luego Pablo habló de otros detalles, visiblemente emocionado".

FEDERICO: "Inmediatamente después se tomó conjuntamente la decisión de que 'Andrés' acompañara a Roberto Montoya, en la toma del avión.

'Andrés' era un hombre que había mostrado decisión total y capacidad de mando. Era necesario conformar el comando con base en gente muy decidida, porque la operación planteaba, incluso la muerte, como lo había dicho crudamente Roberto Montoya, y cualquiera no se iba a subir al avión con esa idea. El resto del grupo sería escogido por 'Andrés', a excepción de Lindberg, quien en ese momento no era conocido siquiera por la mayor parte de los mandos del M-19. Lindberg era piloto y pertenecía a la Organización hacía algunos años. Sus características, la perfección con que cumplía las órdenes y un enorme silencio. Hasta ese momento todas sus actuaciones habían tenido como base estratégica el silencio.

"Pablo preguntó si él podría estar en capacidad de manejar el avión en un momento determinado y nosotros le dijimos que entendíamos que sí. La nave era grande, pero además de los conocimientos se requería decisión y ese muchacho la tenía.

"Para Pablo resultaba importante pensar en la reacción de la tripulación una vez les notificaran el secuestro y la charla giró durante algún tiempo en torno a ese punto. Al final, la conclusión fue sencilla. Nuestros hombres no sólo necesitaban mucha seguridad en lo que hacían sino que tenían que demostrarla en todo momento.

"Otra clave era la personalidad de los miembros del comando. 'Andrés' y Roberto podrían rozar frente a algunas actuaciones pero Pablo confiaba en la buena capacidad de persuasión de Montoya.

¿Montoya y Lindberg? No había problema. Se complementaban estupendamente bien y estarían de acuerdo en las decisiones, cuando empezaran a aparecer problemas técnicos. El era piloto y su misión se concentraría en vigilar los instrumentos, controlar permanentemente al comandante del avión para que no volara con rumbo diferente al que le fuera ordenado, evaluar si decía que el avión estaba dañado o si argumentaba que la gasolina no alcanzaba para continuar. Por todo esto, Lindberg se convertía en pieza clave de la operación y definitivamente había que 'quemarlo' ante mucha gente, puesto que en ese momento estaba cumpliendo tareas muy estratégicas.

"Esa decisión se tomó el viernes 16 de octubre para amanecer sábado y ellos debían hacer la operación el martes 20. Es decir, tenían tres días para todo, pero Pablo creía en la capacidad organizativa de Roberto Montoya y en las agallas de 'Luis' para convencer a la gente e idear historias verosímiles como lo había

demostrado en anteriores operaciones de alto riesgo,
que culminaron con éxito. Esta iba a ser para él, una
más.

"Ese sábado 17, luego de haber dormido sólo un
par de horas, los dos regresaron a Colombia: Roberto
voló a Bogotá para comenzar a armar el comando y
'Luis' a Medellín con el fin de entrar en contacto con
'Aeropesca', la compañía que se había ganado esta
rifa.

"Mi misión era viajar a Barranquilla el lunes 19 y
quedarme allí haciendo el enlace radial entre Guillot,
que se trasladaría a La Guajira a coordinar el embarque, y Roberto que vendría a bordo del avión secuestrado. Pero antes de viajar, debía colaborar con Pablo
en la consecución de los 60 mil dólares que necesitaba
Guillot para comenzar su trabajo".

LUIS: "El sábado 17 madrugué al aeropuerto de
Tocumen y conseguí silla en un avión que partía a las
diez de la mañana para Medellín. Estaba obsesionado
con el estrecho margen de tiempo y pensé que si no
lograba contratar el avión esa misma tarde, las cosas
se complicarían hasta el punto de poner en peligro el
éxito de la operación. En ese momento ni siquiera
recordaba con exactitud la dirección de las oficinas de
Aeropesca y haciendo cálculos, iba a llegar allí al
medio día, cuando cierran la mayor parte del comercio. Eso significaba perder dos horas entre las doce y
las dos y dije para mí mismo: 'Carajo, dos horas pesan
demasiado'. Pero no había nada que hacer fuera de
esperar. Busqué un almacén, compré un par de gafas
de sol, un pequeño aparato para cortar cabello y un
peine y me dediqué a cambiar mi apariencia puesto
que más adelante, las personas con quienes hablara,
podrían reconocerme fácilmente. El avión salió puntual. En Medellín confirmé con un directorio telefóni-

co que las oficinas de Aeropesca estaban situadas en
el corazón de la ciudad, una zona muy convulsionada
y el taxista me dijo que era imposible llegar allá antes
de las doce. Partimos en medio de un tráfico caótico
y aproveché la eternidad del traslado para poner en
orden las ideas y hacer más verosímil la historia que
debía recitar ante el funcionario que me atendiera.
Cuarenta minutos después estaba en el sitio y leí un
cartelito donde anunciaban que la compañía abriría
nuevamente a las dos de la tarde, de manera que tuve
más tiempo para caminar por los alrededores repasan-
do una y otra vez el cuento. A la hora exacta entré a
la oficina y hablé con un hombre joven:

—Por favor, ¿Puedo hablar con el gerente?
—Soy yo, a sus órdenes, contestó con amabilidad.
—Hombre —le dije— soy uno de los propietarios de
una firma de ingenieros y estoy frente a un problema
que solamente usted me puede ayudar a solucionar.
Imagínese que tenemos un contrato para instalar una
red de teléfonos en Bahía Solano y por esas cosas de
la burocracia nos han demorado más de la cuenta las
licencias de importación para traer al país los cables
de telefonía que necesitamos. Sin embargo conseguimos en Barranquilla una buena cantidad, pero no la
hemos podido trasladar hasta Solano, donde los trabajos se hallan paralizados hace más de una semana y
estamos pagando un lucro cesante que nos va a arrui-
nar. Son cuarenta trabajadores cruzados de brazos y
la posibilidad de enfrentar una multa inmensa por in-
cumplimiento. Yo necesito llevar eso en el término de
la distancia.

—¿Cuánto pesan esos cables?, preguntó y yo le dije
sin pensarlo:
—Aproximadamente cuatro toneladas, tal vez cinco.
Lo único que sé con exactitud es que necesito trans-

portar esos cables de Barranquilla a Bahía Solano
¡ya! ¿Qué tipo de aviones tienen ustedes?

—Este y éste y éste, contestó.

— ¡Necesito el Curtiss!

—Pero es que está ahora mismo en Leticia, a mil
doscientos kilómetros de aquí.

—Bueno, ¿Y cuándo llega?

—No lo sé. Tiene que cumplir algunos vuelos antes
de que podamos disponer de él.

—Mire, maestro —insistí— yo necesito ese avión
mañana mismo aquí, en Medellín.

—Resulta casi imposible —dijo— porque le tocaría
pagar a usted dos vuelos con el avión vacío: Uno, de
Leticia a Bogotá y otro, de Bogotá a Medellín. Y después de Medellín a Barranquilla y de Barranquilla a
Bahía Solano. ¿Se da cuenta que los costos subirían
mucho?

—No importa, le expliqué. No me importa porque
estoy perdiendo dinero y lo único que necesito es que
esos cables lleguen a más tardar el martes próximo.
(Como yo no iba a pagarle sino cien mil pesos que era
el anticipo, me daba igual que costara lo que costara).
Y agregué: Yo necesito ese avión ya. Tráigalo.

—Perfecto, si la cosa es tan urgente lo traigo a Medellín, respondió.

"Resuelto esto, el hombre me miró con unos ojos
que pude leer fácilmente. Había que hablar de dinero
y le dije: Voy hasta el Banco a cambiar un cheque y
al regreso le cancelo un anticipo en efectivo. El resto
se lo pago en las mismas condiciones en Barranquilla
antes de comenzar a cargar el avión. Haga rápido las
gestiones de los vuelos porque yo tengo que ir esta
misma tarde a Baranquilla. Mañana es domingo y si
no contrato antes del anochecer unos camiones...
Unsted sabe que allá la gente agarra la fiesta el sábado
y se olvida de todo.

—Perfecto, pero, ¿cuánto va a dar?, preguntó ansioso.

—Cien mil pesos ahora, ¿Le parece bien?

—Me parece bien, pero, ¿A nombre de quién hago el recibo?

—Bueno, no me haga recibo —dije pensando en que podía pedir la cédula de ciudadanía— Mejor llenamos los requisitos en Barranquilla.

—Pero tengo que anotar a nombre de quién entrega usted los cien mil.

—A nombre de Hernán Arbeláez.

—Ah, bueno señor Arbeláez, vaya usted al Banco y yo lo espero aquí.

"Fui hasta los alrededores del Edificio Coltejer en busca de una charcutería donde cambiaban dólares por pesos, cambié a buen precio, vine a Aeropesca, traje los cien mil en efectivo, cerramos contrato por 450 mil pesos y vi que el hombre estaba emocionado porque, me imagino, esos negocios no deben presentarse todos los días. Lo cierto es que en mi presencia tomó el teléfono y habló con alguien a quien le comentó: 'Véngase mañana para Medellín que le tengo el negocio del siglo'. Para estimularlo más, le dije: 'Si todo sale bien, prometo que habrá nuevos contratos porque tenemos muchos frentes de trabajo en el momento', y el hombre se puso eléctrico. Le brillaban los ojos de emoción.

—Pero, claro, señor Arbeláez —respondió— mañana mismo le tengo el avión aquí.

"Antes de despedirme caí en la cuenta que tenía que justificar, desde ese momento, la subida de personas a un avión de carga y le alargué el cuento así:

—Señor Gaona —él se llamaba Carlos Fernando Gaona Prada— yo necesito que me manden los cables que son: Aquí hay ahora mismo unos ingenieros de la firma y pienso que tienen que volar a Barranquilla porque no puedo correr el riesgo de que allá despachen la carga equivocada. Usted comprende como son estas cosas técnicas.

—No hay problema señor Arbeláez, le transporto a los ingenieros, dijo sonriendo.

"Sobre las tres y media de la tarde salí de allí y el siguiente paso fue conseguir con gente del M-19 las armas con las cuales el comando —que ya estaría organizando Roberto en Bogotá— debía tomarse el avión".

FEDERICO: "La noche del sábado en Panamá, me reuní con Pablo y Garibaldi que parecía no creernos ya tanta locura. El nos había ayudado bastante y no le íbamos a volver a solicitar un solo centavo, pero sí alguna idea porque era necesario conseguir los sesenta mil dólares para el domingo muy temprano. Barajamos posibilidades y Garibaldi le recordó a Pablo su estupenda amistad con un alto funcionario del gobierno que también estaba vinculado con la banca panameña y Pablo dijo que sí, que ese era el camino. Pero ya eran las siete de la noche y si lo conseguíamos no le podíamos explicar para qué necesitábamos el dinero, aunque él sabía quienes éramos nosotros. Garibaldi vio nuestra ansiedad y sin que se lo solicitáramos, dijo: 'Me voy a buscar al hombre'.

"Salió, lo localizó y entre las ocho y las diez hablamos varias veces por teléfono. Faltando un cuarto para las once aparecieron Garibaldi y nuestro amigo, el funcionario panameño, con un paquete dentro del cual venían los sesenta mil dólares.

—Maestro —dijo el funcionario— yo no sé para que será esto ni cuando me lo van a devolver, pero les cuento que hasta el Banco Nacional de Panamá tuvo que ser movido para conseguirlo.

"Nos tomamos un whisky y después de las doce Pablo y yo salimos con el dinero en busca de un colombiano que estaba hospedado en el Hotel Europa, para solicitarle que regresara al país por Barranquilla y que por favor, llevara ese dinero y se lo entregara a alguien en el aeropuerto. Como yo tenía algo pendiente no podía viajar antes del lunes y Pablo quería cumplir para que en esta forma se fueran adelantando los preparativos del embarque, tal como Guillot lo había establecido. Esperamos al hombre en la recepción y cuando bajó nos confirmó su viaje ese mismo domingo.

—Entonces —le dijo Pablo— hazme un favor muy grande: Lleva este dinero a Barranquilla porque es demasiado urgente. A cambio te pagamos tus pasajes y los de tu esposa. Es muy urgente.

"El se arrugó inmediatamente y dijo que por ser funcionario del gobierno colombiano no podía llevar esa cantidad de moneda extranjera encima. Era un delito contra la legislación cambiaria, y le aplicarían la ley con más rigor que a un ciudadano corriente. Después argumentó cincuenta mil disculpas y terminó por desencajar totalmente a Pablo. Ese fue el único momento de mi vida que lo vi así, a pesar de tratarse de un hombre que no se descontrolaba ante nada. 'Hermano, mira, ese dinero debe estar mañana en Barranquilla, es algo de vida o muerte: Hazme el favor de llevarlo', le decía con un profundo sentimiento, pero no logró hacerlo cambiar de idea y ya sobre las dos de la mañana, muy desanimados, regresamos y llamamos a Guillot para confirmarle que el dinero estaba listo pero que yo solamente podría viajar el lunes a llevárselo. El dijo algunas cosas protocolarias y Pablo se preocupó mucho, pensando que Guillot no nos iba a creer".

FULGENCIO CUADRADO, "ENCHO": "El sábado 17 de octubre comenzó en aquella pista un movimiento de marihuana tan importante como en la época de oro y nos acordamos de aquello que nos había dicho Don Venancio unas semanas atrás: 'La zona va a renacer y nuevamente habrá trabajo para todos'. Si señor. En las horas de la madrugada, gente de Santa Marta realizó un embarque de 1.200 libras e inmediatamente después pagaron en dólares porque el dinero venía en el mismo avión, como era costumbre. Posteriormente alguien anunció que más tarde llegaría un despacho grande para ser embarcado la madrugada siguiente y nos invitó a esperar. Un par de horas después vimos que comenzaban a entrar camiones y acudimos a descargar y encaletar esa maracachafa no muy lejos de la gente que cuidaba los repuestos para carro, traídos por Don Venancio el día 10. Para nosotros aquellos caleteros no inspiraban confianza porque estaban demasiado armados. No es que las armas nos asusten en La Guajira, porque aquí conocemos, inclusive, lo último que va saliendo al mercado. Eso llega directamente a las zonas donde se cultiva la marihuana, a las pistas de embarque o a los puertos marimberos. No. Lo que nos transmitía desconfianza era que se trataba de forasteros procedentes del interior del país, que cargaban cartucheras y cananas similares a las del ejército y nosotros decíamos: 'Pero, ¿Para cuidar repuestos se necesita esta clase de gente? ¿Será que allí hay algo más delicado de por medio?'.

"El domingo muy temprano terminamos de encaletar esa marihuana y quedamos a la espera de un DC-4 que aterrizaría a media noche para llevársela. Ese aparato iba a necesitar un tanqueo de más de mil galones de gasolina y la gente encargada de los abastecimientos y repuestos comentó que unas cuatro horas antes llegaría un carro-tanque de Barranquilla. Efectivamente, yo creo que sobre las siete, el vehículo dejó la 'carretera negra' y se internó por el camino que conduce a la pista, siendo seguido por un vehículo lleno de tropa que lo vio tomar esa vía y sospechando para donde iba, se le pegó atrás. El chofer no les puso mucha atención porque pensó que la cosa estaba arreglada y los dejó que lo siguieran. Llegó hasta el Arroyo Mariamina, se metió y, carajo, se quedó atollado. En ese momento la tropa lo abordó, le hicieron un examen al líquido que traía y viendo que se trataba de gasolina de avión, empezaron a complicarle la vida para hacer las cosas más graves y buscar así 'un trance'. Como la gente los conoce muy bien, mandaron llamar al dueño del embarque que llegó rápido, habló con ellos, evaluaron la carga y —según la costumbre— les pagó con dinero en efectivo un porcentaje sobre el valor de la gasolina. Ellos lo aceptaron.

"Un poco después entró otra patrulla, cruzó Mariamina a pie —porque llevaba muchas aguas— y llegó a la finca detrás de las huellas del camión de la gasolina. Ellos sabían que se preparaba un embarque y querían llegar hasta la carga. En la casa, que queda a unos tres kilómetros de la pista, se encontraron de manos a boca con tres de los caleteros de los repuestos que habían salido desarmados y estaban tocando una guitarra y cantando. Preguntaron qué hacían en ese lugar y los tipos les hicieron *el zafe* diciéndoles que trabajaban en la finca y que como era domingo, día de descanso, pues estaban descansando y cantando porque eso no era ningún delito. La patrulla los chequeó bien y siguió hacia la pista a ver qué encontraba.

ROQUE: "Martín era uno de los guerrilleros que estaba en la casa de la finca con su guitarra. Los soldados le preguntaron algunas cosas y luego se vinieron para la caleta, pero como teníamos forma de comunicarnos, nos avisó y los esperamos. Ellos recorrieron la pista y llegaron hasta donde estábamos nosotros. Les dijimos que éramos trabajadores, merodearon por allí un rato y recuerdo que uno se recostó contra los sacos de centeno que tapaban la entrada a la caleta. Permaneció allí algunos minutos, miró con mucha desconfianza para todos lados y luego se fue. Si hubiera movido los sacos, seguro que habría descubierto las armas".

FULGENCIO CUADRADO, "ENCHO": "Antes de la media noche del domingo y una vez se fue la ley de la pista, entró un DC-4, todavía con el escudo de la Fuerza Aérea de los Estados Unidos —porque cuando los venden viejos no les borran los distintivos— cargó su maracachafa y partió al amanecer".

LUIS: "La tarde del domingo 18 de octubre yo aún estaba tratando de conseguir las armas para el comando que se iba a tomar el avión de Aeropesca, pero no había podido hacerlo y me fui a cumplir una cita que habíamos acordado antes de salir de Panamá, con Roberto Montoya. Lo vi y me dijo que su gente ya estaba allá. Unos habían llegado de Bogotá en avión y otros de Cali, por tierra. El mando militar de la operación era un guerrillero de nombre 'Andrés', a quien yo no conocía.

ANDRES: "Veinticuatro horas antes me había reunido en Bogotá con Roberto Montoya y él me comunicó que yo estaba asignado a una tarea estratégica, para la cual la orden era no fallar y por tanto había que hacerla al costo que fuera. Primero me enteró que íbamos a transportar armamento desde algún punto hasta las selvas del Caquetá y que era necesario tomarse un avión, para lo cual había solamente tres días. También me informó que no había pista de aterrizaje y que por lo tanto el final de la operación sería crítico. 'No descarte la posibilidad de morir', dijo claramente y yo me sentí contento.

—¿Por la posibilidad de morir?
—No era una posibilidad. El me aclaró luego que íbamos a morir.
—Y ¿usted que dijo?
—Que aceptaba la tarea y que estaba dispuesto a morir. Nada más.
—¿Cómo?
—Estrellando el avión porque no había pista para aterrizar.
—¿Matando a la tripulación y al resto de la gente?
—Matando a la tripulación y al resto de la gente. ¡Sí!

"Luego entramos a discutir las particularidades y, desde luego, a escoger al resto del comando. El y yo éramos dos; Lindberg —a quien no conocía— tres, y yo escogí en primer lugar a 'Carmen' para que fuera la tercera al mando. A ella yo la había conocido en nuestra fuerza militar del Valle del Cauca y estaba seguro que no iba a fallar, pues sus características humanas y de combatiente, eran buenas. Tenía experiencia urbana en golpes de mano, recuperaciones de logística, recuperaciones financieras, bueno, acciones desde lo más pequeño hasta lo más grande. Como universitaria fue tira-piedra caracterizada y como mujer era de armas tomar. Por ejemplo, un día en el terminal de autobuses de Cali, un tipo le dijo algo que no le agradó y ella sacó la mano y le dio un golpe. Luego se agarró con él a puños. Yo conocía también aquellos rasgos de su personalidad y eso me llevó a pensar en ella.

"Posteriormente escogí a un hombre que luego fue desaparecido por la ultraderecha, llamado 'Chucho'. Su nombre verdadero era, Leonel Ulises López. El tenía mucha experiencia en la lucha urbana. Como anécdota me acuerdo que varios meses atrás participó conmigo en una 'recuperación' financiera en un establecimiento comercial de Cali, y él era el responsable de la contención. Yo era el mando general, daba la orden de ingreso al sitio, controlaba el área y él se quedaba en la puerta armado con una escopeta de carrasca, cinco tiros. Y mire: Yo no había visto nunca una persona tan serena, tan tranquila como él con su escopeta, así, de frente, defendiendo el lugar. Ahí solo, a cuatro calles de la Brigada Militar. Eso era suficiente para que entrara a formar parte de aquel comando. Finalmente seleccioné a 'Patricia', una mujer de 20 años cuya carta para mí eran su tranquilidad, su arrojo y su serenidad. Ella viajó desde Bogotá con Lindberg, y conmigo, en vuelos diferentes y a horas diferentes. Desde Cali, por tierra, se trasladaron 'Carmen' y otro guerrillero. En tanto, Roberto Montoya se quedó organizando un segundo comando en Bogotá con el fin de que secuestraran otro avión, en caso de que nos fallara la operación en Medellín. Unos u otros tenían que llegar al sitio donde estaban las armas, el martes 20 o a más tardar el miércoles 21 de octubre. El avión que era necesario tomarse en Bogotá no estaba seleccionado porque trabajábamos peleando con los minutos. Solamente se les informó que debía tener motores a pistón y posibilidad de aterrizar y decolar en una pista de dos mil metros. Antes de viajar dejé establecido un canal de comunicación directa, con el fin de avisarles si debían entrar en acción.

"En Medellín el alojamiento de una parte del comando fue un hotel 'olla', ubicado en los bajos fondos y en el cual se movían pequeños mafiosos y traficantes y detrás de ellos cocaína, bazuco, objetos robados".

CARMEN: "La compartimentación era total. Por ejemplo, cuando me dieron la orden, dijeron solamente: 'Usted va a participar en un operativo de envergadura. Debe salir ahora y no se sabe si regrese'. Le dije al mando: 'Listo. ¿Cuánto tiempo tengo para partir?'. 'Una hora y media'. Según las instrucciones recogí una muda de ropa que incluyera camisa y bluyin y otra, vestido de calle, falda, zapatos elegantes y algo para pintarme la cara. Ya me habían indicado el lugar de la cita en Medellín, y en cosa de minutos organicé lo que tenía bajo mi responsabilidad en la regional del Valle del Cauca y me comuniqué con 'Chucho' quien no pudo viajar porque era el responsable de nuestra fuerza militar allí y no tuvo tiempo para delegar funciones. En su reemplazo envió a alguien que conocíamos como 'El Negro'. El se alistó también en minutos y partimos".

ANDRES: "Ese domingo afrontamos el primer problema con la consecución de las armas para la toma del avión, porque alguien de la regional de Medellín que tenía que entregárnoslas, no apareció. 'Luis', el hombre que tomó el avión en alquiler —y a quien conocí allá— lo buscaba por un lado y Roberto Montoya por otro, pero nada. Todos cumplíamos citas y no llegaba nadie. Llamé varias veces a Bogotá para aclarar la situación y tampoco fue posible conseguir algo. Había que pensar entonces en soluciones inmediatas".

LUIS: "Frente a ese problema, nos tocó violar medidas de seguridad: Roberto distinguía de vista a un compañero y sabía que estaba asignado a Medellín y conocía el sitio donde buscarlo. Se fue y no lo encontró. Empezamos a estudiar alternativas y me acuerdo que dijo:

—Pueda que nos toque secuestrar el avión con un par de navajas, pero lo secuestramos. Es más: Si conseguimos las armas pero su entrada al aeropuerto implica un riesgo para la operación, nos lo tomamos con menos.

—¿Y, si el piloto opone resistencia?, le pregunté.

—Le tuerzo el cuello y lo desnuco... O sencillamente lo mato con una simple navaja, pero esto no puede detenerse, respondió.

ANDRES: "Concentré a la gente en aquel hotelucho con orden absoluta de no salir y me fui a recorrer la zona en busca de algún policía que estuviera por allí mal puesto para tratar de recuperar el primer revólver. Yo recuerdo que fue una tarde angustiosa porque mi gente no sabía nada de nada y eso los ponía impacientes; las armas no llegaban y el reloj corría demasiado rápido, si se tiene en cuenta el plazo tan limitado para montar la operación. A unas cuatro calles vi un puesto de policía, analicé bien la situación y vi· que era posible conseguir un par de armas cortas, de manera que regresé al hotel a organizar el asunto y me encontré con que a pesar de la orden, 'El Negro' había salido de allí. Cuando dijeron eso me pegué una emputada violenta sin pensar que él no conocía la magnitud del operativo por la compartimentación que habíamos impuesto. Se le había dicho simplemente

que se trataba de una tarea en la cual no podíamos
fallar. Solamente eso. De todas maneras cuando llegó
le dije: 'Usted no tiene derecho a participar en este
operativo. Devuélvase inmediatamente para su base.
No hay una palabra más'. A partir de ese momento
quedamos reducidos a cinco: Las dos muchachas, Roberto, Lindberg y yo.

"Sobre las ocho de la noche debía cumplir la última cita para la entrega del armamento y dije: 'Voy a
acudir y si no llega el contacto, salimos hasta el puesto de policía y, a pesar de ser un gran riesgo, conseguimos los dos revólveres'. Sin embargo a la hora
exacta llegó el hombre llevando entre un maletín dos
pistolas, dos granadas piña y una *metra* pequeña marca Ingrand. Con ese material resolvíamos el problema
fundamental en ese momento y me fui inmediatamente para el hotel donde debíamos celebrar la primera
reunión".

CARMEN: "Esa noche, Andrés nos dijo que se trataba de la toma de un avión y explicó la tarea que debía cumplir cada uno de nosotros dentro del operativo. Roberto Montoya era el mando general y estaría
movilizándose por toda la nave. Un compañero llamado Lindberg tenía que ocupar el puesto de copiloto
una vez se efectuara la reducción. Andrés vigilaba al
piloto y al copiloto y Patricia y yo controlábamos el
compartimiento de carga. Sería una nave grande para
recoger algo que desconocíamos".

LUIS: "Antes de aquella reunión hubo un problema jodido porque chocaron diferentes criterios de
dirección: Roberto Montoya, que en ese momento
había sido nombrado responsable del operativo, no
estaba de acuerdo con Andrés, quien tenía mando en
la Organización. Mientras Roberto estaba dispuesto a
subirse aún con una sola navaja, Andrés quería hacer-

lo a sangre y fuego. ¿Qué pasaba en el fondo? Que la ametralladora Ingrand es muy incómoda, estorba mucho para una acción de este tipo, es una caja cuadrada, fea, y Roberto dijo que no la llevaran porque con las pistolas y las granadas era suficiente. Andrés opinaba lo contrario, porque según dijo, 'cuando uno va a un operativo utiliza todo el poder de fuego que tenga al alcance y por tanto hay que llevar la Ingrand'. Finalmente, para convencernos, empezó a metérsela por aquí y por allá y que no, que ahí se ve, que es mejor esconderla en la cintura. Se puso un saco combinado que habíamos comprado esa mañana —porque como eran ingenieros tenían que vestirse bien—, se colocó allí la metra y empezó a dar vueltas como un bailarín y dijo: '¿No es cierto que no se nota?'.

—¿No? Hijueputa. Se le ve a un kilómetro, le dije muerto de la risa y entonces tuvo que aceptar que la Ingrand no se ajustaba a la operación y por tanto había que dejarla".

CARMEN: "Después de aquella discusión hicimos una práctica de la manera como iban a ser reducidos los pilotos y el resto de la tripulación del avión. Se analizaron los movimientos, las posiciones, el momento en el cual se les iba a notificar que estaban en nuestras manos y allí mismo en la habitación, con un par de sillas, simulamos la cabina de mando de la nave y Andrés empezó por explicarnos cosas tan elementales como que el hombre que va en el asiento izquierdo es el comandante y el otro el copiloto... Yo desconocía todo sobre aviones porque nunca en mi vida me había subido a uno. Siempre anduve por tierra o por agua y, en el fondo, me apasionaba saber que por fin iba a volar. Terminamos el trabajo muy avanzada la madrugada y Andrés dijo que todo el día siguiente, o sea el lunes 19 de octubre, íbamos a ensayar la manera de llevar las armas, teniendo en cuenta que ésa era la tarea fundamental de Patricia y yo".

ANDRES: "Al día siguiente muy temprano, comenzamos ese trabajo. Las armas debían ir entre las piernas de Carmen y Patricia, pegadas a la piel. Las granadas contra el ombligo, para lo cual ellas chupaban bien el estómago, se las colocaban allí y siempre y cuando no relajaran los músculos abdominales, quedarían ocultas. En cuanto a las armas cortas, ideamos una espcie de cartucheras con esparadrapo ancho doblado de tal forma, que permitiera guardar cada pistola sin pegarse a la cinta, pero que a la vez quedara bien fija a la piel. Esta parte fue larga y dispendiosa"

CARMEN: "Chupar el estómago y soportar las granadas era doloroso, pero calculamos que si había una requisa, no tendrían por qué darse cuenta. Inicialmente se dijo que yo debía subirme al avión con una bata de embarazo para facilitar el porte de los fierros y la idea fue descartada porque la concepción de seguridad de las autoridades ha cambiado y ellos se han ido pillando muchos métodos que nosotros vamos desechando en la misma medida. Además, pensamos que era un constrasentido que una mujer embarazada se trepara a un avión de carga. Por ese motivo abandonamos la ropa comprada con este fin".

ANDRES: "Embarazada se veía bellísima".

CARMEN: Ja, ja, ja.

ANDRES: "Finalmente se acordó que llevara puesto un vestido sastre normal. Con falda y blusa".

CARMEN: "Yo hacía las veces de esposa de uno de los 'ingenieros', Roberto o Andrés. El ingeniero que más debía hablar era Andrés".

ANDRES: "Durante muchas horas practicamos la colocación de esas armas en el cuerpo de las compañeras. Yo recuerdo el recato de las dos, porque una y otra vez tenían que subirse la falda y mostrar las piernas. Ambas eran buenas combatientes, muy sanas en todos los aspectos, lo que no implicaba que no se pusieran coloradas cada vez que teníamos que decirles: 'Compañera levántese la falda, bájese un poco los calzones, cuadremos esto así, cuadrémoslo asá'. Por su disciplina ellas cumplían inmediatamente, pero permanecían sonrojadas, muy incómodas.

CARMEN: "Generalmente hay operativos de mucha dureza en los cuales uno sabe perfectamente que si se tiene que enfrentar, debe matar, porque a la vez está su vida de por medio. Pero aún así, una tiene cosas de mujer que no pierde ni perderá jamás, como el pudor... Y ese día yo sentí mucho pudor".

ANDRES: "Ensayamos todas las formas que se nos ocurrían: Corte esparadrapo y fíjelo aquí, póngalo allá, dóblelo así, hasta que finalmente llegamos a un sistema mediante el cual la compañera podía sacar el arma rápidamente con una mano sin que se trabara, mientras con la otra agarraba la granada y nos la alcanzaba en décimas de segundo. Gastamos varias horas, al cabo de las cuales llegamos a la conclusión de que no podíamos continuar en ese hotelucho por simple seguridad, pues si era cierto que allí se movían toda clase de perros, no sería raro, por ejemplo, que llegara la policía a realizar una batida y nos agarraran con nuestro maletín lleno de fierros, así que un poco después del medio día nos cambiamos para uno mucho mejor. No era de cinco estrellas pero se veía respetable. Era un edificio de siete pisos en el centro de la ciudad".

CARMEN: "Antes de llegar allá, Andrés nos explicó que íbamos para un sitio de cierta categoría y que por tanto había que mantener una posición que se compadeciera con las condiciones del hotel: Cierta educación, cierta compostura, buen vocabulario, ciertos modales finos. Si él era ingeniero debía comportarse como ingeniero y si nosotras éramos esposas, debíamos hacer lo propio: comportarnos como señoras. No íbamos a cargar nuestras maletas sino había que dejárselas, con cierto aire de dignidad y suficiencia al muchacho encargado de esa labor. Y, ¡ojo!... En aquellos sitios la gente acostumbra a dar propina... Son detalles que, de pronto uno no maneja muy bien. Ese día yo iba muy bien maquillada, uñas pintadas, boca pintada, todas esas cosas de las señoras y después de inscribirnos tomamos el ascensor y Andrés me dijo:

—Oye, ¡qué problema con estos taxistas!

La frase me agarró desprevenida y le contesté:

—Ah, sí, hijueputa, nos tenía jodidos ese cabrón con el cuento de que iba a cobrar dinero extra...

"No se me olvidan las caras del ascensorista y del botones que nos acompañaban en ese momento. Al verlas, caí en la cuenta y sentí que la cara se me incendiaba de calor y miré a Andrés y le dije:

—Ay hermano, ¡la cagué!

ANDRES: "En una habitación se alojaron Patricia y Luis y en otra Carmen y yo. Más tarde vino Roberto y en una reunión breve le informé paso por paso la manera como iba a ser reducida la tripulación del avión, el sistema ideado para esconder las armas y respondió que le parecía bien y que el avión debía llegar esa misma tarde para decolar a las seis de la mañana del día siguiente que era martes 20 de octubre. Para terminar, anunció que las chicas debían colocarse las armas y salir con Luis para el aeropuerto, con el fin de dejarlas allí guardadas desde ese momento.

LUIS: "Estacioné frente al hotel un viejo Volkswagen que me dio la Organización y unos minutos después bajaron las compañeras armadas, muy elegantes y con cierto cuidado se subieron al carro. Partimos hacía el aeropuerto, a donde debíamos entrar en el auto para dejarlo allí esa noche, puesto que la toma del avión no podía depender de que pasaran o no pasaran los fierros. El plan era sencillo: Nos dirigíamos a la sección de los aviones y las avionetas particulares, simulando que éramos dueños de alguna de ellas. Si lo lográbamos, nos permitirían estacionar el Volkswagen en el sitio reservado para pilotos y entonces ellas se sacarían pistolas y granadas, y las meteríamos en una caja pequeña que yo debía guardar entre la bodega del carro. Luego nos marcharíamos, saliendo por una puerta lejana.

"Mientras avanzábamos por la ciudad les conté el plan, pero cuando entramos en una avenida muy congestionada se reventó el cable que tensiona el acelerador del vehículo y, ¡carajo! Nos quedamos atascados en plena vía, causando una enorme congestión de tráfico. Empujé el auto como pude, lo arrimé a un lado y me dije: ¿Qué hago? Hijueputa. ¿Qué hago? Las muchachas van cargadas con las armas y no pueden ayudarme. ¿Qué hago? Me serené un poco, caminé media calle y conseguí una cuerda, fui hasta el auto, levanté la tapa del motor y até bien una pieza, de manera que si llevaba la cuerda por fuera del vehículo hasta mi ventana, halando duro hacía marchar el carro. Hice la operación, me trepé nuevamente y nos pusimos en movimiento. Mientras continúabamos el viaje pensé que el dueño de un avión no andaba en esas condiciones, pero... Llegamos al sitio, miré con cara de rico al celador y éste hizo una venia y me dijo: 'Siga doctor'. Estacionamos en uno de los aparcaderos privados, las chicas sacaron las armas y yo las metí en la caja y las guardé en el sitio previsto. Luego nos perdimos entre los aviones, caminando con mucha naturalidad y más tarde llegamos a la puerta de salida, en otro extremo de la sección".

FEDERICO: "El lunes 19 llegué a Barranquilla a eso del medio día, me trasladé a la oficina de Jaime Guillot y le entregué los 60 mil dólares con cierta prevención, esperando tal vez que fuera tarde pero el hombre sonrió, movió la cabeza afirmativamente y me dijo: 'Toma un papel y un lápiz para que hagamos la lista de las autoridades que debemos amarrar, anotando al frente del cargo la cantidad que hay que entregarle a cada una', y comenzó una lista bien nutrida que para mí era un mosaico de la situación moral del país. Una vez terminamos faltó algún dinero y Guillot repasó una y otra vez el listado, ajustó las sumas y cuadró por fin los sesenta mil dólares. '¿Te fijas cómo es la cosa?, dijo, levantando el papel suavemente hasta la altura de su cara. Luego preguntó por el avión.

--Está contratado: Un Curtiss C-46 con capacidad para una seis toneladas y media...

—Ya lo sé, interrumpió explicándome que la puntualidad era definitiva para el éxito de la operación, porque las autoridades serían informadas del vuelo con fecha exacta y hora aproximada y que cualquier retardo podría despistarlas, corriéndose el riesgo de que confundieran el embarque.

—Yo creo que no habrá problema, le dije. Anoche me informaron de Medellín que el avión debe decolar a las seis de la mañana. Eso quiere decir que puede estar aquí sobre las ocho. Por otra parte, nos avisaron del Caquetá que hay una zona extensa bajo control de aviones de la Fuerza Aérea, que patrullan todo el día pero regresan a su base en Tres Esquinas a las cuatro de la tarde.

—Perfecto, agregó él, porque tendremos unas cuatro horas para trabajar y hacer que el aparato parta sobre las doce del día. Entre Dibulla y el Caquetá debe emplear cinco horas de vuelo puesto que llevará mucho sobrepeso. Entonces a las cinco de la tarde o cinco y media estará llegando a su destino.

"Guillot me instaló en un apartamento que tenía dentro de su misma oficina y posteriormente me explicó el manejo y las frecuencias de un potente equipo de radio, desde el cual yo coordinaría las comunicaciones entre Medellín y La Guajira durante la operación. Para tal efecto, él llevaría un equipo portátil que mantendríamos en sintonía permanente, enlazando a Panamá, donde Pablo seguiría el desarrollo del plan. También me dio el número de un teléfono en Riohacha.

"Sobre la una de la tarde llamé a Medellín y me dijeron que estaban esperando la llegada del avión esa misma tarde, según lo había confirmado horas antes Aeropesca. Para nosotros era importante que la nave pernoctara allí ese lunes porque así asegurábamos su decolaje en forma puntual".

LUIS: "A partir del medio día me comuniqué varias veces con el gerente de Aeropesca simulando que hablaba desde Barranquilla porque temía que me pi-

diera más dinero y yo no lo tenía, y siempre me dijo
que las cosas estaban funcionando de acuerdo con
nuestro compromiso. Sin embargo, cuando regresé del
aeropuerto de dejar las armas y el carro, volví a llamarlo y lo noté nervioso.

—¿Qué pasa? le dije, y aceptó por primera vez la
posibilidad de que el avión no llegara esa tarde sino
que lo hiciera el martes temprano.

—¿Qué es temprano para usted?, pregunté un tanto
impaciente y calculó las seis y media.

—Mire, yo necesito que usted me diga algo seguro
esta misma tarde porque no puedo improvisar nada,
no puedo cambiar nada ¿Me entiende?. le dije presio-
nándolo aún más y él me prometió que hablaríamos
nuevamente a las seis de la tarde, que era el límite
para aterrizar en Medellín.

—Perfecto, lo llamo a las seis.

"Olfateando que definitivamente no llegaría ese
lunes, previne a Roberto quien entró en una tensión
tan grande como la nuestra, porque el día miércoles
21 se llevaría a cabo un paro nacional convocado por
las centrales obreras, para protestar contra la situación económica y laboral del país y según lo estábamos respirando ya, no solamente podría haber altera-
ciones de orden, sino que todo Colombia sería militarizado. Eso significaba el mayor riesgo desde cuando
pusimos a marchar la operación. Aún así teníamos un
pequeño margen de esperanza que era la llegada del
Aeropesca el mismo martes.

"El tiempo corrió más lento que nunca y a las seis
y tres minutos llamé una vez más y contestó el gerente:

—Señor Arbeláez, dijo, tenga paciente porque el avión definitivamente no alcanzó a llegar hoy. Está en Bogotá pero arribará mañana martes temprano.

— ¡Dios Mío! Usted me pone al borde de un problema muy grande porque ya tengo los camiones cargados aquí en Barranquilla. Por otra parte, en Bahía Solano no hay buena infraestructura, como usted bien lo sabe, y para recibir carga en el aeropuerto hay que movilizar a mucha gente. ¿Usted está seguro que el avión llegará mañana:

—Señor Arbeláez, no se preocupe porque Aeropesca le cumple. Confíe en nosotros, dijo y se despidió hasta el día siguiente.

"Sobre las seis y media nos comunicamos con Barranquilla para avisarles que tendríamos una demora de más o menos sesenta minutos en el decolaje y dijeron que era problema pero que mantendrían la operación".

FEDERICO: "Pese al anuncio de Medellín, Guillot y sus hombres salieron para La Guajira sobre las ocho de la noche en dos camionetas Ranger anunciándome que estarían en la pista a partir de las cinco de la mañana, hora en la cual realizaríamos la primera transmisión radial".

TIBERIO MONTERO, "YEYO": "Partimos con poco dinero porque prácticamente estábamos trabajando con lo que había enviado el M-19 y eso no era suficiente. Sin embargo, lo hicimos por ayudarle a Don Venancio, sabiendo que allí no íbamos a ganar ni un centavo y que el aporte eran nuestras vidas, el conocimiento de la zona y la experiencia en esta clase de trabajo. Solamente eso. Como esta situación no era normal, hicimos el camino en silencio y una vez en Riohacha nos repartimos en dos casas y planeamos salir hacia la pista a eso de las cinco de la mañana, una vez terminó el informe que rindieron Ricaurte y Tanga, los encargados de 'amarrar' a las autoridades. Ellos habían recibido la plata a última hora de la tarde, pero alcanzaron a hablar con cada uno de los jefes y comandantes, quienes confirmaron un *cubrimiento* total para la operación.

ANDRES: "A las cinco de la mañana del martes 20 reuní a mi gente en el vestíbulo del hotel, cancelamos las cuentas y nos dirigimos al aeropuerto en dos taxis. Al llegar allí nos separamos antes de ingresar al edificio y acordamos reunirnos en una cafetería para personal aeronáutico, ubicada más allá del terminal de pasajeros, desde la cual dominábamos la zona donde debía posarse nuestro avión. Allí ocupamos mesas diferentes para tener un control visual del sitio y pedimos desayuno".

LUIS: "Seis y media de la mañana, siete, siete y media, ocho. El aparato no llegaba y a diferencia de los días anteriores, el tiempo corría muy veloz. Sin embargo guardábamos la esperanza de que apareciera ese avión con el cual llevábamos soñando no se cuántas horas, no se cuántos días, carajo. A medida que pasaban una hora y otra, nosotros decíamos, 'todavía tenemos plazo, tenemos plazo, tenemos plazo'. Yo llamaba cada media hora a Aeropesca y me decían: 'Espere un poco más', pero hubo un momento en que no pude dominar la tensión y me comuniqué por enésima vez con el gerente, quien luego de rodeos y vacilaciones, que me sacaban aún más de casillas, dijo: 'Señor Arbeláez, el avión está en Bogotá pero tiene problemas técnicos. Lo están reparando. Debe tener paciencia'. Siguió caminando el reloj y a las once de la mañana, que era la hora tope, Roberto dijo: 'Se cancela la operación porque el margen de tiempo es crítico. Si salimos de aquí después de medio día, el avión llegará a la pista en las horas de la tarde y luego de cargado tendrá que dormir allí. Eso no puede ser. Ya estamos afrontando demasiado riesgo para continuar así. ¡Se cancela la operación!".

ANDRES: "A partir de las siete de la mañana contamos minuto por minuto y el avión no llegaba, no llegaba. Así dieron las once y nos avisaron que debíamos desmontar el operativo. '¿Desmontarlo? ¡Por Dios! La ciudad está llena de ejército, en cada esquina hay patrullas de soldados o de policías, las calles son recorridas por camiones y motocicletas con fuerza pública. ¿Cómo vamos a aplazar para mañana la operación? Si mañana es el paro cívico nacional y habrá mayor control que ahora. ¿Desmontar esto?', le dije a Roberto y respondió que sí. Que a pesar de todo, la orden era aplazar y devolvernos para el hotel. Las muchachas salieron de la cafetería aquella, se treparon al Volkswagen y depositaron sus armas en la misma caja, que fue a parar nuevamente a la bodega del auto. Luego fuimos saliendo uno a uno del aeropuerto y nos encontramos más tarde con unas caras largas y unos ojos de tristeza terribles. 'Mañana será el paro cívico, pero saldremos de aquí a como dé lugar', les dije y nos fuimos retirando a las distintas habitaciones".

FEDERICO: "Después de un par de comunicaciones en la mañana anunciando la posible salida del vuelo, a las diez les recordé que entrábamos en una hora límite y que veinte minutos después daría la orden de cancelar y así lo hice, pues ya el avión no podría cubrir toda la ruta prevista antes del anochecer. Sobre las once me comuniqué con Guillot en La Guajira y él se desesperó porque no le estábamos cumpliendo. Ya había cuadrado a las autoridades para ese día y no estaba seguro que ellas sostuvieran su palabra más allá

de las seis de la tarde, porque al día siguiente, con
motivo del paro, cambiarían totalmente las reglas del
juego y las dificultades serían mayores. Por eso estaba
desesperado: 'Es que tienen que cumplir, es que tienen que cumplir. ¿Cómo es que me dejan aquí con
este cargamento y con la gente lista y con la pista
bloqueada? ¿No me aseguró que el avión era de ustedes y que ya lo tenían contratado? ¡Coño!', dijo a
través del teléfono pero yo le pedí que se calmara y
me escuchara: 'Hubo problemas técnicos y ante eso
no hay nada qué hacer', le expliqué y aun cuando no
lo convencí del todo, acordamos quedar Q-A-P en la
radio mientras le daba más información.

"Inmediatamente me volví a comunicar con Medellín y lo que dijimos en clave fue más o menos esto:

—Necesito información segura. Vamos a dejar el
entusiasmo y pongamos los pies sobre la tierra. ¿Qué
cosas nuevas hay?

—Aeropesca asegura que el avión estará aquí mañana.

—Eso dijeron ayer.

—Los estamos presionando al máximo y prometen
que mañana...

—Mañana es el último día de plazo. No podemos
contar con más, ¿Entendido?

—Claro que lo entendemos. ¿Mañana hasta que límite?

—Once en punto... Me preocupa mucho lo del paro
cívico. Eso nos puede complicar mucho la vida.

—A nosotros nos parece lo contario. Es una fecha
mejor.

—¿Qué sucede por allá con el despliegue de fuerza
ordenado por el gobierno?

—Es muy grande pero nos podremos mover sin
complicaciones. De todas maneras nuestra gente está

armada, compartimentada y concentrada en sitios
seguros.

—Tengan en cuenta que en este tipo de trabajo, un
día de demora tensiona mucho.

—Lo sabemos muy bien y vamos a tratar de contra-
rrestarlo, fue la respuesta.

"Finalmente les dije que no podía haber un nuevo
aplazamiento porque en La Guajira las cosas estaban
arregladas milimétricamente y tuve que suspender la
comunicación. En ese momento entró nuevamente
Guillot por la radio para presionarme aún más. Estaba
preocupado con esa cantidad de armas al descubierto,
pues las habían sacado de las caletas y se hallaban en
la cabecera de la pista. El quería salir pronto de ese
dolor de cabeza y para tranquilizarlo le di mi palabra:
'No habrá más contratiempos'. Aceptó a regañadientes y se retiró del aire por un par de horas".

TIBERIO MONTERO, "YEYO": "Tan pronto nos
avisaron que no llegaría el aparato para llevarse seme-
jante vaina, de verdad nos preocupamos, coño, porque ya mucha gente se había dado cuenta del embarque. Por la pista cruzaban varios caminos, había pueblos cerca y los que transitaban eran retenidos hasta
tanto no terminara la actividad, ¿Me entiendes? Imagínate que a las once de la mañana llevábamos cinco
horas con todos esos accesos cerrados. Teníamos vigías repartidos en una gran cantidad de puntos y algo
más grave: Durante el traslado de las cajas entre la
caleta y la pista, las cuadrillas sintieron el peso y empezaron a hablar con malicia de 'los repuestos'. Entonces, ¿Quién nos garantizaba que no ocurriría un
chivatazo? Además de esto, estábamos muy nerviosos
porque un par de noche atrás, patrullas de la ley estuvieron en el sitio y era de esperar que se repitiera la
historia. Don Venancio captó el ambiente de inseguri-

dad y antes del medio día dijo que volviéramos a
transportar la carga hacia un bosque cercano de la pista y cuando alguien le dijo que la ley había patrullado
la zona el domingo y que si regresaban, temían que
los caleteros volaran la mercancía con dinamita, se
encabronó y soltó, levantando la voz para que lo escu-
charan todos:

—Tranquilo todo el mundo porque aquí no va a
suceder nada. Si la ley ya vino y piensa regresar, eso
es normal, no joda. Entonces vamos a esperar hasta
mañana. No quiero ni una palabra más. ¡A trabajar!

"A pesar de todo, continuó el nerviosismo y decidimos dejar la carga donde estaba para evitar más movimiento en pleno día, en un área por la cual transitan
campesinos que van de su casa a sus finquitas; gente
que se moviliza libremente y a la cual no podíamos
detener. Como solución ordenamos cubrir aquello
con ramas, con paja, con cuanto había y dejarlo vigi-
lado por los guerrilleros. Cuando estuvo listo, le dijimos a la gente que se retirara. En ese momento fueron marchándose uno a uno y dejando una gran ex-
pectativa porque ya nadie estaba seguro del silencio
de los demás. Nosotros regresamos a Riohacha y allí
tuvimos una nueva discusión por las cosas que no habían sido bien coordinadas y porque todo parecía
ahora muy difícil, muy enredado. Don Venancio se
encontraba verraco y resolvió no volver a hablar más
con Barranquilla de donde estaban llamando nuevamente. 'Contesta tú porque yo no quiero hablar más
con ellos', dijo, y le alcanzó la radio portátil a Goebbels. Eran las cuatro de la tarde y avisaban que la operación estaba confirmada, sin falla, para el día siguiente, miércoles 21 de octubre, con un país convulsiona-
do, con una situación de protesta generalizada y un
gobierno empeñado en controlarlo todo... ¡Mierda!'".

LUIS: "A las dos de la tarde vimos que era un riesgo dejar las armas y las granadas dentro del aeropuerto y nos fuimos con las dos muchachas a traerlas. A esa hora las calles estaban más militarizadas que a las once, porque el gobierno había redoblado los patrullajes. Avanzamos en silencio y una vez allí el celador del aeropuerto trató de poner problemas para nuestro acceso pero le dimos un billete y nos dejó seguir. Saqué la caja de la bodega del auto, la llevé adelante y las compañeras las acomodaron entre sus esparadrapos. Cuando estuvieron listas prendí el auto, halé la cuerda del acelerador y nos pusimos en marcha. A las tres estábamos de regreso en el hotel y llamé una vez más al gerente de Aeropesca, quien me contestó muy amable: 'Señor Arbeláez, descanse, relaje los nervios y aliste todo porque el avión acaba de aterrizar en Medellín en perfecto estado. Mañana a las seis de la mañana estaremos decolando. Yo voy a volar con ustedes.

—A... ¿A volar con nosotros?
—Sí. Yo los acompañaré.
—Pero es que...
—Nada. Yo los acompañaré para demostrarles que nosotros cumplimos.
—Bueno, si usted quiere... Si es su voluntad, bienvenido. Se va a divertir mucho, le dije con la misma amabilidad y nos despedimos.

"Inmediatamente avisé a Barranquilla que el avión se encontraba en Medellín y una vez colgué el teléfono, Roberto opinó que era mejor regresar al aeropuerto para volver a meter los fierros. ¡Claro! Había que repetir la operación. Nuevamente a cortar esparadrapo, a llamar a las compañeras, a colocarles pistolas y granadas y a atravesar esa ciudad llena de soldados y policías en traje de fatiga. Halé la cuerda del auto

—seguía descompuesto— y cruzamos calle por calle esperando que nos detuvieran para esculcarnos, pero afortunadamente no se fijaron en nosotros y llegamos a nuestro destino sin contratiempos. Allí quedó una vez más el Volkswagen con su cargamento".

ANDRES: "Esa tarde y esa noche fueron de gran tensión. Se agotaba el plazo y sabíamos que vivos o muertos teníamos que abordar ese avión. Sobre las ocho llamé a mi compañera que no se imaginaba en qué tarea estaba yo, y lo único que me acuerdo es que me despedí como si jamás fuera a volverla a ver. Ella se sorprendió —tal vez yo tenía la voz entrecortada— y me preguntó '¿Qué pasa? ¿Qué sucede?'. Le dije simplemente que la quería mucho y me despedí. A partir de ese momento vinieron horas eternas y creo que ninguno durmió. En la habitación había tres camas: En una estaba Carmen, en la otra Patricia y en la otra yo. No apagamos la luz y de cuando en cuando miraba y las encontraba despiertas. Fue una noche muy larga".

TIBERIO MONTERO, "YEYO": "El miércoles 21 de octubre a las cinco de la mañana las esquinas de Riohacha estaban ocupadas por parejas de soldados con sus uniformes de camuflaje y sus capas verdes y el único movimiento en la avenida que circunda la playa, provenía de tres carros militares llenos de tropa que avanzaban con los faros prendidos. La noche anterior llovió sin parar desde las nueve y ahora caía una llovizna muy fina que se mecía hacia el sur a medida que soplaba la brisa proveniente del mar. Diez minutos más tarde atravesamos la ciudad sin que nos detuvieran y tomamos la 'carretera negra' con dirección a la pista, pero una vez nos internamos en el camino de tierra que conduce hasta la finca, encontramos el primer indicio de que El Mariamina estaba enverracado, porque allí el agua comenzaba a cubrir parte de las ruedas de los carros. Cincuenta metros adelante la creciente llegaba a la mitad de las puertas y unos pasos más allá subió tanto que fue necesario dar marcha atrás, poner los vehículos a salvo y echar pie a tierra. Entre aquel punto y el arroyo hay dos kilómetros que se habían convertido en un lago. A las seis de la mañana comenzó a llegar la gente y al ver la situación se quitaban la ropa, la colocaban sobre la cabeza y uno veía una fila de hombres nadando en algunos trechos y caminando con el agua al pecho en otros, hasta llegar al arroyo que bajaba turbio, arrastrando palos y cuanto objeto encontraba aguas arriba.

"Más adelante la inundación era menor y en las cercanías de la casa de la finca se acababa el agua y empezaba un camino resbaloso por el barro fresco. En vista de las condiciones dejamos allí solamente un vigía armado con su *walkie-talkie,* porque el arroyo no permitía entrar fácilmente. Mucho más atrás, en Puentebomba —sobre la carretera negra— habían quedado Ricaurte y Tanga con otro aparato de comunicaciones. Los accesos desde Las Flores, Campana Viejo y la Punta estaban controlados también por nuestra gente, mientras los guerrilleros taponaban otro camino y vigilaban la pista.

"Cuando llegué allá pude ver que la inundación afectaba diferentes lados de la pista e igual que aquella tarde que la visitamos con Goebbels, el agua comenzaba a anegar lentamente un rincón, trescientos metros antes de la cabecera norte. Allí la humedad había aflojado el piso y se observaba una zona de fango. (Ese fue uno de los motivos por los cuales habíamos descartado esta pista en nuestro informe a Don Venancio, pero alguien se empecinó luego en realizar la operación, precisamente aquí).

"Regresé hasta el sitio donde se hallaban las armas y me integré con el resto de la gente que había comenzado a hacer chistes y a reír, posiblemente como un escape para botar toda esa energía negativa acumulada en las últimas horas. Un poco después llegaron el tractor y los zorros que colocamos cerca de la carga —que aún permanecía cubierta— y dimos la orden de abrir un compás de espera mientras aparecía el avión... Si era que esta vez iba a aparecer.

ANDRES: Salimos del hotel cuando ya estaba amaneciendo. El taxi atravesó las primeras calles del centro de Medellín y vimos que la militarización de la ciudad era total. En las grandes avenidas los autos se detenían a lado y lado y sus luces intermitentes brillaban en el pavimento, humedecido por la lluvia de la noche anterior. Afuera los ocupantes eran requisados por enjambres de soldados que en algunas zonas nos hacían disminuir la velocidad; yo podía verlos por entre las cabezas de Carmen y Luis, inclinarse, mirar hacia adentro del vehículo y luego levantar la mano para indicarnos que podíamos continuar. Al parecer éramos dos parejas relativamente elegantes que no despertaban sospechas.

"En el aeropuerto pasamos de largo por el terminal de pasajeros y buscamos un acceso para pilotos y personal aeronáutico. Cruzamos una valla y los soldados que la vigilaban nos saludaron:

—Buenos días.
—Buenos días.

"Luis, Carmen y Patricia se dirigieron hasta la zona de avionetas privadas a buscar el Volkswagen con las armas y yo continué hacia la pequeña cafetería donde habíamos desayunado la víspera. Ocupé una mesa y a través de los grandes ventanales ⋅vi por primera vez 'nuestro' avión. Estaba al frente, con el pecho erguido y las alas inmensas, desplegadas. 'Es enorme, maravilloso'. pensé y me quedé mirándolo detenidamente porque era muy bello: Blanco y anaranjado con flores de diferentes colores en la cola, su letrero 'Aeropesca'... y sentí emoción. Al cabo de diez minutos entraron las muchachas y les dije señalándolo con la cabeza, ' ¡Ese es!'. Ellas se voltearon y permanecieron allí, silenciosas y sonrientes. Finalmente llegó Roberto, observó el avión de reojo, sonrió también y se quedó mirándonos con un gesto de satisfacción que aún tengo presente".

LUIS: "Una vez las muchachas tuvieron las armas encima, partieron hacia la cafetería y yo me quedé con Roberto unos segundos más. Fue una despedida dura porque —aunque trataría de salir bien de la operación— todos éramos conscientes del altísimo riesgo de morir. Para mí, hasta cierto punto, era su final. De acuerdo con mi manera de pensar, valía la pena arriesgarse, pero no era fácil aceptarlo del todo, así que traté de abreviar. Un apretón de manos prolongado y me metí entre el carro mientras decolaban. Luego tenía que salir como una bala a llamar por teléfono a Barranquilla.

ANDRES: "El desayuno fue muy ligero, porque a los guerrilleros el día de un operativo, nos sucede lo mismo que a los toreros antes de una corrida: Ellos mantienen el estómago vacío en previsión de una cornada y nosotros en previsión de un balazo o de un golpe. En esas condiciones, los riesgos en el quirófano se simplifican.

"Mientras estábamos allí, Roberto señaló con los ojos a un hombre joven sentado tres mesas adelante y nos dijo en voz baja: 'Ese es Lindberg, un compañero que muy pocos conocen. Va a volar con nosotros por sus conocimientos de aviación'. Nos explicó el papel que iba a jugar ese día y salió con dirección a la nave. Allí saludó a un par de hombres de baja estatura, uno moreno y fornido, habló con ellos unos minutos y nos hizo señas desde allí para que nos acercáramos. El moreno era el capitán Juán Manuel Bejarano, comandante del avión y el otro, más joven y con un corte de pelo muy militar, el copiloto, capitán Javier Rojas Ospina. En la parte trasera había dos personas más revisando algo y nos dijeron que eran Pánfilo González y Luis Eduardo Palacio, dos mecánicos que irían a bordo. Unos segundos después llegó el doctor Carlos Fernando Gaona, gerente de la compañía en Medellín, quien había hecho el contrato con el ingeniero Arbeláez.

"El comandante me pareció un hombre callado. Le presentamos a nuestras esposas y le explicamos a *grosso modo* el plan de telefonía que estábamos adelantando en Bahía Solano y Roberto remató anunciando que las señoras nos acompañarían. En principio el comandante dijo que era prohibido llevar pasajeros puesto que el área del avión estaba autorizada solamente para carga, pero cuando el gerente contó que se sumaba al vuelo, tuvieron que aceptarlas a ellas".

CARMEN: "Por fin llegó el momento de subir al avión y, desde luego, las señoras pasamos adelante. Pero cuando fui a poner el pie en la escalerilla, pillé a uno de los mecánicos allá agachado haciéndose el pendejo a ver como me miraba por debajo y como las armas estaban cerca del borde de la falda, me incliné muy amable y le dije: 'Ay, señor: Tenga la gentileza de quitarse de ahí porque yo soy muy tímida para separar las piernas, ¿Sí?' El tipo pegó un salto y empezamos a subir uno a uno".

ANDRES: "Una vez dentro del avión los conté a uno por uno: Dos pilotos, dos mecánicos y el gerente, cinco. Y cinco de nosotros, diez. Intentaron el encendido del primer motor y no prendía, y no prendía y no prendía este hijueputa y empezamos a ponernos tensos: Preguntamos qué sucedía y uno de los mecánicos dijo que era la misma falla por la cual el avión no había llegado la víspera, pero el comandante lo interrumpió para explicar que el asunto sería arreglado con rapidez. Al parecer traían un repuesto que podrían cambiar pronto y nos dijeron que bajáramos nuevamente y que mientras tanto podríamos desayunar. 'Qué desayuno ni qué carajo', pensé. En ese momento ya no podíamos movernos de allí porque las compañeras habían comenzado su trabajo".

CARMEN: "Inmediatamente subimos, nos colamos al baño y dejamos las armas. Detrás de nosotras pasaron Roberto y Andrés y las tomaron".

ANDRES: "El comandante insistió mucho en que lo acompañáramos a la cafetería y nosotros sacamos todo tipo de disculpas pero no podíamos convencerlo. 'Es que nos vamos a demorar un poco, bajen, no se queden aquí', decía una y otra vez, hasta que por fin aceptó desayunar solo. Como el aeropuerto estaba tan militarizado, el avión se convertía en nuestro punto de seguridad y no lo íbamos a abandonar hasta cuando terminara la operación. Por lo tanto, esperamos tres cuartos de hora que fueron eternos porque nos acercábamos al plazo límite y cada minuto perdido después de las siete, podía significar el fracaso. Sin embargo, antes de la hora, los mecánicos terminaron su trabajo y los motores prendieron fácilmente. Pero ahora había nuevos problemas y permanecíamos detenidos escuchando el ruido ensordecedor del avión".

LUIS: "Cuando prendieron los motores eché el carro a rodar y me detuve en una escuela de aviación, desde donde veía perfectamente al Aeropesca quieto, en disposición de iniciar el carreteo hasta la cabecera de la pista, pero comenzó a transcurrir el tiempo y no se movía. Carajo: Me entró un nerviosismo bárbaro. Pasaron cinco, diez, quince minutos y ellos seguían pegados a la plataforma. De pronto apagaron un motor y después el otro y dije: 'Más problemas técnicos', pero no vi que se abriera la puerta. ¿Qué pasaba? Miré para todos lados y no salía ningún avión. El aeropuerto estaba paralizado. Dejé el auto y me metí en la primera avioneta que encontré en el camino. Prendí el master y el aparato de radio, ajusté la frecuencia de la torre de control y escuché una discusión del carajo entre un piloto que pedía autorización para decolar y al mismo tiempo la voz del comandante de un avión panameño que estaba llegando y se iba a meter sin que lo autorizaran. ¿Qué sucedía? Como había paro cívico y dificultad para movilizarse dentro de la ciudad, a esa hora solamente se encontraba en la torre uno de los tres controladores de vuelo que se necesitaban para que las cosas funcionaran con seguridad y, con razón, el hombre decía que no se responsabilizaba de nada y que no iba a autorizar ninguna operación hasta tanto no llegaran el controlador de tierra y el de aproximaciones. Pero a medida que corría el tiempo salían al aire más voces de pilotos que protestaban airados. Al ver ese lío, pensé, 'Hijueputa, se nos va a dañar esta vaina' y me puse a calcular qué podía hacer. A los dos minutos se me iluminó el bombillo: Bajé de la avioneta y fui hasta las oficinas de la escuela, donde un celador me permitió usar el teléfono:

—¿Policía?
—Si, señor, a sus órdenes.

—Mire, yo soy un ciudadano que quiere trabajar y no lo dejan. Estoy en el aeropuerto desde muy temprano tratando de viajar, pero resulta que estos controladores son unos subversivos porque lo paralizaron todo. Aquí hay mucha gente que como yo, quiere combatir este paro y apoyar al gobierno, pero no hay quién nos ayude. Por favor...

—Muchas gracias por su información. Usted es el tipo de ciudadano honesto que necesitamos en este país. No se preocupe que ya vamos a arreglar ese problema, respondió el oficial de servicio.

"Colgué y fui nuevamente hasta la avioneta y a los diez minutos, no joda, escuché al controlador que decía con una voz muy amable: 'Aeropesca tres-ocho-ocho autorizado para carreteo...' y pegué un grito de emoción tan verraco que el celador me miró desconcertado. Tomé el auto, salí del aeropuerto y me dirigí hasta la cabecera de la pista, desde donde los vi impulsarse y más tarde decolar".

FEDERICO: "Sobre las nueve de la mañana escuché la voz de Luis anunciando que el avión había salido e inmediatamente tomé la radio y me comuniqué con Guillot en La Guajira:

—Todo perfecto, todo perfecto. Escalona está ensayando 'La Casa en el Aire'. Estimamos concierto en su teatro a las once: Uno-uno. Por favor, mantenga comunicación permanente.

—Correcto... correcto. Teatro iluminado, equipos de sonido en disposición para concierto. Sigo Q-A-P. Fuera.

"Cambié de frecuencia y Panamá entró como un cañón:

—Todo solucionado, el pájaro carpintero comenzó a trabajar. Estimamos que bajará al nido a las once.

—Perfecto, perfecto. Mantén este canal abierto todo el día. Un abrazo muy grande. Fuera.

—Recibido. Cambio y fuera.

LINDBERG: "Decolamos de Medellín a las cero-siete-uno-ocho (7:18 am) y ascendimos en forma normal hasta 15 mil pies, volando con dirección San Marcos, aerovía Whisky-3. Sabía que allí hay un A-D-F (Radio-ayuda) cuya frecuencia es 555 y que al llegar desviaríamos el avión. Yo debía ordenarle al piloto que tomara rumbo tres-cuatro-cero, o sea hacia el occidente, con el fin de salir sobre el mar y hacer el arco que describe la costa. En esta forma volaríamos lejos de las zonas de tráfico aéreo normal. Entre Medellín y San Marcos estimé treinta minutos de vuelo, al cabo de los cuales Roberto le diría a Andrés, '¿Como le fue anoche en la fiesta?' Con esta clave comenzaría la reducción de la tripulación.

"Desde cuando subí, observé bien los instrumentos, especialmente uno llamado 'transponder' que al parecer estaba fuera de servicio. Este me parecía importante, porque cuando usted lo pone a trabajar, señala una frecuencia determinada y emite una señal que es captada por la pantalla del radar, mediante la cual el control de tierra sabe la altura, la velocidad y el rumbo de la nave. Pero además, si marca la frecuencia 7-5-0-0, los operadores del radar leerán 'secuestro' y 7-7-0-0, 'situación desesperada''.

ANDRES: "Sólo cuando el avión despegó estuvimos totalmente seguros de coronar el operativo. El comandante inició el vuelo y una vez ascendimos dejó que el copiloto tomara el mando del avión. El ocupó una silla que hay detrás y se puso a dormir. El gerente, que estaba recién ingresado a su cargo, se sentó adelante y parecía un niño mirando los instrumentos y preguntándole infinidad de cosas al copiloto. Atrás, los mecánicos limpiaban el piso, ordenaban unos cables, recogían herramientas que habían quedado dispersas y nosotros seguíamos con la vista todos los movimientos, a la espera de que Lindberg hiciera una señal, indicando que nos aproximábamos a San Marcos.

"A los veinticinco minutos entré a la cabina de mando y escuché el diálogo del gerente con el copiloto. Detrás de ellos el comandante Bejarano dormía tan profundamente que pensé: 'Este hombre debe estar amanecido. Vale la pena que repose porque necesitará fuerzas para afrontar lo que le espera'. Para nosotros lo fundamental era reducirlo a cualquier costo, de manera que era bueno dejarlo tranquilo durante esos últimos minutos. Salí y le dije a los compañeros: 'Esperemos un poco más'. Roberto consultó con Lindberg y éste asintió con la cabeza. Siete minutos después hizo un gesto, Roberto me preguntó por la fiesta de la noche anterior, yo monté y desaseguré una pistola de 9 milímetros y mientras caminaba hacia el asiento del comandante, sentía que la tenía en la mano para usarla: El podía abalanzarse para tratar de desarmarme o hacer cualquier otro movimiento raro y entonces le descargaría dos balazos en la cabeza. Son segundos durante los cuales uno no sabe cual será la reacción de un hombre dormido al encontrarse con el cañón de un arma en la punta de la nariz. Cuando estuve muy cerca de él, coloqué el cañón sobre su frente y le dije: 'Compa, compa, levántese'. El se despertó sobresaltado pero no intentó moverse de allí... y empezó a temblar: 'Juuu, ¿Qué pasó? ¿Qué pasó? No me vayan a matar. No, no'. La reacción duró unos minutos y cuando vi que estaba volviendo en sí le anuncié quienes éramos y le dije: 'Haga lo que le ordenamos y no le pasara nada', pero empezó a tiritar

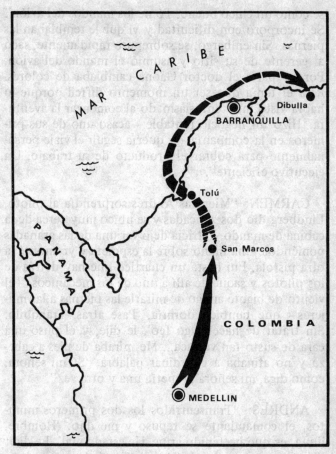

Ruta inicial del avión de Aeropesca.

violentamente y le repetí: 'Tranquilo, tranquilo: Haga lo que le ordenamos y no le sucederá absolutamente nada'. El insistió: '¡No me vayan a matar! ¡No me vayan a matar!' Yo le dije: 'No, hermano, no lo vamos a matar. Nosotros lo trataremos bien pero pórtese como un chico bueno. Tóme los mandos del avión'. Se incorporó con dificultad y vi que le temblaban las piernas. Sin embargo, se sobrepuso rápidamente, sacó al gerente de su sitio y asumió el mando del avión. Por su parte el doctor Gaona cambiaba de colores. Para él tenía que ser un momento difícil porque lo había visto muy entusiasmado al comenzar la aventura: Hizo un negocio rentable —acaso uno de sus primeros en la compañía— y quería seguir el viaje personalmente para cobrar el producto de su trabajo. Un ejecutivo eficiente''.

CARMEN: ''Mientras Andrés sorprendía al piloto, Lindberg dio dos zancadas y se ubicó muy cerca de la cabina de mando. Patricia dejó ver una de las granadas poniéndole una mano sobre la espoleta y yo monté la otra pistola. Fui hasta un cuartico que hay detrás de los pilotos y saqué de allí a uno de los mecánicos, —el viejito de bigote amigo de mirarle las piernas a las mujeres— que también dormía. 'Pase atrás. Tranquilo. Sin tratar de hacer algo feo', le dije, y él puso una cara de susto tan verraca... Me miraba de pies a cabeza y no atinaba a coordinar palabra: 'Sí mi señora, como diga, mi señora', repetía una y otra vez''.

ANDRES: ''Transcurridos los dos primeros minutos, el comandante se repuso y me dijo: 'Hombre, jjuug, es que he tenido gripe. He estado mal'. Le dije: 'Sí. Gripe, pero tranquilícese'. Traté de serenarlo y luego hablé con firmeza: 'Vamos a colaborar, ¿No es cierto?' Siempre mantuve el arma desasegurada y muy cerca de su cabeza, dejando el dedo aparte del disparador. El me miraba con temor, pero ya estaba en actitud de reducción y le dijo a los demás: 'Vamos a hacer lo que ellos ordenen'. El copiloto volteó la cabeza un segundo aceptando la orden y lo vi muy tranquilo. Entonces le hice una seña a Lindberg quien se colocó cerca de los mandos".

LINDBERG: "Saque de funcionamiento el 'transponder' y reporte una emergencia, capitán', le dije, y seguí con los ojos los movimientos de sus manos. El se percató que yo conocía algo de aviación, me miró tal vez extrañado y tomó el micrófono:

—May day —May day —May day —hotel kilo tres ocho ocho en emergencia.

"Ordené que apagara inmediatamente la radio. La apagó, hice un chequeo muy breve de la brújula, le pedí al copiloto que se pusiera de pies y ocupé su asiento. Una vez allí fue corregido el giróscopio direccional y estuve seguro que con esos dos aparatos, podía constatar permanentemente el rumbo de la nave.

—Que no vaya a pasar nada. Aquí vamos seres humanos y merecemos vivir, dijo el comandante y le contesté secamente que se tranquilizara.

—¿Vamos para Cuba?, preguntó.

—Rumbo tres-cuatro-cero, respondí.

"Realizó el procedimiento, repitió 'rumbo tres-cuatro-cero' y siguió volando su avión. Cuando llegamos al mar le dicté una segunda indicación del rumbo que nos llevaría a La Guajira. En ese momento el copiloto hizo un chiste de mal gusto. De muy mal gusto: Se colocó detrás de mí y en un descuido de Andrés, me puso un dedo en la nuca y dijo algo. Por fortuna yo estaba desarmado puesto que mi misión era controlar al comandante y como tenía que concentrarme mucho, ellos podían aprovechar cualquier descuido para quitarme el arma. El capitán me invitó a coger los mandos, los tomé y el avión se cayó un poco de nariz. Traté de compensarlo pero él lo corrigió y agarró nuevamente la cabrilla, dejando ver una sonrisa leve. Creo que en ese momento me midió, porque luego dijo que abandonara el puesto para aterrizar ayudado por su copiloto y yo le hice caso".

TIBERIO MONTERO, "YEYO": "Unos minutos antes de las ocho de la mañana era bien visible la filtración cerca de la cabecera norte, porque tanto el Arroyo Mariamina como el pantano de La Pedregosa —que está cerca— continuaban botando agua. 'Mierda, le dije a Goebbels, donde esta gente se demore, la humedad atravesará la pista de lado a lado y se van a complicar las cosas'. El dijo que no me preocupara:

—Como debe aterrizar por esa cabecera, lo más seguro es que siente ruedas más acá de la humedad. Fíjate que el barro apenas alcanza una tercera parte a lo ancho, y queda más de la mitad para abrirse a la izquierda. Deja de pensar en pendejadas, compadre.

—No creo en nada. Vayamos hasta allá a constatar, propuse, y me colé en uno de los carros que finalmente habían logrado entrar hasta allí, dando un gran rodeo. En aquel sitio pasamos las ruedas por sobre algunas zonas, vimos que se enterraban y empezamos a colocar estacas para marcar las áreas más blandas. A las nueve menos quince minutos regresamos a la cabecera sur donde se hallaban las armas y los autos— y le pregunté a Goebbels si el avión tenía instrucciones para entrar.

—Lógico, contestó. Don Venancio les hizo saber que a partir de un punto determinado debían entrar en comunicación aire-tierra para guiarlos desde aquí y oí cuando les dijo por radio que los carros estarían ubicados en la cabecera contraria al punto de entrada.

"Todo eso estaba correcto, pero ya nos encontrábamos dentro del tiempo previsto para la llegada y aún no recibíamos ninguna señal en la radio que teníamos abajo. Eso no me gustó".

FULGENCIO CUADRADO, "ENCHO": "Cinco para las nueve: Escuchamos los motores de un avión grande y luego lo vimos aparecer haciendo su aproximación por el suroeste, lo que significaba que se iba a meter en sentido contrario y eso era una vaina, no joda. Esperamos unos segundos, perfiló su final y se vino sobre la cabecera sur donde estaba arrumada la carga... Carajo. Cuando lo pude detallar bien, le dije a los que estaban a mi lado: 'Un avión comercial colombiano, esto es muy raro'. Aquí solamente entraban aparatos gringos particulares, con matrículas falsas muchas veces, sin matrícula otras, pero, ¿Un avión comercial colombiano? Yo no entendía ese lío".

"YEYO": "Cuando vimos el avión sobre la cabecera de la pista y logramos identificar los distintivos de una empresa comercial, miré a Goebbels sorprendido y le dije, '¡Aja!'. Y esto: ¿Qué significa?'.

—Nada. Que seguramente fue contratado. Tú sabes, con billete cualquiera camina. Ellos dijeron que iban a contratar un aparato y ¿por qué no les vamos a creer? Debe ser contratado.

—¿Contratado? Esto no me gusta, compadre. Esta mierda me huele mal".

LINDBERG: "Quince minutos antes del aterrizaje, Roberto me entregó un papel en el cual habían anotado —mediante coordenadas— el sitio de destino inicial, tomando como referencia el pueblo de Dibulla. Le dicté al comandante la información, consultó con sus cartas, corrigió el rumbo y más tarde vimos la pista al frente y el avión hizo su aproximación para aterrizar en sentido sur-norte. La verdad es que nunca me dijeron por cuál cabecera debíamos entrar y dejé que el piloto la escogiera. Cuando se abrió por el suroriente pensé que sería cuestión de vientos y no dije nada. En cuanto a la radio, no podía permitirle que la pusiera a funcionar en ningún momento y solamente cuando nos detuvimos allá abajo, supe que estuvieron esperando comunicación para indicarnos las condiciones del aterrizaje".

"YEYO": "El avión se tiró a tierra, empezó a avanzar por la pista y cuando por fortuna había disminuído bastante la velocidad, se abrió a la derecha para dar la vuelta y regresarse hasta donde estaba la carga pero vimos que comenzó un coleo y un meneo de la gran puta y todos gritaron, 'Ese hombre se va a atollar, no joda, se va a atollar...'. Y se atolló. Metió el patín derecho entre el barro y allí quedó clavado. Aceleraron motores varias veces y veíamos que era peor, porque se enterraba más y más, hasta que por fin dejaron de insistir y apagaron uno. En ese momento la gente corría para el sitio y nosotros ocupamos los carros y arrancamos a ver cómo lo sacábamos, pero no, mi hermano: Ese avión estaba bien sepultado; pero verrácamente enterrado y entre las cuarenta o cuarenta y cinco personas que tratamos de moverlo, no pudimos. Cuando abrieron la puerta vimos adentro un hombre armado y dijimos: '¿Qué es esta vaina?' Luego apareció el piloto con una cara de preocupación enorme y alguien comentó: 'Esto no está claro. Aquí sucede algo anormal'. A todas éstas, habíamos dejado olvidada la vigilancia de la carga y de las vías que pasan por la pista y hubo que movilizar de emergencia dos grupos de control, porque a esa hora estaba cruzando mucha gente. A estas personas las hacíamos quedar en el sitio y les decíamos que tenían que

Pista Will, hoy abandonada.

aguantarse hasta cuando terminara el embarque. Yo creo que detuvimos a unos treinta campesinos. Ellos aceptaron inicialmente la situación y se quedaron allí tranquilos, pero cuando vieron movimiento, no joda, amarraron los burros, dejaron sus cabras y se vinieron a meterle el hombro a las cajas, ante la perspectiva de ganarse algún billete".

"CARMEN": "La frenada fue en seco y como aún rodábamos a cierta velocidad, todos salimos al diablo. Yo recuerdo perfectamente la imagen de uno de los mecánicos acostado de espaldas en el suelo, deslizándose como una bala de punta a punta del avión. Pasó por mi lado y fue a estrellarse contra la parte delantera de la cabina de carga. Otros lograron agarrarse de las paredes pero la fuerza los sacó hacia adelante y yo, luego de tratar de sostenerme, rodé hasta parar a los pies de Roberto que también estaba tendido en el suelo. Era un avión completamente desnudo por dentro, sin sillas ni cinturones ni objetos de los cuales prenderse.

"Nos detuvimos, hubo unos segundos de descontrol y comprobé que no había nadie herido o lastimado de consideración y empezamos a asomarnos por las ventanillas, pero lo único que distinguíamos era una pista de arena rojiza y algunos metros más allá, un bosque ralo.

"Transcurrieron varios minutos durante los cuales escuché los motores. El avión trepidaba pero no salíamos de allí y Andrés dijo que estábamos enterrados. Recuerdo muy bien que me paré al lado de una ventana y vi que empezaron a surgir de entre los árboles campesinos con palas, con picas, con carretas. ¿De dónde venían? No entendía nada y solamente se me ocurrió que aquella era una imagen de Macondo. Miré a Patricia y le dije: 'Mierda, hermana, ¿Tenían previsto hasta esto? No joda, me parece una locura'.

"Aquella gente vino, trabajó, se evaporó de un momento a otro y a mí me pareció mágico, pero realmente mágico verlos emerger y luego esfumarse sin saber de dónde venían, por qué venían ni para dónde se habían ido".

ANDRES: "Entre la gente que llegó hasta el avión había varios guerrilleros que nos alcanzaron fusiles y proveedores en cantidades. Nos armamos y como temí que el piloto pudiera intentar algo sucio, a partir de ese momento ejercí sobre él una vigilancia personal muy cerrada. La orden era que los ocupantes del avión se quedaran dentro y yo bajé con el comandante a mirar el problema, pero vimos que era imposible sacarlo con la fuerza de los motores y le ordené subir nuevamente mientras hallábamos una solución. El se encaramó al avión y apagó el motor que estaba funcionando. Abajo dijeron que traerían un tractor y nos pusimos a esperarlo en medio de la algarabía de toda esa gente que nos rodeaba. Eran decenas de costeños jodiendo, haciendo chistes y soltando carcajadas".

ENCHO: "Don Venancio apareció en un caballo cuando el avión ya se había atascado y algunos de nosotros lo rodeamos para preguntarle qué era lo que estaba sucediendo, porque desde cuando abrieron la puerta, vimos dentro del aparato dos mujeres y un par de tipos con armas. Esos hijueputas llegaron dando órdenes a la cabrona: Qué nadie puede bajarse, que se retiren del avión, que cuidado con movimientos falsos o los jodemos... Y cuando les trajeron fusiles se pusieron más duros y nosotros comenzamos a preguntarnos qué era lo que sucedía, pero nadie sabía nada, hasta cuando llegó don Venancio y alguién le pidió explicación porque la cosa estaba tesa. Eso no era lo que él había propuesto. El habló de embarques sin complicaciones y ahora ese despliegue de armas y esa maricada, ¿Qué significaban?

—Tranquilos, dijo él. Se trata de un comando del M-19 que secuestró este avión.

"Mierda. Cuando dijo eso la gente se puso eléctrica. Nos asustamos verrácamente porque somos más amigos del gobierno y del ejército que de esa sinvergüencería que daña el negocio de la maracachafa. Es que en esto no hay ideología que valga y todo lo que se oponga, debe ser apartado. ¿A nosotros qué putas nos interesa la guerrilla? ¡Nada! Aquí no cabe nada diferente del billete.

"Alguien trató de protestar y don Venancio respondió ya muy verraco:

—En este momento nadie se puede echar para atrás porque la zona está rodeada de guerrilleros bien armados y así se oponga alguien, ellos van a sacar el cargamento a como de lugar. Entonces vean a ver quien quiere morirse aquí mismo.

"En vista de lo que sabíamos del M-19, ¿Quién iba a decir algo? Ahora queríamos simplemente que ese avión se fuera lo más rápido posible. Que se largaran y si querían pagar que pagaran o si no que no pagaran, pero que terminara rápido esa situación. Finalmente don Venancio dijo:

—Dejen de complicarse la vida y trabajen tranquilos porque hoy no va a venir la ley. Todos están *amarrados.* ¡No más joda!

"A todas estas llegó un tractor y lo atamos con cadenas y cables al patín trasero del avión para sacarlo en reverso, ¡Qué va! Hale y joda y la gente empuje,

y ate mejor las cadenas y que traigan palos y los traíamos y que traigan ramas y las traíamos y que cambien
de sitio el tractor y lo cambiaban, pero nada. El aparato continuaba allí tan atollado como antes y alguién
pidió que trajera un bulldozer. Bueno, pues a traer un
bulldozer. ¿Sabe a qué distancia estaba? ¡A tres kilómetros! Mierda. Eso se demoró una eternidad en
llegar''.

"YEYO": "Mientras sucedían todas estas cosas, al
Indio Insiarte le llamó la atención ver al piloto cerca
de la puerta del avión todo arrugado, demacrado, con
una cara de susto impresionante y un guerrillero detrás de él custodiándolo. Se le acercó y le hizo la charla. El piloto con mucha desconfianza le preguntó:
'¿Dónde estamos? ¿Qué parte de La Guajira es ésta?'
Y él le respondió con detalles. Luego le indicó donde
quedaba La Punta, donde quedaba Campana Viejo,
por donde cruzaban caminos hacia esos sitios y vién-
dolo aún más nervioso, le dijo: 'No te preocupes que
a la hora de un lío arrancamos corriendo: Tú te pones
cerca de uno de nosotros y te sacamos'. El piloto no
le contestó absolutamente nada y el indio se aburrió y
lo dejó allá con su perro guardián al lado.

"Mucho tiempo después apareció el bulldozer con
más cadenas y se lo conectaron al aparato, también
por el patín de cola. Pegó el primer tirón y ahí sí
vimos que el avión empezó a moverse y fue saliendo,
saliendo de la zona del barro; el motorista aceleró
cuanto más pudo y empezó a llevárselo para la cabecera opuesta. Imagínese la distancia que tenían que
recorrer: Yo calculo, por lo menos mil quinientos
metros. Un kilómetro y medio. Y con la velocidad de
un bulldozer... Todo el mundo estaba muy tenso. Se
fueron al pie del avión midiendo cada metro, contan-
do los pasos que avanzaban. Es el carreteo más largo
que he visto en mi vida. Yo creo que duró más de una

Las dos máquinas utilizadas para sacar el avión. La foto fue tomada no lejos de la pista, en 1985.

hora, porque cuando llegamos a la cabecera sur, eran las doce del día".

"ENCHO": "Durante el tiempo que duró el remolque, el tractor se trasladó al sitio de las armas y empezaron a cargar los zorros. Una vez llegó allí el avión, armaron las cuadrillas y empezó un verdadero hormigueo humano. Un equipo se encargaba de cargar los zorros, otro de descargarlos y otro de trepar la mercancía al avión. Mientras tanto, la cuadrilla especializada realizó el tanqueo de combustible y de aceite. Estas pistas serán clandestinas, pero su organización es igual a la de cualquier aeropuerto del mundo".

"YEYO": Pidieron combustible y rápidamente se movilizó un campero hasta las caletas de la gasolina y trajo varios tambores, pero dijeron que solamente le iban a echar ocho —de 55 galones cada uno—. Colocamos una motobomba y simultáneamente con la carga del armamento, se inició el abastecimiento de los 440 galones —1.157 kilos—. A la vez le fueron aplicados 80 litros de aceite Avoil 120".

LINDBERG: "El interior del avión era un infierno y a medida que transcurrían los minutos, ese olor apestoso a pescado que nos fastidiaba desde el comienzo, pareció aumentar hasta hacerse insoportable. Los mecánicos —que permanecieron amarrados hasta cuando se dio la orden de remolcar el avión— tuvieron la suerte de salir a controlar las actividades previas al decolaje, como revisión de *flaps,* tanqueo, peso y balance de la carga, y los demás, empapados por el sudor, permanecimos allí escuchando al gerente que hablaba y hablaba y hablaba sin parar, hasta emborracharnos. Yo entendía que era un mecanismo para contrarrestar el miedo, pero, francamente, resultaba tan agobiante que las horas parecieron más largas de lo que realmente fueron.

"En ese lapso bajé varias veces para hablar con Roberto y el comandante del avión, preocupado por el tiempo que transcurría rebasando peligrosamente la hora límite para irnos, que según los cálculos iniciales debían ser las diez y media de la mañana. Pero habían pasado las once y las once y media y las doce y aún no terminábamos. En ese momento le dije al mando: 'Si no decolamos a la una de la tarde, no llegaremos de día. De manera que tome una decisión rápida porque sólo quedan cuarenta minutos'.

—¿Cuánto nos demoraremos para cargar lo que falta?, le preguntó a uno de los guajiros que dirigían la operación y éste calculó quince minutos más.

—Lo estamos haciendo tan rápido como se puede, dijo el hombre y luego preguntó cuál era la hora tope para terminar.

—¡Una de la tarde!

—Perfecto, mucho antes habremos terminado.

"Las cuadrillas cargaban y cargaban y a esa hora el comandante empezó a decir que el avión no despegaría si continuaban echando cajas a ese ritmo, pero Andrés lo presionaba mucho y eso lo estaba haciendo perder la paciencia.

—Oígan, por favor, la gasolina pesa mucho y toda la gente que quieren llevar, también pesa... Y esas cajas parecen de plomo. ¿Cuánta carga más le van a colocar?, dijo preocupado y Andrés le respondió:

—¡Pues la que sea necesaria!

—Ponga entonces 'la que sea necesaria' y nos quedaremos por aquí enterrados, contestó muy molesto.

"Afuera el sol era intenso y la reflexión de luz sobre aquella arena humedecida contrastaba con la penumbra del interior de la nave, que se iba llenando poco a poco. Desde un principio le dije a Roberto que no fuera a colocar nada en las bodegas bajo el piso, porque ya sabíamos que se iba a intentar un barrigazo cuando llegáramos al Caquetá. El atendió la sugerencia y el piloto trató de captar algo y empezó a preguntar cuál era nuestro destino pero yo no le contestaba. Sobre las doce y media le confesamos que esas armas iban para un punto cercano del Río Orteguaza, en las selvas del sur, e inmediatamente le presentamos un papel dibujado rudimentariamente en Panamá, donde aparecía el plan de vuelo, (que posteriormente yo había ajustado con algunos detalles). Según esto, decolaríamos de Dibulla yéndonos al costado occidental del Río Magdalena, —180 grados exactos— y comenzaríamos a avanzar hacia el sur, esquivando zonas restringidas como la de la Base Aérea de Palanquero. Posteriormente ingresaríamos a territorio selvático, ayudados por una radio-guía que hay en Florencia y entraríamos a la zona donde nos íbamos a lanzar. El capitán observó el papel, me miró con una sonrisa sarcástica y comenzó a ajustar cálculos sobre la cantidad de combustible, sin decir una sola palabra".

"ENCHO": "Ya sobre las doce del día, la agresividad de los guerrilleros disminuyó porque se dieron cuenta que al personal de trabajadores sólo le interesaba cargar rápido para que se largaran. Ahí no iba a haber violencia ni oposición de ninguna naturaleza, luego ya no era necesaria la intimidación con sus armas... Que a la hora de la verdad yo creo que se las hubiéramos metido por el trasero si no cambian de actitud. Imagínese que al principio el llamado 'Andrés' le ordenó a sus hombres vigilar estrechamente a los jefes nuestros. Entonces ellos colocaron detrás de

cada guerrillero a un guajiro disimuladamente armado. Al ver aquello se tranquilizaron y dejaron la maricada.

"El cargue se estaba efectuando con rapidez y a las
doce y veinte minutos, el vigía que habían dejado a
orillas del Mariamina llamó de emergencia. ¿Qué pasaba? Un grupo de treinta soldados al mando de un capitán y un teniente que andaban controlando las carreteras con motivo del paro cívico, llegaron hasta allí.
Al ver el arroyo tan crecido, dice el hombre que el
capitán le comentó al otro oficial: 'Mierda, el arroyo
está muy crecido. ¿Pasamos? y que el teniente le contestó: 'No mi capitán, qué vamos a meternos en esa
mierda. Yo creo que de aquí para adentro no hay
nada. No vale la pena entrar'. 'Bueno, vámonos', respondió y se devolvieron".

"YEYO": "Faltando diez minutos para la una de la
tarde terminaron de cargar el aparato, cuando el piloto protestó por la cantidad de mercancía que le habían metido. Parecía que esos tipos no pensaban que
un avión tiene limitaciones en ese sentido. A ellos lo
único que les interesaba era meter y meter jodas
como si los motores fueran tan potentes como los de
un Jumbo y a pesar de las advertencias, continuaban
trepando cajas. De todas maneras logramos convencer
al cabecilla y ordenó bajar quince cajas con munición
y las dejaron allí. Yo calculo el peso de cada una en
50 kilos, o sea que aliviaron 750. Posteriormente bajaron a las dos mujeres, pero metieron a los cuatro caleteros, con los cuales llegaba a doce el número de pasajeros, cuyo peso tenía un promedio de 900 kilos".

CARMEN: "Cuando ya estábamos arriba, Andrés
nos miró y dijo: 'Las dos compañeras se bajan. Ustedes llegaron hasta aquí'.

—¿Cómo? ¿Cómo dice?, respondí, y él repitió:

—Que deben bajarse porque aquí terminó su tarea. Nosotros seguimos.

—¿Para dónde?

—Para el Caquetá. Este trabajo es suicida, compañeras, y no pueden llegar hasta allá.

—Y ustedes ¿se van a morir?

—Tal vez. Tenemos un sesenta por ciento de posibilidades de no salir... Pero, sea como sea, estas armas van a llegar a su destino, de manera que, bájense por favor. Estamos demorando el avión.

—Pero nosotras queremos continuar. Por favor, no nos bajen.

—No podemos seguir todos... Además, la orden es esa. ¡Bájense!

—Y ¿qué hacemos aquí?

—Un señor de nombre Jaime Guillot, ése que está allá —dijo señalándolo con el dedo— se encargará de ustedes. El les dará dinero, ropa, lo que quieran y las despachará de regreso.

"Cuando salté de allí me sentía echada, aplanchada, pero no había nada que hacer. Entonces llegó Guillot muy amable y me dijo, 'Mamita, ustedes se van conmigo' ".

"YEYO": "Yo no sé cuántas toneladas de exceso llevaba ese avión, pero lo cierto es que nadie, absolutamente nadie creyó que podría despegar, porque habíamos pulsado las cajas y a pesar de lo que ellos dijeron, fue necesario emplear entre cuatro y seis hombres para movilizar cada una. Eran tan pesadas que esa noche cuando nos fuimos a acostar, no aguantábamos el dolor de cintura por el esfuerzo hecho durante el día. Allá mismo en la pista hubo hombres a los que les dio beri-beri o sintieron mareo durante el trabajo y tuvieron que retirarse. Entonces cuando anunciaron que estaban listos para salir nosotros dijimos: 'No levanta, no levanta, noo'. Aquí estábamos acostumbrados a ver estrellarse aviones que partían mucho más livianos y por eso nos preparamos para verlos morir y hubo alguien que llegó a decir: 'Que se maten esos hijueputas o lo que sea, pero que se larguen rápido de aquí. Que se vayan y no vuelvan jamás''.

LINDBERG: "Faltando siete minutos para la una de la tarde el capitán dio las últimas órdenes en cuanto al plan de vuelo, recalcándole al copiloto que estableciera con mayor exactitud posible los tiempos de manejo del combustible, puesto que en este avión es necesario estar controlando el consumo para realizar manualmente un cambio, según el tanque que deba entrar en funcionamiento. Si hay algún olvido, puede correrse el riesgo de que se apague un motor en el aire. De acuerdo con esto, decolaríamos empleando los tanques frontales, porque tienen retro-alimentación: Recuperan el combustible que va quedando en los carburadores y lo vuelven a almacenar. Una vez culmina esta fase, se ponen a funcionar los traseros hasta agotarse. Inmediatamente después es necesario volver a los frontales y cuando se vacían, son reemplazados por los centrales. El avión tiene unos selectores que indican cuál de ellos está en servicio, y anuncian —mediante una luz roja— el momento de realizar el relevo. Para eso se pone a funcionar una bomba auxiliar, y ¡listo! En un Curtiss construído en 1937 como éste, los aparatos auxiliares son elementales si uno se pone a pensar en los avances que ha tenido la avición y entonces es el hombre quien realmente vuela aquí su máquina. El 'Aeropesca' no poseía ni un solo instrumento electrónico que simplificara las cosas. Había en cambio un lápiz y un pedazo de papel —e inclusive servilletas para anotar el plan de vuelo— y por tanto se necesitaba una preocupación permanente por

cuestiones que en los aviones modernos son realizadas
a través de un computador, previamente programado.
Para los pilotos del C-46, esta operación es rutinaria
pero bien importante, no sólo para mantener los motores funcionando sino para que la nave lleve un peso
más o menos balanceado y se sostenga en el aire.

"El copiloto había sacado, pués, sus cálculos y realizó las anotaciones correspondientes sobre una servilleta de papel y el comandante, fuera de casillas, la
rompió y le dijo que volviera a hacer el trabajo. El lo
hizo".

ANDRES: "Roberto Montoya, Lindberg y yo sabíamos perfectamente que nos dirigíamos a un sitio
donde no había pista y por tanto no descartábamos la
posibilidad de matarnos. La orden había sido llevar las
armas a cualquier precio y estábamos dispuestos a
cumplir. En cambio los demás no conocían este riesgo
y se veían tranquilos, encaramados encima de aquella
cantidad de cajas que logramos meter, gracias a la presión constante que ejercí sobre el piloto. Para no alar-
marlos, mi diálogo con las muchachas fue en voz baja.

"Para mí era preocupante tener que acomodar tantas personas y no encontré una fórmula distinta a la
de bajarlas, pues me puse a analizar la situación y me
dije: 'El piloto y el copiloto son básicos. El gerente y
los mecánicos no, pero tienen que continuar o de lo
contrario quedarán cabos sueltos y pueden echarlo
todo a perder'. Hubo un momento en que pensé desa-
parecerlos, pero allí había mucha gente. Entonces la
alternativa era cargar con ellos. Respecto a los cuatro
caleteros, iban a aumentar el peso, pero durante el
vuelo su misión sería ensamblar la mayor cantidad de
fusiles pensando en algún enfrentamiento al llegar. No
estaba seguro de eso. Sin embargo era necesario buscar el mayor número de posibilidades que aseguraran
un buen final.

"Llegó el momento de cerrar la puerta del avión. El piloto hizo el encendido de los motores y comenzó a moverse en busca de la cabecera de la pista. Allí nuestra ubicación era: Piloto y copiloto en sus sillas; detrás de ellos, Lindberg controlando los instrumentos y yo, vigilando los movimientos dentro de la cabina de mando; Roberto a nuestras espaldas y más atrás los cuatro compañeros, el gerente y los mecánicos".

LINDBERG: "A la una de la tarde y dieciséis minutos estábamos en la cabecera de la pista y aunque el piloto callaba, yo sabía que allí, detenido, sudando copiosamente y con las manos empuñando la cabrilla a toda fuerza, había algo que le martillaba la cabeza: La hora. En ese momento la temperatura exterior registraba la mayor intensidad del día... qué se yo, 38, 39 grados centígrados, y por tanto la máquina daría un rendimiento muy bajo. Eso se iba a traducir en mayor consumo de pista por menor potencia y sustentación de la nave.

"Cinco segundos después aceleró los motores a fondo, presionando los frenos hasta el pegue y cuando hubo suficiente potencia, sacó el pie y dejó que la máquina empezara a deslizarse. El arrancón se sintió adentro con violencia y desde los primeros metros el avión comenzó a trepidar y todos nos miramos pensando que podía desbaratarse. No obstante la velocidad era mínima. No avanzaba, no avanzaba. Parecía que estuviéramos pegados al piso".

"YEYO": "Quitando aquella zona húmeda, el resto de la pista estaba reseco por el sol de la mañana y cuando el piloto aceleró sus motores, vimos un torbellino de tierra que avanzaba lentamente y delante de él una manchita de avión color naranja, bramando y pegándose al suelo luego de cada metro de recorrido. Miré a mi alrededor y todos, absolutamente todos

estaban pálidos, mordiéndose los labios o apretando
los puños: 'No... no... no... No va a levantar, no va a
levantar, no va a levantar'. De pronto cesó el agite de
la tierra y quedó una capa de polvo suspendida y adelante de ella aparecieron la nariz y luego las alas y después la cola y empezó a levantarse pesadamente pero
cayó unos metros y volvió y subió y volvió y cayo.
Mierda. Dios mío. No sale, no sale, no sale, decíamos''.

LINDBERG: "Llevábamos flaps arriba y luego del
primer envión cayó y se fue un buen trecho haciendo
caballitos, tan, tan, tan y coma pista y ya se veían encima los árboles y se veía muy cerca la zona de seguridad en el extremo. El avión sacó sus últimos restos de
fuerza y nos elevamos unos pocos metros. Adelante
un par de árboles comenzaron a crecer y el piloto gritó: 'Un cuarto de flaps. Tren arriba'. El Curtiss se tra-
gó las ruedas y cabeceó al sentir el cambio de posición
de los flaps que nos ayudaban a salvar el último obs-
táculo, pero yo creí que no alcanzaba y que nos íbamos a clavar de nariz unos metros más adelante''.

"YEYO": "Cuando llegó a la cabecera opuesta sin
poder superar aún la última barrera, me pareció que el
avión batió las alas, metió ligeramente la cabeza contra el pecho, tomó el último aliento y, cooooño. Salió
lamiendo las copas de los árboles que estuvieron a
punto de destrozarlo. En ese momento pegué un grito
con todo lo que me daban los pulmones. A mi lado
sucedía lo mismo: Los trabajadores, los campesinos,
toda la gente estaba saltando. Unos gritaban, otros
aplaudían. Más allá una guerrillera se había tomado
por las manos con otras gentes que gritaban y salta-
ban. La muchacha tenía los ojos llenos de lágrimas.
Allí se escuchaba un grito general porque se estaba
alejando esa culebra mapaná. Y es verdad. Nuestra

emoción obedecía a que habíamos salido de ese lío tan cabrón y ahora nos sentíamos liberados".

ANDRES: "Vi perfectamente cuando rozamos la punta de aquellos árboles y luego tuvimos el mar al frente. El piloto viró con suavidad, con mucha suavidad y enfiló sobre el agua, pero sin poderlo hacer elevar lo suficiente".

LINDBERG: "El viraje se extendió muchísimo y nos metimos dentro de la amplia zona restringida que había establecido el gobierno para controlar el tráfico de marihuana, pero a pesar de habernos metido allí por un tiempo prolongado, no aparecieron ni aviones militares ni señales de que alguien controlara esa área. Finalmente salimos rumbo uno-ocho-cero, teniendo siempre la Sierra Nevada de Santa Marta a nuestro lado. El avión ganó alguna altura, tal vez mil pies después de mucho tiempo sobre el mar y con ella encaramos nuestra travesía por el país. Luego cruzamos las llanuras al oriente de la Sierra con una rata de ascenso realmente ridícula porque el avión no podía materialmente subir y buscamos Valledupar, a donde estimábamos llegar veinticinco minutos más tarde".

"ENCHO": "Tres minutos después del decolaje, salieron las primeras personas. Había que irse de allí como fuera, pero la evacuación tenía que ser en silencio, sin tropel, usando los carros quienes podían, o los zorros, o a pie, pero con mucha naturalidad y así se hizo. Mientras tanto, el personal encargado de manejar la mercancía trajo un zorro y empezó a cargar las quince cajas de munición para llevárselas a la caleta. Alguien quedaría custodiándolas allá. La cuadrilla de abastecimiento trepó en otro zorro las canecas empleadas en el tanqueo y se dispuso a devolverlas a su escondite, mientras otros recogían palas, picas, carretas; los campesinos se subían en sus burros, otros empezaban a recoger cabras y a movilizarse y Don Venancio y parte de su gente se acomodó en los carros con el fin de regresar a Riohacha. En ese momento empezó a tronar y cayó una goterita y luego diez y de un momento a otro se descolgó un diluvio que no dejaba abrir los ojos para mirar un metro adelante. Sin embargo la gente estaba feliz porque el alacrán había salido de casa. Era un embarque más".

"YEYO": "La tempestad convirtió la pista en un mar de barro. Por los costados, el estero que había venido formando el Arroyo Mariamina empezó a subir de nivel y aun cuando todavía quedaban muchas personas allí reunidas, lo único que se escuchaba era el ruido de la lluvia azotando los árboles y el piso. Aparte de eso, el silencio era total porque había llegado la desdoblada después de tanta tensión y nadie quería hablar.

"Viendo que las órdenes respecto de la munición estaban claras, corrí en compañía de una guerrillera y algunos trabajadores a resguardarme bajo los árboles, pero como había tanto fango, resolvimos continuar en busca de una casita que se veía en la distancia. Una vez allí nos pusimos a ver caer la lluvia y de pronto se me acercó la muchacha y me dijo: 'Tome, aquí tiene. Miré a ver qué va a hacer con esto'.

—Aja, ¿Y eso qué es?, le pregunté.
—Los documentos personales del piloto, respondió mientras me alcanzaba un atado de papeles. 'Ay, Dios mío. Van a matar a este hombre', pensé y comencé a mostrarle el contenido a los que estaban allí: Licencias, tarjetas de crédito, todo, y le dije al Indio Insiarte: 'A este hombre lo van a matar porque el avión vino secuestrado. Y el piloto está amenazado y este lío se va a armar en grande. Queramos o no queramos,

Camino que conduce a la caleta.

Indio, esta vaina se va a agravar'. Nadie respondió
pero los vi preocupados. Siguieron el barro, la lluvia y
el silencio y cuando comenzó a amainar el chaparrón
empezamos a dar un rodeo para poder salir de allí.
Cuando llegábamos a algunos bajos, los pasábamos
trepados en tanques vacíos que halaban con cuerdas
de punta a punta del estero porque la corriente era
violenta, no joda. Sí había alguien que no supiera nadar, lo trepábamos y otros lo seguían de cerca para
evitar accidentes. Finalmente salimos y cuando llegamos a la ciudad encontramos la noticia: Que se cayó
un avión de Aeropesca esta mañana y parece que murieron todos los ocupantes. Volaba de Medellín a
Barranquila".

LINDBERG: "A la una de la tarde y 47 minutos
pasamos   por Valledupar volando muy bajo y con
los motores forzados al máximo. Tanto, que se reca-
lentaron. El comandante ordenó abrir las faldillas al
ciento por ciento para que les entrara aire y bajara la
temperatura. Esta operación no se puede hacer volando a 140 nudos que es lo establecido para el Curtiss
cuando lleva su carga normal. Pero íbamos tan pesados que en ese momento tenía una velocidad indicada de apenas 120. Inicialmente pensé que el comandante debía reducir la potencia, pero rápidamente
me di cuenta que si lo hacía, no alcanzaba la velocidad necesaria para un ascenso vertical normal... bueno, normal es mucho decir... y la preocupación era
conseguir altura porque adelante teníamos la cordillera de Los Andes con elevaciones muy grandes,
sobre las cuales es necesario entrar a 14 ó 15 mil pies
y nosotros apenas volábamos a siete mil, por fuera de
toda aerovía y en contra de cualquier reglamentación.
Eso significaba que estábamos violando las mínimas
disposiciones de seguridad. En ese punto cambiamos
el rumbo a 200 grados y chequeamos el V-O-R de El

Banco, frecuencia 114,3 megahertzios y el N-D-B, frecuencia 342,5 ciclos, estimando pasar sobre La Gloria --que era nuestra próxima etapa— a las tres de la tarde y dos minutos".

ANDRES: "Según Lindberg y Roberto, una vez saliéramos de Dibulla, debíamos avanzar al sur de Valledupar y en adelante buscar el Río Magdalena, para seguir esa ruta y encajonarnos entre la cordillera. Allí había tres puntos muy peligrosos que eran la Base Aérea de Palanquero, Bogotá y la Base Militar de Tolemaida y por tanto el piloto tenía que tratar de evitarlas. De todas maneras, habíamos pensado que como era día de paro cívico las autoridades estarían ocupadas en otras cosas, lo que aminoraba teóricamente el riesgo. Quince minutos adelante de Valledupar le dijimos que buscara el río y no respondió. A esa altura el hombre se había serenado y supuse que ante la dureza de nuestra actitud y de la presencia de tanto armamento a sus espaldas, iba a pensar, 'Tengo que hacer lo que éstos me mandan o si no soy hombre muerto'. Sin embargo, vi a Lindberg preocupado. Le pregunté qué sucedía y tampoco respondió. Entonces lo llamé y le dije:

—Mire, compañero, si en algún momento el comandante no hace lo que le ordenemos, no vacilaré ni una décima de segundo en matarlo. Si él se sale de la ruta, se va a morir porque estoy dispuesto a encajarle un tiro en la nuca. ¿Está claro? De manera que póngase las pilas y no le permita hacer nada distinto de lo que le digamos.

LINDBERG: "Me había preocupado porque le dije al piloto que para evitar el paso por zonas restringidas debíamos agarrar el costado occidental del Río Magdalena pero él me contestó que no, que eso no tenía importancia y que iba a volar por toda la cordillera. A mí me entró muy mala espina porque aquello significaba buscar que las autoridades aeronáuticas nos detectaran. Sin embargo, no podía estar totalmente seguro y preferí callar.

"A las tres y dos minutos, tal como lo había calculado el comandante, cruzamos por La Gloria ya sobre el Río Magdalena, chequeamos el V-O-R y el N-D-B de Bogotá y variamos el rumbo a 190 grados. A esa hora teníamos cerca la cordillera de Los Andes. El tiempo se veía bastante bueno en la zona central del país y habíamos logrado apenas una altura de 9 mil pies, que según mis cálculos, teníamos que haber alcanzado a los 15 minutos de vuelo y no a la hora y 45 que completábamos en aquel momento. Eso mostraba la dificultad del vuelo por el excesivo peso de la nave. El capitán dijo que en esas condiciones podía reducir potencia para contrarrestar el recalentamiento de los motores y lo hizo'.

"A las 3 de la tarde y 15 minutos encontramos una zona de turbulencia muy fuerte en la cordillera y el avión comenzó a vibrar con fuerza. Eran nubes y nubes que nos hacían bailar de un lado a otro y de pronto nos agarró la corriente ascendente de un cúmulo y nos llevó a 10 mil pies. El comandante le preguntó al capitán Rojas —su copiloto— si ya tenía listo el cambio de tanque. Este le entregó otra servilleta con anotaciones pero el hombre se enverracó tanto que la agarró, la rompió y le dijo algo en tono fuerte. El mismo —sin realizar cálculos ni un carajo— prendió la bomba auxiliar, hizo el cambio, cuadró su vuelo recto nivelado y se quedó muy serio. Adelante cambió la radioayuda y empezó a utilizar la señal de Radio Nacional, 5-7-0, cuya repetidora está muy cerca de Bogotá y pensé: 'Este hombre se va a meter a la capital y nos va a joder'. Había que esperar unos minutos para descifrar sus intenciones y continué guardando silencio".

ANDRES: "No me gustó la aparente tensión que había entre el piloto y el copiloto y les dirigí la palabra para tratar de destensionarlos. Creo que fue una de las pocas veces que hablamos con el comandante. Nos contó que llevaba muchísimos años volando por este país. Dijo que había sido piloto de la Fuerza Aérea Colombiana en la época de la revolución de El Pato y de Marquetalia y que había pasado muchas horas en operaciones de orden público, bombardeando y combatiendo a los insurgentes de esa época... Y que conocía muy bien aquello. Luego se hizo un silencio, salimos de la zona de tempestad y ví que estábamos acercándonos al área de la Base Aérea de Palanquero y dije: 'Esta es una zona restringida, usted se ha metido en ella intencionalmente para que nos detecten. No hay derecho, carajo. No hay derecho'. Pero ya estábamos allí y no podía hacer nada fuera de seguir protestándole muy duro. El no respondió pero estoy seguro que entró allí para que nos detectaran".

LINDBERG: "Yo nunca me he podido explicar por qué no nos vieron. Es que estábamos volando a una altura mínima: 9.800, 10.000, 9.500 pies y eso no es nada en un país con las montañas tan hijueputas como las de Colombia. Volábamos tan bajo que seguíamos por fuera de cualquier aerovía. Para que tenga una idea, le digo que aquí las aerovías se hallan a 14 y 15 mil pies. Pero nosotros pasábamos por encima de las montañas en forma inverosímil, prácticamente raspando la cúspide de los páramos.

"En ese punto encontramos buen tiempo nuevamente, pero vi que el avión se estaba metiendo aún más entre las montañas, como buscando a Bogotá, y me cabrié mucho. Miré a Andrés levantando las cejas y él comprendió inmediatamente de qué se trataba. Aparentemente nuestro piloto seguía intentando hallar la manera de que nos detectaran".

ANDRES: "Reconocí la ruta pero esperé unos segundos y, claro: Allá abajo estaba Albán, un pueblo pequeño y pensé: 'Este cabrón nos va a meter a Bogotá. Está buscando hacer alguna cagada'. Le puse la pistola en la nuca y le dije: '¡Revíseme la ruta que lleva y déme una explicación!'. El sacó un mapa y señalándolo respondió: 'No, pero ¿Qué pasó? ¿Qué pasó? Yo estoy haciendo lo que ustedes ordenan'. Miré sin convencerme y le repetí: 'No vaya a hacernos ninguna jugada porque aquí nos morimos todos, hermano, y al primero que le rompo el alma es a usted'. Tomé el mapa, lo miramos con mayor detenimiento y tuve la impresión de estar volando hacia Bogotá. Era posible que se metiera allí en busca de la Base Aérea de Madrid, muy cerca de la ciudad y volví a desasegurar la pistola y se la lleve una vez más a la nuca: 'El destino nuestro es el Río Orteguaza. ¿Usted sabe dónde está, no? Pués hágale para allá'. En ese momento estuve a punto de soltarle el balazo, pero Lindberg me miró en una forma tal que me serené inmediatamente y le retiré el arma de la cabeza. Luego vi que virábamos al occidente".

LINDBERG: "Cruzamos a 30 millas del centro de Bogotá, dentro del área de control del radar que hay en el aeropuerto El Dorado. ¿Por qué no nos vieron? ¿Por qué no nos detectaron? Todavía continúo sin podérmelo explicar. Lo cierto es que superamos las torres de Radio Nacional y seguimos con ella de cola. Viendo la ruta, se me ocurrió que ahora nos iba a meter sobre la Base Militar de Tolemaida, desde donde nos tenían que ver por la altura tan precaria que llevábamos. Y así fue: Sobrevolamos Silvania, él puso rumbo 205, e inmediatamente pasamos sobre Fusagasugá. Hora: 4 y 22 minutos. Distancia recorrida desde Dibulla, 700 kilómetros. Ahí al frente estaba la Base Militar y me puse nervioso porque era ostensible que

lo hacía de intento para que nos vieran. Una palabra
mía habría significado su muerte, pero... siendo since-
ro, pensé si yo sería capaz de llevar el avión con el
copiloto, y analicé cual sería la reacción de aquél al
ver a su comandante con la cabeza perforada. Mierda.
Era un dilema y lo resolví guardando silencio. Avanzaron los minutos, cruzamos la Base, y dije: ¿Esta no
es un área restringida para la operación aérea? Lo era,
pero igual que en los alrededores de la Sierra Nevada,
en las inmediaciones de la Base Aérea de Palanquero y
del mismo Bogotá, seguíamos siendo invisibles. Eso
nos salvó. Solamente eso.

"Volamos con buen tiempo y a las 5 de la tarde y 7
minutos estábamos sobre El Pato, ya prácticamente
al final de Los Andes, cuyos picos habíamos vencido
gracias a la gran habilidad de este hombre —hay que
reconocerlo— porque para llegar hasta donde estábamos ahora se había metido entre las montañas aprovechando cada recoveco, cada cañón, cada desfiladero
en una forma increíble. La luz era amarillenta porque
el sol caía en forma vertiginosa y nosotros sabíamos
que a las 6 comenzaría a llegar la noche. Si no arribá-
bamos a esa hora, nos perderíamos y el impacto iba a
ser, tal vez muy lejos de donde nos esperaban. Realmente yo no me sentía trágico. Presentía que todo
iba a resultar bien, pero si no salía así, mi misión estaba escrita y yo mantenía una enorme fuerza de voluntad que me llevaba a cumplirla a cualquier precio. Así
que dejé de pensar en pendejadas y le dije al capitán
que buscara de una vez el sitio por el cual íbamos a
transmontar las últimas cimas para encontrar aquella
llanura inmensa cubierta por la selva, a donde debíamos llegar esa misma tarde. Hasta El Pato habíamos
recorrido 900 kilómetros y nos faltaban unos 150 ó
200 más y el piloto empezó a discutir: 'No alcanzamos, no alcanzamos, ustedes están locos si quieren
seguir'. Miré el reloj: 5:14 minutos de la tarde. El te-

nía razón, no íbamos a llegar con la luz del día. Le dije que volara un poco más hacia el sur y fui atrás a hablar con Roberto:

—No alcanzamos a llegar de día, le dije.
—¿No?
—No.
—¿Qué alternativas hay?
—Seguir adelante y cuando esté oscuro...
—No. Devolvámonos para Neiva, propuso él.
—Neiva es una capital, una trampa, le expliqué. Y luego de pensar unos segundos respondió:
—No, que va. Regresemos a Neiva, nos metemos en silencio y luego nos tomamos el aeropuerto, tomamos rehenes, lo que sea.
—Esa no es una solución. Dáme rápido una fórmula porque tengo que decirle algo al capitán ahora mismo. Los minutos están volando.
—Esperemos que se acabe la cordillera. Dile que siga y una vez al otro lado, miramos cuanta luz queda. Ahí vamos a tomar la decisión. Ve y le dices que continué.

"Cuando entré a la cabina, Andrés estaba discutiendo con el piloto. Muy al fondo se veían las últimas crestas de las montañas y más allá el resplandor del atardecer sobre la selva".

ANDRES: "El piloto se puso nervioso nuevamente y me pidió que guardara la pistola, pero yo la mantuve en la mano. Teníamos que vencer esas últimas montañas y aparentemente no quería, pero luego de un par de frases aceptó bordear la mole en busca de un cañón y salir a Larandia, una pista cerca de Florencia, ya en plena selva. Le dije que lo hiciera. Enfiló por una zona boscosa, muy escarpada, tomó un rumbo fijo y sentí que ascendíamos. Los tanques se en-

contraban prácticamente vacíos, el avión volaba con
menos peso y eso trajo mucha tranquilidad. Ahí lo
único que teníamos que esperar era que salvara el obs-
táculo y entraríamos al tramo final. En ese momento
Roberto Montoya ingresó a la cabina de mando. Tomamos un mapa y le mostramos al comandante el
sitio exacto para el aterrizaje. Eran las 5 y 40 minutos. Estaba anocheciendo''.

LINDBERG: "Por fin cruzamos las montañas y
empezamos a descender y por tanto a ganar velocidad
y tiempo. Al frente sólo se veían selva y penumbra
porque estábamos en el paso del día a la noche y la
luz se volvía caprichosa, difícil. A esa hora, 5:44, debíamos tener combustible apenas para media hora de
vuelo. Al fondo comencé a ver el brillo de los ríos,
unos ríos inmensamente anchos. Alguno de ellos
debía ser el Orteguaza. Estábamos ajustando el girós-
copo, cuando irrumpieron dos de los compañeros,
muy pálidos, asustados, gritando que el avión se estaba quemando porque los motores empezaban a expul-
sar candela. Lo que sucede realmente es que al atardecer aparecen llamas en los gases de escape. Al notarlos
tan excitados, el piloto sonrió en forma sarcástica y
les dijo: 'No, aquí no hay peligro de nada. Por el contrario, ese es un espectáculo muy bonito porque salen
una cantidad de colores bellos: Violeta, rojo, azul. ¿A
ustedes no les gusta luego la candela?'. Me pareció que
en cada palabra había una buena dosis de ironía y que
él estaba descargando así parte de la rabia que podía
sentir por nosotros en ese momento''.

ANDRES: "A las 5 y 55 sobrevolamos Larandia. El
piloto nos explicó la ubicación de dos o tres sitios
conocidos y preguntó para donde seguía. 'Díganme
rápido porque se nos acaban la luz y el combustible',
dijo, y Roberto se lo indicó. Dos minustos después

estábamos sobre aquel remedo de pista que habíamos hecho y se lo mostramos. El lo miró de reojo y
protestó: '¿Eso es una pista? Nooo. Eso no es nada.
Con el peso que traemos necesitamos, como mínimo,
dos mil metros y eso no debe pasar de setecientos. Yo
no bajo ahí porque antes de tocar tierra nos vamos a
estrellar contra los árboles que hay en el fondo. Ustedes están locos. Están completamente locos'. Insistí
en que sí podía aterrizar allí y él me miró con unos
ojos muy agresivos. Durante el viaje le habíamos arreglado el cuento diciéndole que teníamos una de 1.800
metros, porque si le anunciábamos que nos íbamos a
matar, no solamente se hubiera engarrotado del susto
sino que posiblemente habría hecho algo para escaparse o para entregarnos.

"Mientras le dábamos la vuelta al sitio, miré por la
ventana y evidentemente allí no cabía ni una pequeña
avioneta, de manera que no volví a insistir más.

"Viendo eso, el capitán propuso buscar una pista
cercana —no recuerdo su nombre— donde podríamos
pasar la noche y comprar un poco de gasolina. 'Tenemos lo justo para llegar allá' subrayó, agregando que
conocía el terreno como la palma de su mano, pues lo
había volado durante muchos años, siendo miembro
de la Base Aérea de Tres Esquinas —no distante del
lugar—. Yo le dije,

—No. El operativo termina hoy y no mañana. Nosotros no vamos a ningún otro sitio.

"¿Qué tal recorrer con el armamento cuarenta o
cincuenta kilómetros más de selva por buscar unos
cuantos galones de gasolina que a lo mejor no existían? Era una locura peor que todas y por eso le dije
con firmeza que no. Realizamos un segundo sobrepaso y el piloto movió la cabeza varias veces para decir
que no descendía allí. Entonces pensé hacerlo bajar

de alguna forma unos metros más, sin alejarnos mucho y luego matarlo y matar al copiloto y caer en esa zona donde tenían que estar esperándonos. Desaseguré una vez más la pistola y la mantuve abajo, miré a Roberto quien se había dado cuenta que yo estaba listo para el desenlace y él, con una frialdad inmensa, asintió con la cabeza pero a la vez señaló que esperáramos unos minutos, mientras el hombre colocaba el avión en una posición más apropiada. Ahora se trataba de encontrar el punto más cercano para la recolección del armamento que según nuestros cálculos debería quedar en buen estado después del impacto. En ese momento ya no había prácticamente luz sino un resplandor: El atardecer en su punto más avanzado. Sobrevolábamos el Río Orteguaza, describiendo círculos muy amplios y el piloto gritó, 'Queda gasolina para unos pocos minutos, digan qué vamos a hacer'. Yo miré una vez más a Roberto, monté la pistola y cuando la iba a colocar sobre la nuca del hombre para dispararla, tal vez por algo del más allá o qué se yo, él dijo: "¡Al río! ¡Tirémonos al río!' y Roberto exclamó casi simultáneamente '¡Sí, al río!' Miré adelante y lo vi como una gran pista y dije también: '¡Al río!', y guardé el arma.

"El piloto no tuvo más de treinta segundos para evaluar la situación. Dimos un giro más y realizó el último sobrepaso sobre el río que es inmensamente ancho. Allí se empinó de su asiento para ver mejor el sitio donde íbamos a caer, reinició el viraje y empezó a calcular la operación final para el acuatizaje. Mientras tanto ordenó que todo el mundo se corriera atrás y se asegurara de la mejor forma.

—Habrá varios golpes fuertes y no sé si se rompa el avión. Un choque contra el agua equivale a caer sobre una plancha de cemento, explicó.

"Habló algo con el copiloto y nosotros procedimos a escoger nuestros sitios. Eran las 6 de la atarde y 7 minutos. Prácticamente había caído la noche pero aún quedaba un reflejo de luz sobre el Orteguaza y podía distinguirse perfectamente a pesar de las sombras. Roberto tomó su fusil, lo desaseguró y se colocó poniendo un pie contra la división de la cabina de pilotos y el área de carga. Allí lo vi acomodarse muy bién, apuntando hacia la espalda del piloto.

"Yo intenté quedarme cerca pero el capitán gritó:

—No. Ahí no. Ahí no. La carga no está asegurada y puede correrse para adelante con el primer impacto y lo va a destrozar. Váyase lo más atrás que pueda.

"Me corrí hacia el centro del avión. Allí estaban todos tratando de sujetarse como podían, porque la nave estaba descendiendo rapidísimo en busca del agua. Alguien gritó que sacaran la ventana de emergencia para no quedar atrapados en caso de que la puerta se desajustara con el golpe, y la sacamos. Afuera comenzaron a aparecer las ramas de los árboles al nivel de las ventanas y tuvimos la sensación del vértigo. Todo sucedía en una forma tan rápida, tan vertiginosa, que cuando traté de mirar una vez más hacia afuera, sentí que algo me haló la cabeza contra el piso en forma violenta. Habíamos chocado por primera vez y el avión pareció hundirse y volver a elevarse para quedar suspendido unos segundos y chocar una vez más. Traté de agarrarme de algunos cables pero no pude, porque la inercia era muy grande y creía que los brazos iban a desprendérseme del cuerpo. Quise incorporarme y me fue imposible: Un tercer golpe me sacó rodando por sobre la carga y paré contra una caja que se atravesó en mi camino. En aquel instante empezábamos a detenernos y todo quedó en silencio. Adelante escuché la voz del piloto y el copiloto que

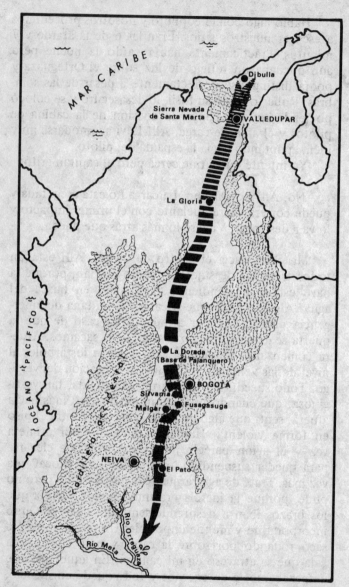

Ruta final del avión de Aeropesca.

decían: 'Al techo, al techo por la ventana'. Me sentía aturdido, especialmente por el primer impacto que sonó como una bomba y como apenas estábamos disminuyendo velocidad, el resto de la gente volaba contra las paredes del avión como si fueran papeles. Vinieron unos segundos de confusión y sólo podía ver sombras indefinidas porque había perdido los lentes de contacto. Me arrodillé para tratar de encontrarlos pero en ese momento escuché los lamentos de *El Flaco* y creí que estaba herido, de manera que avancé a tientas hacia donde lo había escuchado. No lo distinguía bien, llamé y él me respondió: 'Aquí, aquí...'. Miré y vi su silueta debajo de la carga. Avancé un paso más y dio un grito: Yo estaba parado encima de una de las cajas que presionaban su pierna derecha y le impedían moverse. Bajé rápidamente, lo ayudé y entonces pude darme cuenta que el agua estaba comenzando a subir. Se colaba por la puerta y no había cómo detenerla. *El Flaco* se sintió empapado y dijo: 'Sáqueme que se está regando la gasolina y nos vamos a quemar'. No llevábamos combustible y comprendí que él no se había dado cuenta del acuatizaje.

—¿Usted sabe dónde aterrizamos?, le pregunté.

—No sé. No sé. En alguna pista de mierda...

—No, compañero, nos metimos en el centro de un río y esto no es gasolina sino agua, ¿Me entiende?

—Huy, hermano, ¿Entre un río? Aquí nadie se dio cuenta de eso. ¿Un río? Pero a qué horas...

"Lo saqué de allá y avanzamos a tientas hasta llegar a la puerta. El agua me daba en ese momento a los tobillos y sentí una tristeza muy grande porque creía que habíamos perdido todo el esfuerzo. El avión comenzaba a hundirse. Miré hacia afuera y sólo vi sombras y más allá la selva recortándose como una especie de telón de fondo contra la claridad de la luna. El

agua subió hasta la espinilla. Luego a la rodilla y me
quedé ahí como un pendejo, con ganas de llorar o gritar o no sé qué y medio me desperté cuando Roberto
disparó un par de bengalas y todo se iluminó afuera.

"El piloto, los mecánicos y el gerente se habían trepado en la parte delantera y esperaban allí... no se
qué. Igual que nosotros, porque la gente encargada de
recoger el armamento debía estar muy lejos y a juzgar
por la rapidez con que subía el agua, nos íbamos a ir
al fondo del río con avión, con armas y con todo.

"Después de las bengalas, los demás comenzamos a
disparar al aire para atraer la atención. Hice una ráfaga larga y escuché que el eco recorría la selva sin ce-
sar. Luego disparó alguien más y sentí que ahora el
agua sobrepasaba las rodillas. Me fui a mover y cho-
qué con alguien:

—¿Quién es?
—Yo, Roque.
—Hermano, no veo ni mierda, ayúdeme a buscar
una cajita entre este bolsillo.

Me esculcó bien y sacó una bolsita plástica muy
pequeña del fondo.

—Aquí está. ¿Qué es esa vaina?
—Unos lentes de contacto que llevo siempre de repuesto.

Los desenvolví con mucho cuidado, los puse sobre
la mano, escupí y cuando me los coloqué, vi perfectamente una serie de siluetas que correspondían a los
compañeros y alguien me preguntó,

—Compañero, esto está muy verraco, ¿Qué vamos a
hacer ahora?
—Pues alistarnos para saltar al agua y buscar la orilla más cercana a nado.

—Pero yo no sé nadar, dijo. Entonces pregunté duro.

—¿Alguien sabe nadar?

—Yo no.

—Yo tampoco.

—Yo tampoco...

"Ninguno sabía. En ese momento gritaron de afuera.

—Arriba, arriba. Súbanse al techo que el avión se demora mucho para hundirse totalmente y aquí podemos pasar la noche mientras llega alguien...

"Nosotros tratábamos de contener parte de la carga con las manos para que no se nos cayera ni un proveedor, ni un fusil, pués los cartones que envolvían el armamento estaban descomponiéndose, ya salían del avión y comenzaban a flotar en el río. Nooo. ¡Qué tristeza! Esperamos hasta el último momento para evacuar la nave, cuando, carajo, el agua comenzó a detenerse y no subió más. Yo la había sentido pasar de la rodilla y llegar hasta la mitad del muslo, pero ahora no avanzaba. ¡Nos estabilizamos! El avión dejó de hundirse.

"Según supe después, cuando se detuvo, el piloto sacó el tren de aterrizaje siguiendo el procedimiento aconsejado en casos similares, para que las ruedas hicieran las veces de flotadores y sostuvieran el aparato.

"Todo regresó a la normalidad y Roberto disparó otra serie de bengalas que se mantuvieron arriba algunos instantes y luego se extinguieron.

—Todo el mundo debe revisar su armamento personal. Tomen la munición que sean capaces de llevar encima porque es posible que el enemigo haya visto

El avión en el Río Orteguaza, captado 36 horas después del acuatizaje por Jorge Bautista de la revista Magazzín Al Día.

las señales primero que nuestra gente, grité, e inmediatamente se movilizaron y empezaron a romper una
de las cajas de madera para abastecerse de balas.

"Yo creo que permanecimos ahí media hora más.
Durante ese tiempo comencé a familiarizarme con los
ruidos de la selva, con el agua chocando suavemente
contra el avión, con las ondas del río y de pronto vi
que se acercaba lentamente una sombra. Avanzó,
avanzó y cuando la tuve cerca distinguí una pequeña
embarcación con un hombre dentro, que al llegar se
acercó mirándome como atontado: 'Oiga, le dije, nosotros somos del M-19. Necesitamos a la guerrilla porque traemos armas'. Siguió mirándome y por fin
habló:

—Yo no sé nada. No conozco a nadie. Me acerqué
porque sentí un ruido, pero no sé nada de guerrilla.
—¿De dónde viene ahora?, le pregunté.
—De mi casa que queda en la orilla de enfrente.
Oiga: ¿Ustedes traen armas?
—Sí, una buena cantidad.

"El run-run de la llegada de aquel cargamento había recorrido la región durante muchos meses y por
eso comprendí la intriga del campesino que volvió a
su silencio y al cabo de algunos minutos preguntó:

—Y, ustedes, ¿a quién buscan?
—A Raúl y si no está él a Efrén, respondí.

"Tan pronto se dio cuenta que yo conocía a algunas personas de la guerrilla, acercó la canoa a la puerta del avión y se puso a husmear. Metió la cabeza, le
mostramos algunos fusiles, miró un poco más y dijo:

'Ajá, ajá'. Luego se sentó en la embarcación y, empezó a remar y desapareció.

"Vino una pausa de mucha tensión y más o menos a los cuarenta minutos aparecieron en la distancia varias luces pequeñas, como luciérnagas, que fueron avanzando y se acercaron más y más hasta que pude distinguir caras de gente de la región y detrás de ellas, guerrilleros sorprendidos de vernos vivos.

—¿Hay alguien herido?, preguntaron.
—No. Todos estamos bien. El único problema es que nadie sabe nadar.
—No importa. Alístense en la puerta y los vamos pasando a la orilla.

"Durante el traslado pude medir una distancia enorme entre el avión y la ribera del río y cuando llegamos, encontramos un rancho que no habíamos divisado por la oscuridad. Afuera tenían planta eléctrica, ayudamos a prenderla y le dijimos al dueño que nos vendiera algo de comer porque nos íbamos a desmayar del hambre.

—Voy a prepararles unas gallinitas. Mientras tanto, siéntense en esa cama y les prendo la televisión, dijo señalando la entrada.

"Había televisión. Increíble. Increíble estar allí viendo esa vaina después de un día con tantas incidencias y tantas sensaciones. Estaban en el final de un programa de música y a las nueve y media comenzó el noticiero refiriéndose al paro cívico y 'al accidente del HK 388 perdido en las horas de la mañana en inmediaciones de San Marcos con diez personas a bordo'. El informe señaló más adelante que 'El Curtiss C-46 de la empresa de Aeropesca, era comandado por el capitán Juán Manuel Bejarano y su copiloto Javier

Rojas Ospina. También se hallaban a bordo el gerente de la empresa en Medellín, Carlos Fernando Gaona, los técnicos Pánfilo González y Luis Eduardo Palacio, además de varios ingenieros que habían contratado el vuelo''.

SALVADOR: "A partir de nuestro regreso al escondite en El Escudo de Veraguas —luego de transbordar parte del armamento al Zar— transcurrieron un par de semanas críticas. El Karina llegó allí el sábado 10 de octubre en las horas de la tarde y el domingo nos abandonó la tripulación. Ese día y todo el lunes, Jairo Rubio ('Henry') y una de las ratas, estuvieron perdidos en una pequeña lancha y el martes 13 a primera hora, empezamos a pintarlo de blanco y negro para cambiarle un poco la fisonomía, porque no sólo era muy conocido en Panamá sino que los tripulantes del Zar lo habían podido ver bien.

"El buque estaba anclado a unos 200 metros de la isla. Trabajábamos buena parte del día y en las tardes agarrábamos la lancha y nos íbamos a hacer polígono con las ratas y disparábamos hasta cuando comenzaba a entrar la noche. Inicialmente les enseñamos a desarmar, limpiar y armar los fusiles y luego a disparar. Pasábamos muchas horas en esto y yo sentía que ellos se acercaban a nosotros a medida que transcurría el tiempo. Desde luego ese acercamiento tenía sus límites, porque pensábamos bien diferente: Ellos unos bandidos de puerto cuya meta era el dinero fácil y nosotros, tres locos embarcados en la revolución. No obstante, durante aquellos días les permitimos compartir las guardias nocturnas olvidando la desconfianza que nos inspiraban.

"Yo creo que fue finalizando la primera semana cuando se nos acabó el agua dulce y entonces las salidas del buque tuvieron como fin principal buscarla allí. La isla es desierta y está plantada por inmensos bosques de palmeras a través de las cuales corren una serie de arroyos de agua turbia, con la que no solamente nos bañábamos sino que preparábamos los alimentos que aún quedaban.

"La comida escaseó tan rápidamente como el agua, porque nunca nos preparamos para que las cosas se extendieran en el tiempo y de un momento a otro vimos que la despensa estaba vacía. Medimos el combustible del buque y quedaba la cantidad justa para regresar a Colón. Y para completar, la noche del viernes 16, durante el programa de radio con Panamá, se descargaron totalmente las baterías y quedamos una vez más aislados de todo el mundo. En esa angustia por conservar aun cuando fuera la comunicación, conecté la radio a la batería del barco y, ¡Claro! la quemé. Esa mierda echaba humo y chispas y una vez logramos desconectarla para evitar un incendio, nos sentamos a mirarnos las caras en un desconsuelo tan verraco... ¡Pero tan verraco! Para olvidar la joda fuimos hasta la isla a la mañana siguiente, nos bañamos y trajimos una buena cantidad de cocos que en ese momento era lo único que había para comer. Pero estando allí, escuchamos el ruido de un avión que empezó a hacer círculos sobre nosotros y fue bajando y bajando hasta tan poca altura que podíamos distinguir perfectamente las cabezas de sus dos ocupantes. El aparato estuvo allí unos cinco minutos y finalmente se marchó.

"Revisando bien el buque, unos días atrás, había encontrado un juego de aletas, máscara y arpones para pesca submarina y como no me resignaba a comer coco a todas horas, dije, 'Esa es la solución'. Me coloqué todas esas vainas, y al agua. En aquel punto el mar es cristalino y la profundidad no pasa de diez metros. Abajo podía ver perfectamente una cantidad de peces de todos los colores y todos los tamaños, pero no agarraba nada. No cogía ni mierda, ¿Oiga? Subí y le pregunté a las ratas cómo debía hacerlo y ellos, más o menos me explicaron y ya por obligación, por pura sobrevivencia, bajé y luego de un gran esfuerzo agarré una pieza grande que hervimos con los pocos condimentos que nos quedaban y nos dimos un banquete estupendo. En adelante esa fue mi labor, mientras los demás acababan de pintar el buque. Dos días después comenzaron a aparecer en los alrededores decenas de quillas o pequeñas embarcaciones tripuladas por indígenas que capturaban unos caracoles y unas langostas inmensas para llevar a los mercados. Los tipos eran unos buzos extraordinarios y trabajaban a buenas profundidades sin máscara ni aletas ni nada de esas maricadas que utiliza uno. Recuerdo que las langostas eran las más grandes que yo había visto en mi vida. Ellos las atrapaban y las metían entre trampas que dejaban en el mar y cuando tenían buenas cantidades, despachaban a algunos y se quedaban los demás buscando nuevos lotes.

"Nosotros los veíamos trabajar no lejos de la isla y regresar por las tardes muy temprano, al campamento que levantaron al pie de uno de los arroyos hasta donde íbamos por agua. Allí hablamos con varios de ellos y uno nos preguntó que hacíamos allá. Les explicamos que la propela del buque se había descompuesto y que esperábamos un mecánico. El indio nos miró de arriba a abajo y señaló: 'Pero ustedes son colombianos ¿Verdad?' Sonrió maliciosamente y le contamos

que éramos de Ciudad de Panamá y él se echó a reír.
Nosotros no teníamos ni pinta ni lenguaje de marinos
y el hombre reafirmó: 'Ustedes son colombianos y
además vienen del interior del país'. Pasó la joda, nos
fuimos para el barco y media hora después apareció y
dijo, 'Muchachos, ¿ustedes por qué no me regalan un
poquito de azúcar que nos hace falta?' Le expliqué
que lo único que teníamos era leche condensada y
que con mucho gusto se la íbamos a dar: Sucedía que
en la despensa había varios tarros que dejaron los marinos alemanes, pero nosotros no la habíamos usado,
de manera que se la di y el hombre quedó tan agradecido que más tarde nos trajo cuatro verracas langostas
de un tamaño, pero de un tamaño tal, que no cabían
bien entre la olla. Mire: Eran tan grandes que nos du-
raron seis días completos, puesto que la batería de la
nevera por fortuna funcionaba bien. Pero además, cada mañana se acercaba y nos dejaba uno o dos pargos
ahumados, también de un tamaño fuera de lo normal
y con toda esa cantidad de comida nos sostuvimos
muchos días.

"El 18 de octubre, domingo, la rata que estaba de
guardia nos despertó a eso de las cinco y media de la
mañana alarmado. En las cercanías había un buque
—cuya bandera no pudimos distinguir— dando vueltas
por los alrededores de la isla, pero ni se acercaba ni se
iba. Se mantenía allí merodeando y nos entró una vaina muy cabrona. Eso no era normal y Héctor González dijo: 'Hermano, a nosotros nos la están montando.
Esta operación se putió. ¿Qué hacemos?'.

"Que íbamos a hacer. No sabíamos operar el Karina ni teníamos para donde irnos. El único camino era
ver si se acercaban y ofrecerles combate mientras nos
mataban, pero no podíamos abandonar el buque por
ningún motivo. Esperamos un buen tiempo y el barco
continuó dando vueltas. Yo veía a mi gente con un
malestar creciente, con aquella desesperación que pro-

duce la impotencia y me contagié también: Sin tripulación, sin comunicaciones, sin nada, no joda, y a la espera de que nos cayeran encima. Bueno, finalmente desapareció el peligro, pero en adelante siempre contamos con que nos iban a atacar de un momento a otro y estuvimos preparados para dar la cara.

"A partir de entonces se complicó la cosa porque, para completar, las ratas ya estaban desesperadas. Además de todo eran unos viciosos y necesitaban marihuana, alcohol, pepas, lo que fuera y como no lo conseguían, se pusieron insoportables. Con este cúmulo de problemas, la situación se puso muy tensa y los únicos momentos de escape, diría yo, eran un par de horas durante la noche, en las cuales prendíamos un pequeño radio de transistores y escuchábamos una emisora colombiana que entraba como un cañón. Nosotros la sintonizábamos a partir de las diez, cuando emitían un buen resumen de las noticias del día.

"El miércoles 21 el acontecimiento en Colombia fue un paro cívico general que paralizó al país y lo único diferente que pudimos escuchar fue la desaparición de un avión de Aeropesca a la cual no le puse mayor interés. Sin embargo el viernes 23 tuve una corazonada muy verraca: Según las noticias, la nave fue encontrada flotando en el Río Orteguaza. Con Jairo Rubio y Héctor González especulamos un poco y dijimos: ¡Carajo! La secuestraron cerca de La Guajira y apareció en una zona que nosotros dominamos... ¿Será coincidencia?

"El sábado vino la confirmación: El avión llevaba las armas que despachamos en el Zar porque el ejército halló a bordo del avión abandonado, unos cartones que decían 'Panamá' como los que habíamos utilizado para empacar los fusiles. Sin duda alguna, esas eran.

"Por lo demás, el ambiente continuó agriándose a bordo del Karina, pero la mañana del 25 de octubre

vimos que se acercaba una lancha con dos personas a
bordo. Una de ellas era el capitán, quien nos dijo que
partiríamos para Colón ese mismo día.

"Cuando bajó a su camarote el viejo me llamó desde allí y me preguntó qué había sucedido en su ausen-
cia porque encontró dentro un olor a mortecino que
yo realmente había captado pero no con la intensidad
de aquel día. 'Mis muchachitos, tan santos, ¿Mataron
a alguien en este barco?', dijo y yo me eché a reír.
Mientras tanto, se puso a buscar y encontró por allí
escondidas unas latas de jamón alemán que habían
sacado las ratas de la despensa y seguramente, luego
de abrirlas, iban comiendo porciones hasta que aquello se pudrió fuera de la nevera. Esa fue una de las
embarradas pequeñas que nos hicieron y por las cuales estábamos pensando salir de ellos, pero no habíamos encontrado la fórmula.

"Polo alistó lo necesario y luego nos explicó como
se prendían las máquinas, la manera de controlar el
aceite, la presión y algunas otras cosas y después del
medio día salimos con destino a Colón".

FEDERICO: "Una vez confirmé que el avión partió de Dibulla con destino al Caquetá, viajé a Panamá,
donde encontré a Pablo emocionado por el éxito de
esa fase de la operación y luego de contarme los pocos detalles que yo desconocía, dijo que había llegado
la hora de llevar el Karina a su destino.

"Esa misma tarde busqué a Polo y lo despaché sólo
para El Escudo, porque no teníamos dinero para pagarle al resto de la tripulación. Luego me reuní con
Pedro Navajas y le dejé como oficio realizar todas las
averiguaciones necesarias en cuanto a los requisitos
que debía llenar el Karina para cruzar el canal de Panamá y se puso a trabajar inmediatamente. Por otra
parte, después de lo de San Andrés, 'El Vitrinero' se
consideraba ya de nuestro grupo y pidió coordinar la

travesía, puesto que yo debía salir para Colombia a inspeccionar la zona del desembarco y las caletas que habían sido construídas en las costas del Océano Pacífico con ese fin. Para esta etapa contábamos con 25 mil dólares y ellos dijeron que eran suficientes, de manera que le informé a Pablo y un día más tarde desaparecí de Panamá.

"Bahía Málaga es un sitio estratégico en las costas colombianas sobre el Pacífico, ubicada no lejos del importante puerto de Buenaventura. Hasta allí habían sido trasladados varios meses atrás, veinte guerrilleros campesinos que construyeron una serie de escondites para las armas que transportaba el Karina, bajo la dirección de 'Cerebro', miembro del M-19 que ya no pertenece a nuestra Organización.

"La zona es selvática, relativamente deshabitada y frente a ella se extienden en el mar, una serie de bajos, acantilados y arrecifes que la protegen y a la vez la hacen un lugar ideal para el tráfico de contrabando. 'Cerebro' estaba vinculado a la región desde hacía varios años y fue escogido para encabezar el equipo encargado de la recepción del armamento, pese a las dudas que ya habían surgido en cuanto a su personalidad. Se trataba de un hombre joven que creía conocer más de lo que realmente conocía y saber más de lo que su inteligencia le permitía. Suficiente, vanidoso, derrotista, agregaba a su manera de ser algo que el día de nuestro encuentro en Bahía Málaga me impresionó bastante: La paranoia. Desde mi punto de vista, solamente esto era suficiente para relevarlo de su responsabilidad, pero las cosas estaban ocurriendo tan vertiginosamente, que resultaba complicado cambiar siquiera una pieza del engranaje armado con tanta anterioridad. Así por ejemplo, cuando salimos a inspeccionar la zona, dijo: 'Mire, hermano, cuando haya problemas, vamos a escaparnos por aquí'. Yo esperaba que me hablara de los puntos a favor del sitio escogido. Luego le pregunté cual era la rutina de la gente bajo su mando y respondió:

—Hombre, mucha gimnasia en las horas de la mañana. Por las tardes asierran madera para simular movimiento y mientras tanto, yo me esfuerzo por bucear cada vez mejor. Ahora aguanto tres minutos con la cabeza dentro del agua... ¿Sabe para qué?

—No. No me lo imagino.

—Pues para que cuando nos agarren presos y nos sumerjan con el fin de hacernos confesar, yo pueda resistir el castigo.

"Con anterioridad él había estado en Panamá recogiendo un equipo de radio-comunicaciones y aprovechamos para llevarlo hasta el Karina buscando que lo conociera bien. Allí le presentamos a 'Salvador', habló detenidamente con él, recorrió el buque y le contamos que iba a ser pintado de blanco y negro y que su nombre sería estampado en la proa con una cinta fosforescente. No recuerdo que más detalles pudimos darle, además de los que él estaba recogiendo y aquel día me confirmó que lo recordaba perfectamente. Hasta cierto punto, 'Cerebro' era un hombre de puerto y tenía la capacidad suficiente para distinguir cualquier embarcación, de manera que no era ese aspecto lo que me preocupaba.

"Las caletas estaban bien hechas y contaban con una infraestructura ideal en sus alrededores. La primera se hallaba ubicada cerca del lecho de un pequeño río y en sus inmediaciones se construyó un aserradero, no solamente para justificar el movimiento de gente, víveres y combustible sino para cubrir posteriormente el hueco con la cantidad de tablas que salían de allí tarde a tarde. Frente a la bahía establecieron otra y muy cerca de ella levantaron una casa confortable. A una hora de allí, en plena selva, hallamos la tercera y dentro de algunos acantilados, la última. Esta era una especie de caverna natural, arreglada de manera que una vez la cerraran con varias rocas dispuestas allí mismo, resultaría prácticamente imposible de detectar.

"Para su trabajo, el grupo contaba además del equipo de radio, con tres lanchas grandes operadas por marineros expertos de la región, plantas eléctricas, motores nuevos y potentes, combustible y un pequeño taller de reparaciones.

"Esa misma tarde localizamos a un práctico que conocía la zona como la palma de su mano (ya había sido contratado con anterioridad) y le avisamos que debía trasladarse a Panamá para dirigir la entrada del barco hasta un sitio llamado Isla Palma, frente a la bahía. La zona es difícil de navegar sin este tipo de guías, y él dijo que estaba dispuesto a salir al día siguiente. El hombre era un moreno fornido y amable de apellido Taylor, pero la gente lo conocía con el apodo de 'San Andrés' y tenía su vivienda muy cerca del sitio, puesto que se ganaba la vida orientando embarcaciones de contrabandistas a través de los laberintos que cercan esa parte de la bahía. Tal como lo había prometido, el tipo se trasladó a Panamá y la noche siguiente nos confirmaron por radio su llegada: Se hallaba listo para embarcarse tan pronto arribara el buque a Colón".

SALVADOR: "Llegamos a Colón en la mañana del lunes 26 de octubre y fondeamos prácticamente a la entrada del Canal, en medio de unos veinte barcos con diferentes banderas, que aguardaban la orden para empezar la travesía entre el Atlántico y el Pacífico. Era la tercera o cuarta vez que arrimábamos allí y estábamos preocupados porque sabíamos que un simple cambio de pintura no es suficiente para engañar a un experto y que hiciéramos lo que hiciéramos, siempre seríamos 'el buque de las armas' para mucha gente del puerto.

"Permanecimos en el sitio todo el día y en las horas de la tarde el capitán resultó nuevamente con que se iba a tierra a buscar al resto de la tripulación y me dio un mal genio tan verraco que lo putié y estuve a punto de darle un golpe, pero el negro gran cabrón soltó la risa y le dijo a una de las ratas que lo llevara en la lancha salvavidas. Nuevamente lo mismo: Nos tocó aguantarnos sin chistar palabra, mientras él se alejaba despidiéndose con el brazo en alto para acabarnos de joder. No teníamos radio, ni agua dulce, ni combustible suficiente y, coño, prendimos la planta auxiliar para iluminar el buque porque ya estaba atardeciendo pero la hijueputa se apagó y nos quedamos allí sin una sola señal y en medio de cantidades de transatlánticos que circulaban en busca de la boca del canal. Jodimos durante unos diez minutos y definitivamente no trabajó más. Tocó conseguir unos tarros de galletas vacíos, los rellenamos con trapos y petróleo y los colocamos en los costados del buque para que nos vieran, porque yo sabía que en aquellas condiciones íbamos a producir un accidente de gran magnitud. En ese momento nuestra situación era la misma de un automóvil que se daña y queda atravesado en la mitad de una autopista de alta velocidad. Ni más ni menos eso.

"Desde luego, antes de una hora llegó una lancha de la autoridad portuaria a inspeccionar. Subieron a bordo, miraron todo el buque con linternas y les dijimos que el capitán se había marchado en busca de un mecánico que reparara el daño. Los hombres no quedaron muy convencidos y recomendaron poner más mechones para iluminar mejor.

"Esa noche regresó la rata y como estaba tarde no subió el bote sino lo dejó amarrado a la parte trasera del Karina. No vi problema en ello y al día siguiente por la mañana me llamó Héctor González para decirme que estábamos atrapados porque la marea se había llevado la embarcación. ¡Mierda! Llamé al cabrón ese y me dijo muy fresco que sí, que estaba desaparecida y que toda la culpa no era de él. Ya eran muchas las cagadas de ese par de hampones y hablando con los compañeros llegamos a la conclusión de que la vendió en el puerto y el comprador vino por ella durante la noche.

—Esperemos que anochezca, les damos un golpe a cada uno en la cabeza y los tiramos al mar amarrados a un par de canecas con combustible, le propuse a Jairo.

—No hermano, respondió, estamos a la vista de todo el mundo. ¿Se imagina que un cabrón de esos flote mañana o que nos vean de otro buque cuando los estemos lanzando al agua? Olvídese de eso. Aquí vamos a tener que seguirnos aguantando a estos hijueputas hasta que venga alguien de tierra y se los entregamos.

—¿Y si los amarramos en la bodega?, pregunté.

—Eso es imposible. Empiezan a hacer escándalo o viene alguien y los encuentra y nos metemos en la terrible, hermano. Esperemos, pero vigilémoslos muy bien mientras tanto.

JAIRO RUBIO: "En la isla tuvimos todas las condiciones favorables para fusilarlos y sepultarlos, pero como no fuimos capaces, ahora estábamos pagando las consecuencias de su relajo, cada vez con mayores riesgos. Si yo hubiera sido el mando, no habría dudado ni un segundo en eliminar al par de parásitos, que no contentos con la joda de la lancha, al día siguiente volvieron a cometer otro error, ese sí de proporciones mayores: Como eran viciosos, se fumaron toda la marihuana que trajo uno de ellos la noche anterior y, desesperados, dispararon varias bengalas para pedir auxilio, esperando que se acercara alguna embarcación en qué largarse. ¡Mierda! La que se formó en esa bahía: Por lo menos había unos treinta buques, de los cuales se asomaban marineros alarmados tratando de saber qué pasaba a bordo del Karina y en cosa de minutos llegó un yate del puerto con varios tipos muy encabronados porque descubrieron que no teníamos ninguna emergencia a bordo. Eso fue la locura".

SALVADOR: "Les expliqué que había sido un descuido, y se marcharon, pero pronto regresó otra lancha con autoridades al parecer de los servicios de inteligencia de la Guardia Nacional por su porte, sus modales, y el mismo armamento que llevaban. Además hicieron demasiadas preguntas, escularon el barco de punta a punta y cuando bajaron al camarote del capitán, le dije a Héctor González: 'Hermano, aquí nos jodieron'. En ese sitio habíamos acomodado los tres fusiles que empleábamos para hacer las guardias, pero no sé por qué coincidencia esa mañana me dio por enrollarlos entre un colchón que acomodé a un lado de la cama. Los tipos entraron, vieron la vaina allí y a ninguno se le ocurrió escarbar. Sin embargo uno de ellos dijo: 'Vamos a revisar la bodega. ' ¡Abranla!'. A mí me dio daño de estómago, tembladera, de todo un poco. Antes de que nosotros comenzáramos a cumplir la orden, tres de ellos fueron hasta la escotilla, corrieron la carpa con que se cubría, desataron las guayas de acero, quitaron un par de tablones y miraron detenidamente abajo. Allá vieron los contenedores sellados porque una vez que terminamos de reempacar las armas, tiramos la madera de las cajas originales al mar, guardamos las de cartón y los cerramos muy bien, asegurándolos con un par de candados. Inclusive habíamos empleado tres días en sacar parte del agua del fondo, pero no logramos hacer bajar el nivel más de tres centímetros. Yo no sé si había seguido entrando, pero abajo había mucha nuevamente. Como la bodega olía a mierda, los tipos miraron y miraron pero decidieron quedarse en la cubierta. Pidieron documentos y les mostramos los únicos que llevábamos, amparando un cargamento de víveres. ¡Vaya a saber cuáles!

—Aquí faltan guías, permisos. Aquí falta todo, dijo el que mandaba en los demás.

—Es lo único que tenemos porque el capitán agarró un maletín con todos esos papeles y se los llevó, respondí.

—Entonces traigan sus credenciales de marinos, o es que en Colombia no dan de eso...

—Hombre, nosotros no tenemos porque somos simples vigilantes. No sabemos nada de esta vaina.

—¿De dónde viene la carga?

—No sabemos. Nos trajeron a cuidarla pero ellos no le dicen a uno nada de sus cosas. Usted sabe...

—¿Cuál es la falla a bordo?

—No lo sé. El capitán nunca habla con uno más que para pedir sus alimentos y para que le barran el camarote. Quién sabe cuál será esa falla, le dije y se quedó mirándome muy tranquilo. Parece que el cuento caló esta vez y se fueron sin decir más.

"A todas éstas, nadie venía a enterarse de la situación y estábamos aguantando hambre física.

"Esa noche el noticiero de Radio Sutatenza dio cuenta de los combates que se estaban librando en las selvas del Caquetá a partir del momento que fue hallado el avión de Aeropesca. Según los reporteros, había enfrentamientos permanentes entre el ejército y la guerrilla y la zona había sido declarada área de 'Orden Público', como le dicen a la guerra en Colombia.

"El 28 por la mañana arrimó alguien de la Organización y le dijimos que se llevara rápido a ese par de ratas y nos trajera alimentos, agua y un nuevo aparato de radio. Se los llevaron y en las horas de la tarde llegó lo que habíamos pedido, pero no nos informaron qué sucedía con la tripulación ni cuándo saldríamos de allí. Nada. Como se nos olvidó decirles que la planta estaba fuera de servicio, esa noche también tuvimos que colocar los tarros con candela y una vez más cayó la autoridad para notificar que ya estaba bueno el cuento del daño y que si al día siguiente continuábamos ahí, o por lo menos no iluminábamos el buque, nos iban a sacar a la fuerza. Prendimos la radio y avisamos a Panamá del problema y luego apareció Polo con un tipo llamado 'San Andrés'. Ellos nos avisaron que íbamos a zarpar.

—¿Para atravesar el canal?

—No mi hermano, nuevamente para El Escudo de Veraguas, respondió y yo me agarré la cabeza y dije.

—Estamos locos. Definitivamente estamos locos y lo que nos suceda de aquí en adelante, será por cuenta del destino.

"En ese momento completábamos dos meses y ocho días dando vueltas en el mismo sitio, intentando cumplir un operativo calculado inicialmente para una semana... ¡Dos-meses-y-ocho-días!

"El jueves 29 de octubre regresó el resto de la tripulación muy temprano y nos movimos de allí para cargar combustible, agua y alimentos y en el programa de radio del medio día me dijeron que la misión consistía en tirar las armas al mar. Al parecer había problemas con el desembarco en el Pacífico y ya ha-

bíamos dado mucha bandera en Panamá. Ya habíamos jodido mucho, hasta el punto de que el nuevo
tripulante, 'San Andrés', me llamó aparte y me dijo:
'La cosa está medio cabrona porque un tal Pedro Navajas me contó que un tripulante español que estuvo
con ustedes los primeros días, anda ofreciendo en los
medios del hampa los fusiles que hay en la bodega'.

"El anuncio me preocupó mucho y se lo comenté a
Héctor González y a Jairo Rubio, quienes atando
cabos, le encontraron explicación a algo que sucedió
dos noches atrás durante el turno de guardia".

JAIRO RUBIO:: "La noche del martes 27 a eso de
las once, vi pasar frente a nosotros una embarcación
pequeña con cuatro hombres a bordo y luego se mantuvo dando vueltas a la distancia, pero no le presté
mayor atención. Sin embargo recordé unos segundos
más tarde, que el buque da vueltas en torno al ancla,
según el sentido de la corriente: Si la orientación es
con la proa hacia el puerto, la marea está bajando, y si
está de popa, pues va subiendo. Pensando en esto me
moví rápido y pude ver claramente que la lancha aprovechaba ese movimiento para ganarme las espaldas
porque se acercaba en línea recta con el motor apagado. Inmediatamente la localicé, desaseguré el fusil y
ellos prendieron y se marcharon. En ese momento nos
salvamos de un asalto".

SALVADOR: "Sobre las cuatro de la tarde de ese
jueves 29 terminó el abastecimiento del buque y zarpamos con dirección a El Escudo, aún sin bote salvavidas porque nos informaron de Panamá que no había
dinero para comprar uno nuevo".

TIBERIO MONTERO, "YEYO": "Durante los
días posteriores al decolaje del avión, la gente se puso
muy nerviosa en La Guajira porque las noticias habla-

ban abiertamente de un cargamento de fusiles y municiones, pero la cosa llegó a su punto máximo cuando las autoridades establecieron el sitio donde había sido recogido el armamento. Ahí sentimos que se nos venía el cielo encima, no joda, y todos empezaron a decir: ¿Yo qué voy a hacer? ¿Qué voy a hacer ahora? Goebbels me llamó a Riohacha y allí me dijo: 'Hagan el favor de no dejar rastros de ninguna índole. Ustedes ya saben qué hay en la caleta: Entonces tírenlo, destrúyanlo por completo'. Inmediatamente partimos hasta el sitio, sacamos las 15 cajas de su escondite y alguien se comprometió a lanzarlas al mar''.

FULGENCIO CUADRADO, "ENCHO": "Los trabajadores que se habían comprometido a desaparecer esa mercancía se fueron por la línea fácil y en lugar de llevarla al mar, la tiraron en uno de los costados del pantano de La Pedregosa pero uno de los trabajadores de la finca se dio cuenta. Cuando vino el ejército, la gente colaboró porque no les interesaba encubrir esa joda y sacaron todo con mucha facilidad porque lo habían depositado cerca de la orilla y estaba a solo cuatro metros de profundidad".

SALVADOR: "Una hora después de haber salido a mar abierto entramos en comunicación con Panamá y me dijeron en clave que comenzara a lanzar al agua la munición pero que me cuidara de dejar a bordo apenas unas 200 cajas, es decir, 200 mil tiros. Luego continuaría con los fusiles. '¿Tirarlo todo al mar? Esto parece mentira', pensé pero me limité a obedecer. A medida que avanzábamos íbamos sacando las cajas a cubierta ayudados por una polea y empezamos el trabajo. Cuando llevábamos 250, dije: 'Definitivamente, esto no puede ser'. Llamé por radio y repitieron: 'Tírelas al mar y no pregunte más'. Seguimos lanzando y lanzando cajas pero cuando íbamos en 270, Ve-

Pantano de La Pedregosa y camino hacia la pista, hoy totalmente abandonado como buena parte de las rutas marimberas.

neno me llamó porque había nuevas órdenes de Panamá: 'Deténgase. Suspenda el trabajo inmediatamente y devuélvanse para Colón'. Cuando dijeron eso el capitán ya había dado media vuelta y navegábamos nuevamente a buscar el puerto, donde fondeamos esa misma noche por enésima vez.

"A la madrugada vino alguien en un bote y habló con Polo. Era la orden de llevar el buque hasta el sitio de abastecimiento, donde lo pondrían *full* de combustible, comida, agua y otra serie de cosas, porque todo estaba listo para que al día siguiente, 31 de octubre, zarpáramos por fin con dirección al Océano Pacífico a través del Canal.

"Mientras cargaban, Polo, Veneno, Chocó y San Andrés, quienes conformaban la tripulación, repasaron todos los requisitos que se necesitaban para acreditar la travesía y encontraron que faltaba algo muy importante: El bote salvavidas: Sin él las autoridades de la Zona del Canal no nos permitirían transitar por allí. La persona que había venido de pagar los servicios, dijo que solamente quedaban 600 dólares y Polo se fue a tierra y compró un bote podrido, lleno de huecos, embarrado. Mejor dicho, una basura. Inmediatamente, lo lavamos, lo pintamos de carrera, tratamos de arreglarlo lo mejor posible y cuando estuvo listo lo izamos frente al puente y ya colocado allí nos reíamos porque parecía una lancha salvavidas en buen estado.

"Una vez todo quedó listo, nos trasladamos a Bahía Limón, en la boca del Canal y fondeamos a la espera de una orden para iniciar la travesía de 70 kilómetros que hay entre Colón y Balboa, el puerto de Ciudad Panamá, ya en el Pacífico. Llegamos a la bahía sobre las dos o tres de la mañana y hacia las once y media arrimó una lancha conduciendo creo que a diez o doce personas encabezadas por un práctico guingo que se acomodó en el puente, al lado del timonel y el capitán. El era quien daba las órdenes mientras estuviéramos allí, de manera que les dije, tanto a tripulantes como a guerrilleros, que no debían hablar con nadie, más de lo necesario. Escondimos muy bien los fusiles que utilizábamos para las guardias y revisamos que la bodega estuviera herméticamente cerrada. Para mayor seguridad, cada uno de nosotros estaría cerca de los marinos, con el fin de que no abrieran la boca, pero pronto nos dimos cuenta que todo era inútil, porque tanto la tripulación como los visitantes hablaban en inglés machacado que no lográbamos entender.

"Un poco antes de las cinco de la tarde recogieron el ancla y comenzamos a movernos lentamente en busca del Lago Gatún, que se halla en tierra firme, 27 metros más alto que el mar. Para subir allá hay que entrar a una serie de exclusas o tanques gigantescos que trepan el barco a medida que van llenándose de agua. Parte de la gente que sube a bordo ata unos cables en la proa y la popa y los extiende conectándolos con cuatro *ferrys* que se mueven sobre los muros que hay a lado y lado, y el buque es remolcado suavemente. La operación es lenta y a esa altura ya teníamos deseos de llegar pronto al punto de desembarco, que según nos dijeron, distaba dos días a partir de la salida del Canal.

"Ya de noche salimos al lago y recorrimos los primeros metros, pero una niebla espesa hizo que perdiéramos de vista las boyas que marcan una especie de avenida y surgió una discusión acalorada entre el práctico gringo y Polo que maldecía y levantaba las manos. Cuando terminaron, nos detuvimos. Una hora más tarde se despejó la bruma pero el práctico no quiso seguir a bordo y fue reemplazado por otro. De ahí en adelante continuamos sin contratiempos. Al terminar la travesía entramos en tres nuevas esclusas que nos bajaron al nivel del mar y salimos a un canal en medio de la selva, que nos llevó a la desembocadura. Allí, sobre el Puente de las Américas, estaban Pablo y algunas personas viéndonos cruzar. Eran las dos y media de la mañana del 1 de noviembre.

"Cuando el buque había recorrido las primeras millas sobre el Pacífico, me comuniqué con Bahía Málaga donde estaba el grupo que nosotros llamábamos 'de recepción' y les dijimos que acabábamos de cruzar el Canal, confirmándoles nuestro arribo a Isla Palma el día 2, a las siete y media de la noche. Ellos nos dieron un comprendido y repitieron utilizando las claves acordadas: 'Lunes diecinueve horas treinta minutos, Isla Palma. Correcto.

"A partir de entonces debía comunicarme periódicamente con esa estación, pero media hora más tarde la radio quedó fuera de servicio. Las malditas baterías se habían vuelto a descargar y una vez más estábamos aislados, en manos de San Andrés y Polo, que al parecer tenían claro el sitio del encuentro, al lado de la boya que anuncia las proximidades de un cementerio de barcos. Aquella madrugada llovía y el mar se puso muy picado.

"El lunes navegamos bajo un cielo gris, época de pleno invierno, y con algunos intervalos cortos, avanzamos a través de zonas batidas por una llovizna fina que no permitía ver a más de cien metros de distancia. Hacía frío. Durante aquella jornada el único que parecía contento era San Andrés, que traía algunos sacos con chucherías de contrabando. El viejo era jodido y aun cuando parece que conocía a alguien de la Organización, hablaba mal de nosotros en su inglés sanandresano. No sé exactamete qué diría, pero Polo que entendía bien, nos miraba y dejaba escapar unas carcajadas que se escuchaban en todo el barco. Noso-

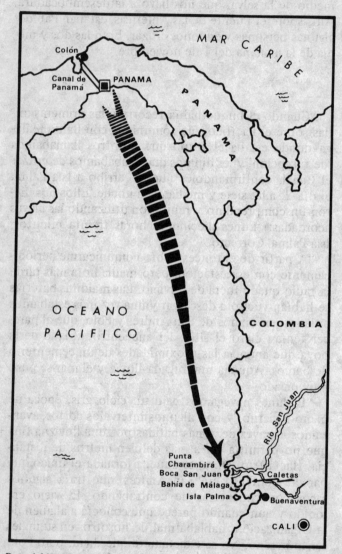

Ruta del Karina entre Panamá y las 'caletas' construidas en El Pacífico.

tros estábamos lejanos: Después de mucho tiempo habíamos vuelto a marearnos y nos sentíamos enfermos y carentes de energías.

"El martes amaneció con mar calmo y se despejó el cielo. Visibilidad ilimitada, calor y deseos de trabajar porque nos acercábamos a nuestro destino navegando cerca de la costa. Un poco antes del medio día vimos que los tripulantes estaban nerviosos y le pedí a los compañeros no perderlos de vista para evitar que la situación pudiera volverse crítica. En ese momento cruzábamos las bocas del Río San Juan, un caudal gigantesco de aguas color café con leche que penetran más de una milla en el mar, llevando consigo árboles y fauna pequeña que, según San Andrés, atrae la atención de los tiburones. Cuando vi aquello les dije que entrábamos en la zona de candela y sentí una ansiedad intensa ante la falta de comunicación. Por otra parte, el área es conocida de las autoridades, ya que por allí se mueve la mayor parte del contrabando que ingresa a través de Buenaventura y por primera vez me asaltó la idea de un enfrentamiento armado.

"A las tres de la tarde arribamos al punto de la cita en medio de un mar quieto e ideal para el desembarco, pero como nos estábamos anticipando a la hora acordada, le dije a Polo: 'Hagamos una cosa: Vayámonos dos horas mar adentro y nos regresamos, de manera que estemos aquí sobre las siete'. ¿Por qué? Porque si hubiéramos tenido por lo menos una lancha, las cosas se habrían simplificado enviando a San Andrés a avisar que nos encontrábamos en el sitio. Pero sin radio, la única alternativa era quemar tiempo. Iniciamos este último recorrido y vi que la mostaza se había subido de tono. Los marineros tenían miedo y comenzaban a manifestarlo con un mal humor y un vocabulario tremendo. El trato del capitán era a gritos y los demás le desobedecían y lo putiaban y nosotros, por supuesto, nos contagiamos, aunque sin llegar al punto en que se encontraban ellos. Pero nos contagiamos. Vi que no podíamos perder la cabeza y que teníamos que entrar a manejar rápido la situación. Subí al puente, detrás de mí llegaron los demás y les pedí el favor —prácticamente les supliqué— que se tranquilizaran, y me disparé un corto discurso hablando de la explotación, de la pobreza, de la miseria de ellos mismos, de la revolución y no sé de cuantas vainas que terminaron por calmarlos. Cesaron las groserías, los malos tratos y volvió un poco el respeto que habíamos impuesto entre todos.

"A las dos horas Polo avisó que íbamos a regresar. Eran las cinco de la tarde. Bajé al camarote, saqué una botella de ron que había guardado allí desde la noche que zarpamos por primera vez, y la compartimos todos. Sobre las cinco y media, en medio de una tarde hermosa y un sol rojo, me paré en la parte delantera del buque con unos binoculares. Yo veía tierra desde allí pero como las distancias son tan engañosas en el mar, no me hice ilusiones en cuanto a la cercanía, y a las cinco y media vi en la distancia algo parecido a un bote que se dirigía desde tierra llevando en la proa una persona de pies y pensé, 'Ese es el hombre que viene a nuestro encuentro'. Estaba muy distante y yo hacía esfuerzos por tratar de precisar si tenía anteojos como aquél que nos debía salir a recibir, pero fue imposible detallarlo. A partir de ese momento la tarde empezó a caer, a caer, a caer y se me perdieron la lancha y el tipo y dije: 'Hijueputa, ¿qué pasa?' porque tuve la sensación que una vez me avistó, comenzó a regresarse.

"Continuamos y a las seis en punto nos detuvimos unos trescientos metros antes de la boya: Una boya roja, la noche despejada, el mar todavía tranquilo y nosotros calmados. Polo ordenó apagar todas las luces a excepción de las pequeñas de navegación y posición e iniciamos una marcha lenta, alrededor del islote, a la espera de alguien. Pero llegaron las siete y media y las ocho, y las nueve de la noche y perdí la paciencia. ¿Qué sucedía? ¡Hijueputa! '¿Qué sucede?' le pregunté a San Andrés. El negro me miró fijamente y descubrí que otra vez tenía miedo. Como no respondió fui a donde Polo quien se excusó diciendo: 'Pero, ¿Qué quieres que hagamos? No hay radio y esa hijueputa lancha que llevamos ahí colgada está llena de agujeros... Claro que si estuviera en buen estado tampoco nos serviría porque no tenemos motor, ni remos, ni una mierda. ¡No tenemos nada!'. Pensé qué hacer y le indiqué que nos fuéramos a Isla Palma, el segundo punto clave, más cerca de Buenaventura. 'Arrimemos allí, y si nos podemos tirar nadando, nos tiramos y trataremos de alcanzar tierra. ¿Usted es capaz de hacerlo?' pregunté y él dijo que sí, pero lo miré de pies a cabeza y vi que estaba muy viejo y muy cansado y descarté la idea. Volví a donde San Andrés y le dije: 'Que nos vean. Lo único que necesitamos es que nos vean. ¿Qué podemos hacer?' 'Nada. Ni mierda. —respondió—, porque hace un minuto busqué las bengalas para hacer señales y encontré la caja vacía'. ¿Qué había sucedido? Pues que las ratas las habían utilizado y yo nunca pensé que fuera necesario reemplazarlas.

"Eran las nueve y media de la noche y navegábamos hacia Isla Palma. A esa hora Polo le soltó el timón a San Andrés porque se sentía tenso y bajó a hablar con nosotros, que teníamos desde hacía mucho tiempo las cosas listas para el desembarco: Armas en la mano, buena cantidad de munición en la cintura y la tapa de la bodega totalmente abierta. Inclusive, habíamos hecho una especie de escalera con las mismas cajas, para comenzar a subir la carga, puesto que sabíamos que de un momento a otro llegarían al encuentro tres o cuatro lanchas grandes. Estábamos ahí tratando de buscar soluciones, cuando Polo pegó tres zancadas hacia el puente y comenzó a gritarle a San

Andrés: 'Hermano, nos vamos a hundir, nos vamos a hundir, ¡hijueputa! ¡Entrégueme el timón! ¡Entrégueme esa mierda!' Inmediatamente sentimos que la propela comenzó a golpear, pon, pon, pon, como si se hubiera quedado sin agua y que el barco rastrillaba la barriga sobre las rocas y se inclinaba violentamente hacia los lados. Polo gritó que le pusieran más potencia y Veneno aceleró cuanto pudo, de manera que nos arrastrábamos haciendo un ruido impresionante y a cada minuto yo esperaba que se rompiera el casco. Aquel buque calaba tres metros y según decía Veneno, cuando la profundidad era favorable, atravesábamos zonas de cuatro y cinco metros. Yo pensaba: ¡mierda!, si se desfonda esta vaina encallaremos y el armamento va a quedar al alcance de cualquier policía que ande de pesca'. No teníamos dinamita para volarlo ni un metro de tierra cercano para esconderlo y llegó un momento en que grité, 'Estamos locos. Todos estamos locos'. Miré hacia el puente y vi a los marineros agarrados de cuanto podían, gritando: 'Capitán hijueputa, nos vas a matar. ¡Nos vas a matar!'. Pero él pedía más máquina y arrastraba ese barco hacia adelante, hacia adelante, con toda la verraquera. Debajo, el casco seguía chocando contra la roca, pero el viejo no respetaba nada, hasta que por fin flotamos libres de obstáculos y el Karina se estabilizó. Habíamos salido del cementerio de buques por un milagro. Una vez tocamos aguas más profundas, Veneno redujo el trabajo de las máquinas y bajamos a revisar en busca de averías. El casco estaba intacto a pesar de algunas abolladuras. Entonces me entró angustia y ahora Polo era quien me aconsejaba que tuviera calma. '¿Qué hacemos? ¡Dígame qué podemos hacer!', le dije y propuso navegar hacia el centro del mar mientras se nos enfriaba la cabeza y hallábamos alguna solución. Para mí fue un momento muy jodido porque yo era el responsable y todos esperaban una determi-

nación, clara y rápida pero solamente teníamos dos
alternativas: Continuar allí toda la noche dando vueltas y afrontando un enorme riesgo, o regresar a Panamá. Pensé durante media hora y finalmente le dije a
Polo: 'Devolvámonos para Panamá'. Ya había consul-
tado con los compañeros y ellos aceptaron que allá
podríamos conseguir baterías nuevas, una lancha y un
motor fuera de borda con el fin de regresar y tratar de
hacer bien lo que no habíamos podido lograr ahora.
Quedándonos aquí —les expliqué— estamos corriendo
el peligro de enfrentar otras zonas bajas, no hallar a la
gente de recepción o caer en poder de la Armada Nacional. En caso de regresar, el riesgo será dejarnos ver
una vez más en los puertos panameños. Escogieron
conmigo la segunda fórmula que, no obstante, me dejaba insatisfecho porque sentía que allá había algo
cojo, algo que no encajaba bien y la duda me empezó
a martillar: '¿Ordeno que se devuelvan? ¿Le digo al
capitán que dé marcha atrás? Podríamos navegar toda
la noche en esta zona y mañana intentar nuevamente
la cita... ¿Y si no aparecen? No tenemos cómo avisarles. Nooo. ¡Vamos a Panamá!''.

FEDERICO: "Aquella mañana acordamos con 'Cerebro' que las embarcaciones debían comenzar a recorrer el lugar desde muy temprano, puesto que el buque arribaría de un momento a otro, y a eso de las
diez partieron con dirección a la boya e Isla Palma.
Yo me trasladé a Buenaventura para tratar de conseguir comunicación con Panamá, ante el silencio del
Karina, y regresé a las nueve de la noche informándo-
les que el barco tenía que estar obligatoriamente en el
lugar de la cita, porque lo vieron cruzar el Canal. 'Cerebro' dijo que había recorrido muchas millas en inmediaciones de la boya y que sobre las cinco y media de
la tarde avistó un mercante navegando con dirección a
la costa, pero que le pareció muy grande y por lo tan-

to se devolvió. No creí en sus palabras y rápidamente ocupamos las embarcaciones. Llegamos allá sobre las diez y no encontramos a nadie. El mar comenzó a picarse peligrosamente pero nos mantuvimos una horas más, al cabo de las cuales regresamos a las caletas. Analizando los hechos con cabeza fría, mi conclusión fue que 'Cerebro' tenía tanto pánico que no vio el buque porque no quiso.

"Dos días más tarde llegué a Panamá. El barco ya estaba allí, pero Pablo se había marchado a México, dando por descontada la finalización del plan. Busqué al Vitrinero y lo encontré alarmado:

—La tripulación se bajó del barco. Dicen que llegaron al sitio y nadie salió a recibirles la carga.

—Cómo que no había nadie...

—Pués eso es lo que dicen ellos y la cosa está jodida aquí.

—¿Por qué?

—Las autoridades no aguantan más ese hijueputa barco. Imagínate que tan pronto llegaron a tierra Polo y Veneno, los llevaron a una dependencia de la capitanía y les hicieron preguntas. Ese buque tiene que irse inmediatamente y volver a la boya o que lo hundan en alta mar. Algo. Pero tiene que desaparecer. ¿Hay dinero para tanquearlo una vez más?

—Ni un centavo. No tengo nada. ¿Qué podemos hacer?

—Buscar a Garibaldi, respondió.

"Lo hallamos tarde de la noche y cuando le conté que el buque se había devuelto, se puso colorado y empezó a agitar las manos:

— ¡Ustedes son unos locos, no joda, hijueputa! Embarcaron a todo el mundo, jodieron a todo el mundo y a la hora de la verdad, ¿Vienen con esto? No hay derecho. No hay derecho... ¿Cuánto necesitan?

—Diez mil dólares para abastecerlo, pagar tripulación, comprar baterías nuevas para la radio y despacharlo, dijo el Vitrinero. Garibaldi abrió una gaveta, contó los billetes y nos los entregó.

"Al día siguiente tomamos la determinación de enviarlo una vez más a las caletas, reforzando la tripulación con 'Cerebro' a quien hicimos trasladar a Panamá. Mientras tanto me reuní con los marinos pero Veneno y Chocó se negaron a volver y no los presioné porque su decisión parecía definitiva. Yo tenía que movilizarme de allí por órdenes de Pablo y cuando llegó 'Cerebro' se lo presenté al Vitrinero para que los dos coordinaran el resto y sacaran pronto el buque de Panamá. A su vez, Salvador pidió que lo dejara continuar al frente de la operación. Compraron un nuevo aparato de radiocomunicaciones, hablaron con Bahía Málaga y acordaron una nueva cita para la noche del sábado 14 de noviembre en el mismo sitio. El dinero sobrante alcanzó para darle un nuevo adelanto a la tripulación, reemplazar a los desertores por un muchacho panameño que sabía algo de mecánica de buques y llenar los tanques con combustible. Ya sobre mi despedida, el Vitrinero dijo que no había plata para adquirir un buen bote salvavidas, pero dejé que él resolviera esa papeleta".

SALVADOR: "Estuvimos fondeados en Balboa entre el 6 y el 12 de noviembre, un jueves, mientras acondicionaban el buque. Durante ese tiempo vino alguien de tierra y realizamos varias reuniones en las cuales hasta las mismas caras de la gente con que hablaba, dejaban ver el peligro inminente que nos esperaba si emprendíamos una nueva incursión. Yo acepté porque quería llegar hasta el final: ¿Pundonor? No sé.

¿Valor?... hombre, sentía miedo. Sentía un miedo muy verraco, pero pensé: 'Vale la pena arriesgar'. Y arriesgué.

"La semana transcurrió llena de expectativas y la noche del miércoles 11, Radio Sutatenza dijo que el ejército encontró una caleta cerca del Río Orteguaza, recuperando 230 fusiles FAL, o sea la mitad de lo que habíamos acomodado en el Zar.

"Ese día recibí las últimas instrucciones: 'Si regresa es porque el Karina se halla vacío. Una vez descarguen las armas, deben recoger parte de la gente de Bahía Málaga y traerla para un tratamiento médico porque están en malas condiciones debido a lo inhóspito de la zona. Pero ante todo, grábese una cosa en la frente: Si no logra su cometido, hunda el barco''.

El 'Karina'
no cargó armas
en Panamá

PANAMA, 21. (AP).—El administrador del puerto de Balboa, Rogelio Díaz, dijo que el barco hondureño "Karina", hundido hace una semana por un navío de la armada colombiana en el Pacífico, no atracó en ese puerto y "no tomó carga en ningun puerto panameño".

Según Díaz, el barco, procedente de Aruba, transitó por el Canal de Panamá entre el 31 de octubre y el primero de noviembre, dijo dirigirse hacia Salinas, Ecuador, pero regresó el 6 de noviembre y fondeó en la Bahía de Panamá para someterse a reparaciones.

El 12 de noviembre el "Karina" partió nuevamente con destino declarado hacia El Callao, Peru, dijo Díaz.

Autoridades colombianas dijeron que el barco transportaba armas para grupos guerrilleros colombianos.

El canciller colombiano Carlos Lemos Simmonds dijo el miércoles que el gobierno panameño informó al colombiano sobre la presencia de la nave, "considerada visiblemente sospechosa", en aguas panameñas.

SALVADOR: "La mañana del jueves 12 de noviembre fue opaca y lluviosa y a las nueve ya estaba toda la tripulación a bordo: Polo continuaba como capitán, San Andrés como práctico de la zona de llegada —pero durante el crucero colaboraría en diferentes oficios— y un muchacho panameño cuyo nombre no recuerdo y que subió a última hora con una mano francturada, en las máquinas. Nosotros éramos los mismos del comienzo: Jairo Rubio, Héctor González y yo. Total, seis personas, 500 fusiles FAL y unos 230 mil proyectiles del calibre 7'62.

"A la una de la tarde realizamos un chequeo por radio y Bahía Málaga respondió en perfectas condiciones. Recibíamos la señal con mucha claridad y me dijeron que en adelante escucharía una voz femenina. Inicialmente tendríamos programa cada doce horas, pero a partir de la mañana del sábado 14, lo haríamos cada dos. Posteriormente le dije a San Andrés que repasáramos las cartas de navegación y estuvo explicándome detenidamente la forma como llegaríamos al punto de reunión. Se disculpó por las fallas del viaje anterior y dijo que esta vez sería diferente. Eso era lo que todos esperábamos.

"Durante el resto de la tarde la tripulación alistó los últimos detalles para el viaje y a eso de las cinco y media zarpamos sin ninguna prisa porque teníamos tiempo suficiente para llegar al sitio, el día y a la hora acordadas. Navegamos toda la noche a unos ocho nudos y por la mañana el capitán dijo que nos estaba rindiendo y le restó velocidad al buque.

"Después del medio día comenzó a llover. El mar se puso difícil por el tamaño y la fuerza de las olas y le volví a preguntar cómo iba nuestro itinerario: "Anticipándonos por lo menos cinco horas a la cita y no puedo reducir más velocidad", explicó y le dije que no se preocupara porque una vez allá, buscaríamos la fórmula para ajustar el tiempo, ya que esta vez contábamos con buenas comunicaciones. Era la una y media de la tarde del viernes 13".

Tomado de la bitácora del ARC 'Sebastián de Belalcázar', unidad de apoyo y patrullaje de la Armada Nacional de Colombia:

'Noviembre 13 de 1981 - Hora: 1:45 pm. - Se recibe información vía microondas por parte del señor Jefe de Estado Mayor Naval y del Comando de la Armada, de la posibilidad de que este mismo día una motonave de nombre 'Karina' haya zarpado de Panamá con destino a Punta Charambirá en las bocas del Río San Juan con un cargamento de armas para ser entregadas a grupos subversivos que operan en Colombia. Se ordena el alistamiento del ARC 'Sebastián de Belalcázar', supuestamente con destino a las proximidades de la Isla de Gorgona para capturar un atunero de bandera

*panameña que se encuentra efectuando pesca
ilegal. Se elabora la Orden de Operaciones
077-CNFP-JEMPA-377".*

Aquella tarde el único buque que había a disposición en los muelles de la Base de Buenaventura era ese
remolcador. Los barcos modernos de combate estaban cumpliendo tareas en sitios remotos y el comando de la Fuerza Naval del Pacífico no tenía otra alternativa que enviar esa unidad a la mar.

De todas maneras el Sebastián de Belalcázar es
utilizado indistintamente como apoyo a los grandes
buques y en misiones de patrullaje para controlar contrabando y tráfico de estupefacientes, procedentes del
sur del continente. Esa es una guerra en la cual las
mafias internacionales emplean naves bien equipadas
que algunas veces ofrecen resistencia armada antes de
ser reducidas y la tripulación naval contaba con experiencia en esta clase de rutinas.

El Sebastián tiene una pieza de artillería en la proa,
cuyo alcance es de unas 14.600 yardas y posee radar,
navegador por satélite, eco-sonda, una tripulación
especializada de 80 hombres, 20 tanques de combustible, 4 de agua dulce y velocidad máxima de 16 nudos.
Todo esto parecía permitirle reemplazar con alguna
solvencia a los buques de guerra ahora ausentes y por
tanto se ordenó su alistamiento.

La Base parece asfixiarse entre las calurosas calles
de Buenaventura y la gran zona portuaria, populosa y
desorganizada, donde millares de estibadores, marineros, armadores y comerciantes, se mezclan con bandas
de delincuentes y aventureros venidos de todo el país
y su vecindad con las instalaciones navales, permite
que se riegue en todo el puerto la noticia de algún zarpe de la Armada. Esto lleva a que los mandos apelen
a sistemas de seguridad como anunciar operaciones

diferentes a las que realmente cumplirán sus unidades.
Por este motivo el 13 de noviembre, las primeras órdenes conocidas hablaban de la intercepción de un
buque extranjero que se hallaba pescando en inmediaciones de la Isla de Gorgona, en aguas territoriales
colombianas.

Durante las horas que antecedieron a la partida, el
único oficial de a bordo que conoció con exactitud la
información verbal llegada de Bogotá, fue el Teniente
de Navío Eduardo Otero Erazo, comandante del buque, a quien se entregaron los pocos datos de que dis-
ponían los servicios de inteligencia en ese momento:
'Un barco de construcción alemana, colores blanco y
negro, nombre Karina, eslora aproximada, 50 metros,
manga 10 metros, cargado con armas para el M-19'
No se indicaba el sitio donde podría hallarlo y su misión consistía en buscarlo hacia el norte, interceptarlo
y llevarlo a puerto. En caso de presentar resistencia, él
tomaría la decisión que estimara acertada.

Si se guiaba por las dimensiones que le había dado
el comandante de la Fuerza Naval del Pacífico, el Teniente Otero tenía que entender que se trataba de un
buque de considerable tamaño y no descartó la posibilidad de un enfrentamiento. En ese caso lo preocupaban las limitaciones del cañón —su arma principal—
porque sabía perfectamente que sólo podía disparar
con efectividad a cierta distancia y bajo un ángulo determinado. En la eventualidad de que el objetivo estuviera demasiado cerca, los tiros saldrían desviados.

Por otra parte, tenía que contar con aguas más o
menos tranquilas, puesto que la pieza está rígidamen-
te sujeta a la cubierta y en una mar gruesa, la orientación de los disparos es la misma que señalan el cabe-
ceo y el balanceo del buque. Es decir que las balas
pueden picar muy cerca si la proa está bajando en el
momento del disparo, o se perderán en la distancia si

El ARC Sebastián de Belalcázar.

el sub-oficial 'elevador' acciona el gatillo cuando las olas estén levantando el barco por la parte delantera.

Noviembre es invierno en El Pacífico y generalmente la visibilidad resulta limitada para el mismo radar a causa de los chubascos que barren amplias zonas durante el día y la noche, y las olas tienen una forma redonda —diferente a las del Caribe— que mecen el buque con más violencia.

Ese día el Teniente Otero no quiso entrar en más consideraciones de este tipo, porque siempre había vencido las dificultades del servicio a bordo del Sebastián de Belalcázar, aquel barco gris oscuro hasta el cual si dirigía para ordenarle a la tripulación que lo pusiera a son de mar antes de las cuatro de la tarde.

Allí cambió algunas palabras con sus oficiales y se dirigió al puente, desde donde vió al Teniente de Corbeta Juán Lesmes Duque —26 años, jefe de armamento y comandante de la pieza de artillería— verificando las miras del cañón. A su lado una decena de marineros trabajaba intensamente aceitando algunas piezas, trincando con cuerdas los objetos cercanos para que no quedaran libres en el momento del zarpe y colocando cerca la caja de listos, abastecida con cuatro proyectiles iluminantes y cuatro de combate, cantidad suficiente para sortear los primeros minutos de una emergencia.

Cuando terminó, Lesmes descendió los cinco pisos que separan la cubierta 0-1 de la Santabárbara o arsenal, ubicado en el fondo del buque y comprobó las cantidades y el estado del armamento con que contaba, ayudado por el tripulante encargado de esa sección:

—Proyectiles iluminantes, 30
—Bien
—proyectiles BT, de combate, 70
—Bien
—Fusiles M-14, 35, en buen estado
—Bien
—Sub-ametralladoras Madsen, cinco, en buen estado
—Bien
—Pistolas, revólveres, munición suficiente para todos

Por su parte el Teniente de Corbeta Carlos Lozano, 25 años, jefe de operaciones, oficial de comunicaciones y oficial criptógrafo, alistó el puente y luego entró al cuarto de derrota —a espaldas de aquel— donde revisó minuciosamente los mapas que debían ser utilizados en el área señalada por el comandante, trazó los rumbos básicos sobre la carta de navegación y se dispuso a informar que todo estaba en regla en aquella sección del buque.

El remolcador está dotado con buenas máquinas y para el Teniente de Corbeta Javier Betancur —23 años, ingeniero jefe encargado de la unidad— no había

preocupaciones aparte de la cancelación de un baile
en el Club San Fernando de Cali la noche siguiente.
En ese momento completaba varias semanas en la mar
y al salir de su camarote para dirigirse al cuarto de
máquinas, miró el uniforme blanco colgado tras la
puerta, pero pensó que esa tarde ochenta hombres
estaban en la misma situación dentro del barco
y se resignó con tomar un par de guantes engrasados y
ocupó su puesto.

Una vez en medio de los motores, Betancur sintió
el peso de la responsabilidad porque cualquier falla en
su sección se traduciría en problemas críticos, puesto
que la propulsión es el arma principal del buque
cuando está navegando y se olvidó del baile y del
uniforme y de la novia, pitó la guardia y comenzó a
verificar que las cosas estuvieran en óptimas condiciones antes de las cuatro.

A las dos y quince minutos vió que llegaron alimentos para veinticuatro días y un poco después empezó
el abastecimiento con 1.800 galones de aceite lubri-
cante, 30 mil de combustible y 7.500 de agua potable.

Pensando que el corazón del buque son las máquinas, revisó los dos propulsores y de allí pasó a los
generadores de 650 kilowatios, al generador Alco, a
los auxiliares de 100 y 200, chequeó minuciosamente
el estado de la sentina y antes de terminar con la
máquina de remolque y los aparejos de playa, se
demoró unos minutos más de lo habitual en las
bombas de achique y salvataje, utilizadas para evacuar
agua en caso de perforaciones en el casco o cuando
hay incendios en otro buque o a bordo de sí mismo.

El Sebastián de Belalcázar fue construído en 1944
y por tanto su operación es manual. Eso plantea que
el hombre debe emplearse a fondo minuto a minuto
para evitar errores. No obstante, él siempre lo había
visto como un barco agradecido que, además, se dejaba tripular muy bien.

A las tres de la tarde la labor estaba terminada y se lo informó al comandante quien se limitó a decir 'estemos pendientes'. Dos horas más tarde, viendo que no se daba la orden de zarpe, volvió a pensar en el baile y le preguntó a Otero si realmente saldrían esa noche, pero no obtuvo respuesta porque en ese momento vio que le entregaban dos mensajes.

Bitácora:

> *"6:00 pm. - Se recibe cablegrama No. 131522R NOV-81 del Segundo Comandante de la Armada Nacional que confirma la información verbal del señor Jefe de Estado Mayor Naval.*

> *"6:00 pm. - Se recibe llamada microondas procedente del comando de la Tercera Brigada del ejército quien informa la misma situación y solicita embarcar a bordo del ARC Sebastián de Belalcázar a un personal de oficiales y suboficiales de la III Brigada".*

Betancur, como el resto de la tripulación, estaba convencido que saldrían en una misión de patrullaje rutinario, bien en busca de algún pesquero que realmente se hallaba metido en aguas territoriales, o de cualquier motonave cargada con contrabando y esperaron hasta las once de la noche, cuando subieron a bordo los catorce hombres de un comando contraguerrillero del ejército, conformado por los tenientes Ramón Díaz Ortiz, Tomás Lombo Becerra, el subteniente Nelson Cotes Corbacho, cuatro cabos primeros y siete cabos segundos y a las 11 y 35 minutos el barco se puso en movimiento.

Betancur recuerda que 'esa noche no hubo pitos, no hubo despedida, ni siquiera un ladrido de 'Sebastián', el perro castaño que llevábamos siempre como

mascota. Fue una partida silenciosa a pesar de que
—me imagino— media Buenaventura lo sabía porque
allí todo el mundo se da cuenta de lo que sucede en el
puerto'.

El buque atravesó la bahía y se internó en el canal
que conduce a mar abierta, donde el comandante Otero esperaba realizar una nueva reunión con los oficiales de guardia. La navegación fue lenta por la estre-
chez y la poca profundidad del lugar (unas 6 brazas
en promedio a esa hora) y a la una de la mañana y 40
minutos dejaron la boya de mar por el costado de
estribor y Otero llamó al segundo comandante, Teniente de Navío Fernando Camacho Londoño y a los
Tenientes de Corbeta Carlos Lozano y Juán Lesmes.

TTE. OTERO ERAZO: "En ese momento les dije
abiertamente cual era nuestra misión y vi que se sor-
prendieron porque creo que habían imaginado todo,
menos eso. Las órdenes eran formar guardias conti-
nuas. Eso significaba que siempre estaríamos en el
puente Camacho o yo. ¿La finalidad? Que no se nos
escapara ningún buque de aquellos que registrara el
radar, así fueran pesqueros, mercantes... Todos, porque no sabíamos como era el Karina".

TTE. BETANCUR: "Un poco antes de la boya de
mar me fui a descansar porque no había ninguna no-
vedad en el área de ingeniería y una vez cruzamos la
desembocadura del Río Yurumanguí, me di cuenta
que la derrota era bajar y subir, bajar y subir, dar
vueltas, avanzar, regresar... Es que uno durmiendo
siente cuando el buque vira y mentalmente va llevando esa ruta. Un poco después nos detuvimos y las patrullas de presa abordaron un buque para inspeccio-
narlo, después otro, después otro y dije, 'Es algo rutinario... Pero, ¿Por qué ejército? Bueno. No pensé más
en aquello y continué descansando".

TTE. CAMACHO LONDOÑO: "Cuando fuimos enterados de la misión, supe que la presencia de ejército obedecía a que, en caso de no detectar algo positivo, ellos tenían la orden de desembarcar y hacer un rastreo por la playa, para continuar con un patrullaje por toda la zona de Charambirá".

TTE. OTERO ERAZO: "A esa hora el radar registraba un buen número de buques entrando y nosotros los identificábamos, se realizaba el registro y después confirmábamos con el puerto si realmente los estaban esperando. Durante esa madrugada no hubo nada anormal".

TTE. LESMES: "El comandante y el segundo oficial a bordo sabían que el Karina venía de Panamá, pero no se les había informado si recalaría de frente a Charambirá; por el norte o por el sur de Bahía Málaga, o si simplemente se le iba a *abarloar* a otro buque en alta mar, para trasbordarle el cargamento de armas y había que estar pendientes del radar, sin dejar pasar absolutamente nada. A esa hora navegábamos en velocidad económica, entre diez y doce nudos como es lo usual, aprovechando al máximo la deriva (corriente)".

TTE. BETANCUR: "Camacho, el segundo comandante, era un tipo muy fresco y justamente me llamaba la atención porque nunca había llevado las cosas al extremo. Quiero decir que siempre le daba a sus oficiales la oportunidad de tomar decisiones en cuanto a la maniobra del buque, pero la mañana del sábado 14 escuché que le decía a los oficiales de cubierta que si había algún contacto por radar se le avisara inmediatamente y que, en adelante, todo se iba a canalizar estrictamente del oficial de guardia al segundo comandante y de éste al comandante y eso no me pareció normal en él. Allí había algo y pensé que como eran vísperas de diciembre podría tratarse de un contrabando muy grande. En cuanto al ejército, parecía encontrar alguna explicación: Desembarcarían en alguna misión de inteligencia porque sabíamos que en un punto de Charambirá hacia el norte, funcionaba una emisora clandestina que estaba interfiriendo con las estaciones legales y a lo mejor esa sería su tarea...".

TTE. OTERO ERAZO: "Entre las tres de la mañana y las diez horas del sábado se requisaron 18 buques de todo tipo y a las 10 y 14 hicimos contacto por radar con un mercante grande que no quería detenerse. Lo identificamos y se trataba del Takamar II con bandera panameña y tripulación filipina que alegaba diferentes cosas para no parar máquinas y permitir la inspección. Esta labor nos ayudó a salir de la rutina y finalmente lo interceptamos. Una patrulla lo abordó y no encontró nada anormal. Confirmamos y efectivamente debía atracar en Buenaventura, de manera que le permitimos seguir para que los servicios de inteligencia salieran a recibirlo. Regresamos navegando hacia el suroeste y luego cambiamos rumbo al oriente con dirección a la costa, avanzando en ese sentido hasta las doce del día".

SALVADOR: "El sábado a las doce del día había hecho cuatro contactos radiales con Bahía Málaga y en cada uno me dijeron que las cosas marchaban normalmente. Nos pidieron posición y Polo calculó que dentro de poco tiempo cruzaríamos frente a las bocas del San Juán, navegando muy cerca de la costa. Eso quería decir que íbamos a llegar muy temprano al lugar de la cita y por tanto había que andar mucho más despacio. Así se hizo. En aquella zona estaba muy oscuro. Hacía frío y la llovizna que caía desde el amanecer se volvió un poco más espesa, pero sin embargo el ánimo de todo el mundo era bueno. Con

San Andrés recordamos el mar del viaje anterior y nos dió nostalgia porque ese día fue ideal para el desembarco... Cosas del destino, ¿no? Ahora teníamos un oleaje muy verraco que mecía el buque como si fuera una quilla de papel y todos andábamos agarrándonos de cuanto podíamos para no ser despedidos contra las paredes del puente o de los camarotes, donde nos refugiamos la mayor parte del tiempo, buscando un poco de calor.

"A las doce y media Polo me llamó para decirme que estábamos muy cerca y le pedí que se devolviera unas tres horas, como buscando a Panamá. En esa forma estaríamos cumpliendo la cita más o menos a las seis y media de la tarde, con tiempo suficiente para que la gente de recepción saliera a buscarnos y a él le pareció bien. Nos devolvimos pero navegando siempre muy cerca de la costa. A las tres de la tarde y unos minutos, dimos la vuelta y emprendimos el regreso."

A las tres de la tarde y veinte minutos, zarpó de los muelles navales de Buenaventura un segundo buque de la Armada Nacional, el ARC Calima, al mando del Teniente de Corbeta Alvaro Duarte, llevando a bordo al general Guerrero Paz, comandante de la brigada del ejército en Cali, a su ayudante y aun capitán retirado, también de apellido Duarte, que ocupaba el cargo de Jefe del DAS (Policía Secreta), en esa sección del país.

El ARC Calima es un buque pequeño, de 35 metros de eslora y 7 de manga, dotado con instrumentos muy modernos y cuyas principales características son un gran calado y la disposición especial del casco, que le permite llegar a zonas con muy pocas aguas. En caso de tocar fondo arenoso o con fango, no corre el peligro de que la máquina succione este tipo de sedimentos porque el agua circula a través de serpentines resguardados por rieles. La hélice está protegida por un *túnel ventury* que aumenta su eficiencia y al mismo tiempo la defiende de cualquier encallamiento.

A esa hora el Sebastián de Belalcázar navegaba muy lejos de la costa a causa de la persecusión que había realizado tras el Takamar II y por este motivo su radar no registró la presencia del Karina que se cruzó con él aproximadamente a la una de la tarde, según la derrota establecida por sus oficiales.

TTE. OTERO ERAZO: "A partir del medio día navegamos hacia el sur, luego al occidente, volvimos al norte pero muy lejos de la costa y a las cuatro de la tarde vimos en la pantalla del radar un buque que iba pegado a la costa y le dije al oficial de guardia que le pusiera la proa. A las 5 y 53 minutos lo tuvimos cerca pero no se identificaba, ni respondía y me pareció muy sospechoso. Solamente cuando estuvo a unas 800 yardas aminoró la marcha pero no nos podíamos acercar a él porque la eco-sonda indicaba aguas poco profundas. Inmediatamente le ordenamos por el megáfono que parara máquinas y cuando lo hizo, despaché una patrulla de presa en el bote Zodiac. No recuerdo qué oficiales iban allí".

Bitácora:

"Noviembre 14 - Hora, 5:53 pm. - Se paran máquinas. Se efectúa requisa a la motonave 'Dos Ernestos' en L.04º01' Norte-Long 77º 29'W. Es pasada la inspección por el señor Teniente de Corbeta Lesmes Juán, por el señor Teniente del Ejército Díaz Ortíz Ramón y

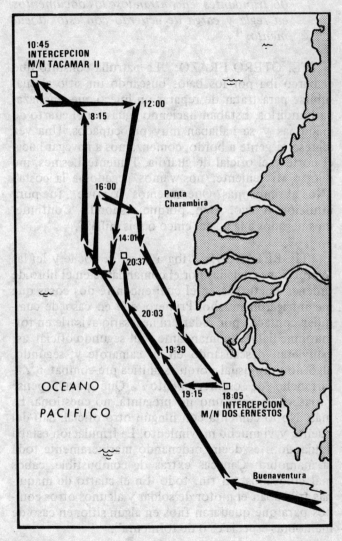

'Derrota' del ARC Sebastián de Belalcázar durante la búsqueda del
Karina. (Gráfica de la Armada Nacional de Colombia).

*06 tripulantes, encontrándose los documentos
en regla y carga de acuerdo con estos documentos".*

TTE. OTERO ERAZO: "La patrulla constató que
el barco iba por los bajos buscando un sitio al cual
subirse para tratar de reparar un hueco que amenazaba hundirlos. Estaban haciendo agua por el cuarto de
máquinas y se hallaban muy preocupados. Una vez
regresó la gente a bordo, comenzamos a navegar hacia
el norte y el oficial de guardia, Teniente Lesmes, me
dijo, '¿Mi teniente, nos vamos pegados a la costa?
¿Nos abrimos más? Qué hacemos'. Y no se... fue pura
intuición o algo. Algo, porque respondí, 'Continue-
mos pegados a la costa, cinco o seis millas".

TTE. BETANCUR: "Iba a llegar la noche y leí las
instrucciones dejadas por el comandante en el libro de
órdenes nocturnas en el cual encontré dos cosas que
me intrigaron mucho. Primero, que en caso de cualquier contacto por radar era necesario avisarle en forma inmediata al comandante y al segundo oficial, así
estuvieran descansando en su camarote y, segúndo,
algo no muy usual porque significa pre-combate: 'Zafarrancho de oscurecimiento'. ¿Qué pasa?, pensé
varias veces pero uno no pregunta, no cuestiona. Es
más: No lo comenta con ningún otro oficial. Salí del
puente y vi mucho movimiento. La tripulación estaba
adujando... es decir, ordenando marineramente toda
la maniobra: Canecas extras de combustible, cabos
mal colocados, en fin, todo. En el cuarto de máquinas trincaban el motor de soldar y algunos otros equipos para que quedaran fijos en algún sitio, en caso de
maniobras especiales o de tormenta".

SALVADOR: "Hice mal las cuentas porque regresamos demasiado y a las seis y media pudimos calcu-

lar que llegaríamos por lo menos con dos horas de
retardo. Hablé una vez más con tierra y la voz femenina me dijo que todo era normal, a pesar del estado del
tiempo. Esa tarde oscureció muy temprano —sobre las
cinco y media— y estábamos bajo un aguacero de la
gran puta y una brisa y un oleaje y un agite de ese
barco, Dios mío, que no permitía nada diferente a
quedarse por ahí agarrado de cualquier aparato porque sino, uno iba a parar lejos. Pero así, con marea y
todo, tuvimos que repetir el mismo procedimiento de
la cita anterior: Como sabíamos que saldrían veinticinco personas a recibir el armamento, alistamos veinticinco fusiles y con unas correas improvisamos varias
cananas a las cuales les colocamos no se cuantos proveedores llenos de balas, revisamos nuestras armas,
tomamos bastante munición para cada uno y nos pusimos a esperar. A las siete de la noche me comuniqué
con recepción pero me entraron una duda y un miedo
muy verracos porque allá ya no me contestó la voz de
mujer sino la de un hombre. Una voz dudosa y sospe-
ché que nos tenían interceptados. Le pregunté cómo
estaba la situación y me dijo, 'Tranquilo, siga su rumbo. Todo en calma'. Era muy extraño pero no comenté nada y traté de tranquilizarme pensando que sí,
que realmente habían cambiado de radio-operador".

TTE. ALVARO DUARTE (ARC CALIMA): "A la
altura de la boya de mar nos cogió la noche. Habíamos pasado por la ensenada del Tigre y navegábamos
en zafarrancho de oscurecimiento y escucha radial
permanente, y de un momento a otro captamos una
señal en el circuito del puerto —canal 16 por VHF—
que me pareció bien curiosa porque decían 'Calima'.
Sabíamos que el buque del M-19 se llamaba 'Karina',
pero Karina y Calima suenan igual por la distorsión
de la radio. Ellos repetían, 'Calima-Calima-Calima-
Calima' y utilizaban una serie de palabras diferentes a

las de nuestras claves y tuve una mezcla de duda y alarma, porque creí que podía ser una emergencia, o podría ser la guerrilla. Para cerciorarme le solicité a la estación hablar más claramente. Lo hizo y ya maliciando la situación, pedí que repitieran la llamada. Esta vez pude escuchar perfectamente el anuncio de una serie de señales con destellos.

"Cuando terminó la comunicación fui al radar y captamos algo. Ajusté el alcance para ver mejor, observé una serie de tres o cuatro puntos muy pequeños y pensé que podría tratarse de algún naufragio. Simultáneamente, cerca de la costa observamos unos destellos de luz intensa y ordené pitar zafarrancho de combate.

"Para ese entonces mi general se había retirado a su camarote y bajé hasta allí. Lo encontré en pijama leyendo un libro. Tenía unas babuchas finísimas y tan pronto le dije, 'Permiso mi general para informarle que estamos en zafarrancho de combate', dejó su pipa unos segundos y mientras se ponía una bata roja, también de mucha calidad, pidió que le explicara más detalles. Le conté lo sucedido y dijo, ¡Ah! caray. ¡Vamos a mirar!'.

"Observamos la pantalla y constatamos que no se trataba de reflejos falsos. Este radar tenía una definición muy clara y prácticamente era capaz de darnos la presentación de alguien que fuera a bordo de una canoa a un cuarto de milla, así el objetivo no tuviera ningún elemento metálico. Se lo expliqué y él llamó a su ordenanza y le dijo que alistara cinco proveedores para su sub-ametralladora MP-5, mientras volvía al camarote a vestirse. En tiempo record estuvo de regreso con uniforme camuflado, botas y una gorra de faena. Tenía su ametralladora, tenía sus proveedores y se acomodó varias granadas de fragmentación.

"Mi general se ubicó en popa y yo en proa para ver mejor. Ya todo el personal ocupaba sus puestos de combate, armado con fusiles M-14 y unos cohetes anti-tanque enviados por la Tercera Brigada del Ejército. Nos fuimos acercando al objetivo, nos fuimos acercando y el radar mostró varias lanchas, pero —tal vez a destiempo— el Capitán Duarte (Jefe del DAS), tomó el megáfono y les ordenó que se aproximaran para una inspección, de manera que los alertó y ellos viraron y se devolvieron con la máxima velocidad que les daban los motores. Inmediatamente ordené una descarga cerrada con los fusiles y vimos que ellos se tiraban al piso de los botes. Allí iniciamos la persecución hasta llegar al área de bajos, donde tocamos fondo. Tan pronto nos zafamos, dimos muchas vueltas por la zona, pero no logramos hacer un nuevo contacto. Habían huído".

TTE. LOZANO (ARC Sebastián del Belalcázar): "A las siete de la noche, Juán Lesmes dejó la primera guardia de mar y me hizo entrega como oficial de servicio. El comandante y el segundo al mando se hallaban en la cámara de oficiales y subió alguien, no recuerdo quien, para decirme que le explicara el funcionamiento del navegador por satélite y le dije que sí".

TTE. BETANCUR: "Estaba escuchando la explicación de Lozano, cuando el técnico radarista Manuel Gómez, abrió la puerta muy excitado y dijo,

– ¡Contacto en el radar, mi teniente!

"Eran exactamente las 7 de la noche y 39 minutos y nos trasladamos hasta la pantalla. Efectivamente, vimos el pequeño cono amarillo a doce millas de distancia por la amura de estribor —es decir que venía al frente y por el lado derecho de nosotros— pero como había chubasco, el radar no *graficaba* muy bien pues-

Manuel Gómez, sub-oficial radarista.

to que la onda trataba de dispersarse con las gotas de lluvia y algunas veces la señal no era confiable. El oleaje aumentó y el buque cabeceaba y se balanceaba mucho. Lozano esperó algunos minutos antes de confirmar plenamente".

TTE. LOZANO: "Se alcanzaba a ver un puntico cerca de la costa, a la altura de Charambirá, y Gómez, el radarista, me dijo, '¿Será un contacto... o una nube? mi teniente' y le respondí que debíamos chequear el R-U de la escala del radar, pero ya el punto se mantuvo más fijo y resolvimos la duda: Era un barco. Tomé marcación, distancia y con la rosa de maniobras establecimos la velocidad, el rumbo y el punto de mayor aproximación al objetivo y le dije al timonel que le pusiera la proa. Tres minutos después volvimos a tomar marcación y distancia y repetí la operación. A las 8 y 10 minutos de la noche lo ubicamos a cinco millas y le dije a los vigías que estuvieran pendientes porque teníamos un contacto por la proa".

SALVADOR: "Salí a la cubierta y me pareció ver tres lucecitas, una roja, una blanca y una verde en la distancia y dije, 'Mierda, vienen para acá a encontrarnos, qué verraquera'. Miré muy bien y como que las veía y no las veía pero cuando aparecían estaban muy bajitas y pensé que pudiera ser una embarcación pequeña. Solté una carcajada bien verraca y Polo se asomó arriba para preguntar qué sucedía. 'Apagué las luces por si acaso', le dije. En ese momento subimos la guardia al máximo: Fusiles cerca, cargadores cerca... Había cualquier doscientos cargadores llenos y a la mano. La !luvia había amainado bastante y ahora caía una lloviznita fina, pero sin embargo me fui hasta la parte delantera y me recosté allí con mi fusil al hombro para continuar escuchando las noticias".

TTE. LOZANO: "Cinco millas, cuatro millas y no se le veían luces al buque. Tres millas y media y todo el mundo estaba pendiente, buscando bien con los binóculos pero no localizaban nada. Tres millas. Más cerca esta vez y dije, 'Hombre, esto es muy raro, voy a avisarle a mi teniente Camacho'. Llamé a la cámara de oficiales, le anuncié, 'Contacto a tres millas' y él me contestó que subía inmediatamente. Tan pronto llegó le di toda la información, ordenó aumentar las revoluciones y nos fuimos hasta allá. Cuando lo tuvimos cerca, dijo, 'Rarísimo. Ese buque está muy raro, hay que tener cuidado porque pueden ser los que estamos buscando'. Ordenó bajarle revoluciones a las máquinas y mandó llamar al comandante".

JAIRO RUBIO: "Héctor y yo veníamos sentados de espaldas en la popa, cada uno con su fusil en la mano y me entró como una especie de desasociego, algo raro y le dije, 'Hijueputa, ya llevamos dos horas perdidas. Valientes cálculos los del capitán'. El plan era hacer contacto temprano y trabajar toda la noche. Si no terminábamos, el buque se iría a alta mar para regresar la noche siguiente. Y si dábamos por finalizada la operación, regresaríamos a Panamá a eso del amanecer".

TTE. BETANCUR: "De camino hacia el puente vi a Juancho Lesmes en el armerilo entregándole fusiles, sub-ametralladoras, armas cortas y munición a los tripulantes y cuando llegué encontré que todo el mundo ocupaba sus puestos para defender una cédula especial de combate. Los oficiales vestían sus trajes de fatiga y el resto del personal uniforme azul de algodón, casco gris, protector, salvavidas y armamento. Cruzábamos por el delta del San Juan —muy agitado— y el clima se calmó un poco, pero continuaba cayendo aquella lloviznita menuda mezclada con brisa que caracteriza al Pacífico y la mar estaba muy gruesa. Por ese punto también transita la corriente de Humboldt que no es muy fuerte pero hace que el barco se salga de su rumbo. Nos aproximábamos y en el fondo de la noche, muy negra, muy negra, vi una mancha más negra. Se acercó y entonces me pareció grisácea: Era la silueta de otro buque al que nos acercábamos lentamente".

TTE. OTERO ERAZO: "Inmediatamente, se pitaron zafarrancho de oscurecimiento y de combate. Se cerraron los portillos, las puertas y se apagaron todas las luces. Absolutamente todas, incluyendo las de posición a la altura del puente, la roja del mástil y quedamos totalmente a oscuras, de manera que solamente nos podrían detectar las naves con radar. Nos acercamos, nos acercamos, pero a pesar de utilizar binóculos no se veía nada. Cuando lo tuvimos más o menos a 800 yardas, encendimos uno de los reflectores de destellos porque los de largo alcance —situados en la cofa del mástil mayor y en la cofa del mástil de popa— tenían problemas, y ellos también prendieron luces. La sorpresa para nosotros fue inmensa porque lo primero que vimos en la proa fue, 'Karina', pintado con una especie de barniz fosforescente. Imagínese la impresión que sentí en ese momento: 'Karina'. Volví a mirar al segundo comandante y le dije, 'Aquí los tenemos'.

Bitácora:

"8:37 pm. - Se prenden luces de navegación y reflector. Se observa que es la motonave 'Karina' sobre la cual hay orden de requisa. Este contacto se lleva a 800 yardas".

Teniente de Navío Eduardo Otero Erazo, comandante del ARC Sebastián de Belalcázar.

SALVADOR: "Sentí que se prendió un reflector grandísimo y ¡Jua!, el golpe de luz me dió en la cara. Ay, gran hijueputa, quedé viendo sombras y le grité a los demás, 'Vengan que yo creo que es gente de la Aduana y de pronto los transamos'. Me acuerdo que llevaba cincuenta mil pesos, metí la mano en el bolsillo y constaté que ahí estaban, pero en ese momento Jairo me dijo,

—Y, ¿Sí es la policía?
—Pués deben venir en una lancha pequeña. Los dejamos llegar y abrimos fuego porque...

"Antes de poder decir otra palabra, tan, tan, tan, tan, hijueputa, salió la primera ráfaga de ese barco y comprendí inmediatamente que era una señal de amedrantamiento sobre el Karina que acababa de prender luces, y le grité a Polo quien apagó nuevamente".

TTE. CAMACHO LONDOÑO: "Les hicimos señales de destellos diciéndoles que detuvieran el buque, repetimos la orden con pito y prendimos más luces pero continuaron navegando. Se vió movimiento en la cubierta y alrededor del puente. Apagaron y como nosotros estábamos claros, sin ningún peligro para maniobrar, buscamos la posición de tierra, cortándoles la posibilidad de que se fueran hacia allá, encallaran y saltaran a tierra sin mucho riesgo. Avanzamos un poco y viendo que no obedecían, disparé varias veces con un fusil M-14 que había en el puente, pero siguieron adelante".

Bitácora:

"8:47 pm. ... La motonave Karina continúa navegando el Rv. "163". En el ARC Sebastián

*de Belalcázar se ordena viraje y 80 RPM con
el fin de alcanzar la motonave".*

SALVADOR: "Cuando sonó el primer disparo nos
tiramos al suelo y desde allí pude ver que el capitán
bajaba corriendo a esconderse en el camarote, dejando el timón abandonado. San Andrés y el muchacho
panameño lo siguieron y me arrastré hasta allí y les
dije,

—Pilas todo el mundo, cojan fusiles, ármense.
—Qué va. Cuales fusiles, hijueputa. Nosotros no cogemos nada, dijo Polo, y San Andrés le hizo coro a
pesar del susto que demostraba:
—Qué fusiles ni que nada. Mire en lo que nos ha
metido... Nos vamos a entregar porque no tenemos
nada que ver con ustedes. Nosotros queremos vivir y
no les vamos a ayudar en sus fechorías...

"Como no contaba con ellos, me acerqué al muchacho de la mano partida y le dije que subiera al puente
y cogiera el timón y él, muy cojonudo, se trepó allá y
empezó a manejar el buque, aceleró bien los motores
y continuó. No habíamos avanzado mucho cuando
volvieron a prender las luces del otro barco y empezaron a decir por megáfono, 'Esta es una unidad de la
Armada Nacional. Prendan luces y paren máquinas'.
Sonaba muy duro: 'Prendan luces y paren máquinas...
'Prendan...' Lo repitieron unas seis veces".

TTE. BETANCUR: "Cuando los alcanzamos miré
abajo y me di cuenta que habían puesto *full avante*
sus máquinas porque la propela rebotaba con más
fuerza y la intensidad de la fosforescencia en el agua
parecía iluminar parte de la popa. Querían escaparse".

Bitácora:

*"8:52 pm. - Se hacen disparos de cañón 3/50
proyectil iluminante graduado a 4 segundos.
No funciona la granada iluminante. El disparo
se hizo con rumbo verdaero "163". Motonave
Karina por la amura de estribor".*

*"Se hace nuevo disparo proyectil iluminante
graduado 3 segundos de espoleta. No funciona
granada iluminante.*

*Se disparó en el mismo rumbo y a distancia de
900 yardas, elevación 60°".*

TTE. CAMACHO LONDOÑO: "Era una nueva manera de intimidarlos para que disminuyeran la marcha
y se detuvieran. Generalmente se utilizan estos proyectiles de noche, pero aún cuando los dos primeros
no expidieron luz, creí que por lo menos el cañón y el
fogonazo serían suficientes. No resultó así y bajé a la
cubierta 0-1, donde se hallaba la pieza, para preguntarle al teniente Lesmes qué sucedía y ordenar un
tercer disparo".

TTE. LESMES: "Yo mismo había graduado la espoleta, primero a 4 segundos y luego a 3 pero no
accionó el iluminante. El teniente Camacho verificó
el procedimiento y dejé que él mismo graduara el tercero, también a tres segundos. Disparamos y tampoco. Entonces ordenó colocar material de guerra, es decir, munición de alto explosivo, incendiaria y perfo-
rante".

SALVADOR: "Los tres primeros cañonazos trona-
ron como un hijueputa. Después de la explosión sentíamos perfectamente que el proyectil pasaba silban-

do por encima de nuestras cabezas y caía al agua más allá. ¡Blum! 'Mierda, les dije, nos van a mandar a París, nos van a volver pedazos, hay que hacer algo pero rápido'. Y no se nos ocurría nada. Seguimos navegando y piense y tire una cantidad de ideas pero no lograba coordinar. Héctor González me preguntó algo y lo único que se me ocurrió decirle fue, ' ¡Esto se jodio! Hay que hundir este barco antes de que nos caigan por asalto y nos dejen por aquí destrozados... Pero, ¿Cómo lo hundimos?' A mi no se me ocurría nada, estaba muy acelerado y les dije que no dispararan porque estaban listos, con fusiles desasegurados y munición en cantidades. Yo que digo esto y Héctor González, tal vez se asustó o no se qué vaina, y soltó una ráfaga completa. Completica. Veinte pepazos, no joda... Teníamos fusiles FAP, de los grandes, aquellos del cañón reforzado que aguantan no sólo una sino varias ráfagas seguidas y empezó la balacera más verraca. El buque de la Armada respondió con todo y yo escuchaba ese barquito nuestro que traqueaba como cuando están fritando arroz porque la andanada de tiros que nos mandaron fue, pero hijueputa. Esas láminas del Karina empezaron a recibir un castigo impresionante. Me arrastré como pude y bajé hasta el camarote. Allá estaban Polo y San Andrés muy, muy asustados. Con unas caras de pánico que yo pocas veces he visto y le dije a Polo, 'Camine me ayuda que necesitamos más velocidad, toda la que tenga esta mierda'. Preguntó para qué y no se lo dije. Le insistí mucho y se trasladó al cuarto de máquinas y aceleró esa vaina hasta donde daba. Inmediatamente subí al puente y le dije al muchacho de la mano partida que estaba de timonel, 'Hermano, busque la manera de estrellar esta vaina contra el buque de la Armada. Mandémoselo de frente y si nos hundimos los dos, que nos hundamos. Y si nos volvemos mierda, que nos volvamos. Aquí no hay ninguna salida porque ellos nos tienen acorralados'. El verraquito me hizo caso y movió ese timón, dio un viraje y pasamos por detrás del otro buque. No se qué pensaron ellos porque se detuvieron. Estaban allí detenidos, ya no disparaban y esperaban algo de nosotros. El muchacho comenzó a abrirse para calcular la embestida tan hijueputa y yo veía la sombra del barco de la Armada ahí mismo. Muy cerca. Cuando estábamos acabándonos de colocar para írnosles de frente, prendieron sus luces y nos esperaron".

Bitácora:

"8:55 pm. - La motonave Karina inicia aproximación por el costado de estribor del ARC Sebastián de Belalcázar. Reducen la marcha, pasando por popa de la unidad, a 300 yardas".

TTE. LOZANO: "Una vez pasó por popa, creímos que estaba haciendo la maniobra de aproximación para *abarloarse* a nosotros. Mi teniente Otero dijo, 'Alistarse para recibir el buque... Recibir los cabos por el costado de babor'. Disminuímos casi totalmente la marcha, prendimos luces para que la gente pudiera ver lo que hacía y con alguna confianza dijimos, 'Van a permitir que les hagamos la inspección. No deben tener mayor problema'. Los vimos continuar con su maniobra pero de pronto pegaron un maquinazo avante y se vinieron, se vinieron rápido y el comandante, que estaba afuera, en el alerón de babor, asomó la cabeza a través del portillo y gritó, ¡Marcha atrás!".

TTE. BETANCUR: "Estábamos trabajando con los cuatro motores en línea y escuché la voz del segundo comandante que decía muy apresurado, 'Pare su máquina y *full atrás'*. No fue un tercio atrás, ni dos tercios atrás, sino ¡*Full atrás!* Puse el reóstato en 'stop' y tuve que esperar unos segundos muy contados

mientras la propela —que continuaba girando de izquierda a derecha— disminuía un poco la velocidad.
Si uno hace la operación en forma inmediata no es
posible cambiar el campo magnético y se quema el
motor. Pero la orden era tan angustiante que aún con
los últimos giros comencé a darle vuelta al volante. El
buque vibró, se cimbroneó con una violencia enorme
y pensé que aquello iba a romperse en mil pedazos,
pero no... El Sebastián respondió como lo que era:
Como un gran barco, como un extraordinario barco y
nos movimos atrás, *full máquina* como quería mi teniente Camacho.

"No sabía qué estaba pasando arriba, pero una vez
terminó la maniobra, subí presuroso a cubierta y ví
que el enemigo cruzaba casi lamiendo nuestra proa.
Lo vi tan cerca, pero tan cerca, que me quedé allí
parado unos segundos".

Bitácora:

> *9:05 pm. - Se observa cambio de rumbo de la
> motonave Karina con intención de colisionar
> al ARC Sebastián de Belalcázar. Se ordena
> marcha atrás y la motonave en mención pasa a
> 2 yardas de la proa del "LD".*

TTE. LOZANO: "Cuando ellos comenzaron a maniobrar para acomodarse, nosotros habíamos prendi-
do las luces y pudieron darse cuenta de nuestra situación. Vieron que teníamos un cañón en la proa, vieron a nuestra gente lista para recibir los cabos e iniciar... Es decir, nos detallaron perfectamente, de
manera que más adelante, cuando se cruzaron a dos
yardas de la proa sin podernos colisionar, ya sabían
cómo disparar y una vez dieron la vuelta y nos empa-
rejamos —ellos andando hacia adelante y nosotros
hacia a trás— hicieron una ráfaga y nosotros contesta-

mos con todo el poder de fuego. Se formó una balacera nutrida, con la mayor cadencia que uno pueda
imaginarse y alguien cayó herido cerca del cañón".

TTE. LESMES: "Fue el suboficial Fabio Restrepo,
el 'ronzador'. Yo sentí la ráfaga muy cerca y después
el muchacho cayó encima de mí muy congestionado,
gritando, 'Mi teniente, me mataron, me mataron...'
Lo sostuve unos segundos y sentí que tenía la camisa
húmeda. Era sangre. Sin embargo él se incorporó y se
escurrió buscando una puerta que lo condujera a la
enfermería".

Suboficial FABIO RESTREPO: "Cuando el buque
nos estaba cortando la proa, el cañón perdió su ángulo de disparo. Entonces me bajé y empecé a manio-
brarlo con una sola mano para buscarlos, porque
habían pasado a estribor de la Unidad. Traté de se-
guirlos pero cuando se colocaron más o menos a la
altura de nuestra media cubierta, dispararon ráfagas
completas de allá y de aquí, de los dos barcos, y nos
pescaron desprotegidos porque el cañón no tiene ninguna defensa. Una de las balas pegó en el mamparo, se
fraccionó y botó plomo para todos lados. Yo sentí
varios golpes en el cuerpo y luego algo que me quema-
ba el pecho y la ingle... Y caí encima de mi teniente
Lesmes quien me agarró y mientras me sostenía miraba para el barco enemigo con una cara de rabia, de
sentimiento... No se de qué. Mi teniente se emocionó
y me ayudó. En ese momento todos trataban de res-
guardarse en una cofita que tiene el cañón, pero él se
quedó ahí dándole el pecho a las balas para proteger-
me, hasta cuando el enemigo perdió el ángulo de tiro.
En ese momento me puse de pies y nadie lo creía.
Avancé unos pasos, abrí la puerta del costado de
babor y entré. Cuando gané el pasillo del cuarto de
radio me encontré con el enfermero de abordo y le di-

Sub-oficial Fabio Restrepo, 'ronzador' herido.

je, ' ¡Estoy herido!' y no me creyó porque tenía camisilla y camisa y tal vez no me vió la sangre. Finalmente bajamos a la enfermería, me desvestí y contamos cuatro agujeros. Yo estaba muy asustado".

SALVADOR: "El muchacho de la mano fracturada me dijo que la maniobra que hizo el capitán del Sebastián de Belalcázar fue del putas; que fue una verraquera para salvar su buque. Y cruzamos, no joda, nosotros para adelante y ellos para atrás, pero muy cerca y nos empezamos a dar candela. Pero candela, candela. Ellos nos seguían con los reflectores y las luces prendidas y nosotros apagado todo pero, qué va; nos tenían ahí, a vista plena. Nosotros dándole con todo lo que teníamos, ta, ta, ta, ta, y descargábamos un fusil, raaa, y agarrábamos otro de los veinticinco que teníamos preparados y hágale. Hágale como un hijueputa a ese gatillo, ¿Oiga? Yo me acuerdo que una vez descargábamos un FAP lo tirábamos al suelo y agarrábamos otro y como después de una ráfaga el cañón queda caliente, para cambiar a veces me equivocaba y cogía el mismo o me movía y le ponía la rodilla encima, no joda, y me quemé las manos y las piernas y hasta las pelotas, porque estábamos ahí agachados respondiendo. Ellos nos tiraban con todo. Y después empezamos a caernos y a rodar por esa cubierta porque estaba llena de canecas con aceite y con combustible y con todo el plomo que escupía el Sebastián, esfondó lo que había y se formó el despelote más verraco en ese Karina.

"Me arrastré hasta el puente y le dije al muchacho, 'Hermano, para adentro, hágale para adentro, para el centro del mar a toda mierda', porque me di cuenta que el otro buque como que se despistó y mientras nos buscaba vi la oportunidad de, por lo menos, quitárnoslo de encima unos minutos porque ya nos traían de las pelotas".

Cañón del ARC Sebastián de Belalcázar. A la izquierda el 'elevador', a la derecha el 'ronzador'.

TTE. LESMES: "La gente que estaba a los lados se lanzó al suelo tal vez con miedo, una reacción humana, normal y una vez pasó el fuego y quedamos en silencio durante algunos minutos, relevé al *'elevador'* porque supuse que no tenía buen ánimo después de ver a su compañero herido y me quedé con tres hombres: un nuevo *'ronzador',* yo como *'elevador'* y atrás un amunicionador y un marinero del área de servicios manejando una manguera con agua fría. El debe estar ahí permanentemente para enfriar la pieza, que se calienta con cada disparo y especialmente para refrigerar los proyectiles fallidos que quedan dentro, a temperaturas muy altas y es necesario sacarlos con la mano. Si no se hace ésto, existe el peligro de que estallen... Generalmente allí debe haber unos ocho hombres, pero mandé al resto a ocupar sitios en los cuales pudieran protegerse porque el cañón no es como los de los demás buques de la Armada, que poseen barbetas defensivas de mucha efectividad. No. Este es totalmente despejado y eso es brutal, es un suicidio".

TTE. CAMACHO LONDOÑO: "La gente del cañón corrió el riesgo más alto porque tenían que operarlo dentro de una indefensión total... Es un sistema muy viejo de artillería y no cuenta con ayudas para medición ni orientación. Todo hay que hacerlo visualmente. Y la noche... bueno, la noche era de las peores: Cien, doscientas yardas de visibilidad, chubasco, mar 4 con fuerza 5 dentro de la escala para medir tempestades, o sea que teníamos un viento de 19 nudos en promedio y el criterio de las olas, pronunciadas y largas... Pensando que pudiera haber más complicaciones, fui a la enfermería y le dije al personal que quedaba prohibido comunicarle a alguien lo que sucedía allí, con el fin de evitar preocupaciones de la gente".

TTE. OTERO ERAZO: "En ese primer intercambio de disparos, una bala rozó el cable coaxial que va de la antena a la pantalla del radar y el aparato perdió totalmente la orientación del rumbo, o sea que algunas veces veíamos al Karina pero no sabíamos si estaba a proa o a popa, a estribor o a babor. El radar nos daba distancia pero no teníamos marcación y se nos perdía con mucha facilidad por las condiciones del tiempo, puesto que el enemigo también navegaba en oscurecimiento.

"A partir de ese momento nos tocó dedicarnos a buscarlo y a buscarlo y algunas veces nos demorábamos, pero una vez localizado, que veíamos la mancha negra en medio de la noche, la táctica era darle vueltas permanentemente para mantenerlo ahí acorralado, mientras ofrecía ángulo para dispararle con la pieza".

TTE. BETANCUR: "Cuando terminó la balacera regresé a mi cuarto de máquinas y le dije a los tripulantes que no había por qué preocuparse, pues nos disparaban con armamento de corto alcance. Yo subía, me enteraba de la situación y bajaba nuevamente para darles ánimo. En adelante el comandante pedía máquina *full avante,* muchas veces dos tercios avante, otras media máquina y al cabo de maniobrar durante algún tiempo en esta forma, establecí que navegábamos en círculos. A esa hora el chubasco había cedido un poco y mejoraba la visibilidad. Según las órdenes del puente, se buscaba apartarnos para intentar nuevamente con el cañón...

"En una de esas subidas y bajadas escuché un ladrido de 'Sebastián' y lo localicé en uno de los camarotes, escondido debajo de un mueble. Ese perro nunca entraba allá porque así lo habíamos acostumbrado y tan pronto me vió, se vino y lo alcé para acomodarlo en uno de los pasillos, pero... francamente, sentí lástima porque temblaba con una agitación fuera de lo normal".

SALVADOR: "Mientras avanzábamos llamé a los compañeros y les dije, 'Ellos nos van a querer abordar. Nos van a mandar lanchas o quien sabe qué estarán planenado para agarrarnos y si lo logran nos van a masacrar a plomo porque la vaina está caliente. Hay que concentrar mucho fuego cuando se acerquen y este barco hay que hundirlo porque esa es la orden. Pero lo vamos a hundir en un sitio bien verraco, un sitio de aguas profundas'. Y en ese momento me acordé de un profesor de geografía que nos enseñó que la plataforma submarina llega a un punto en que se acaba y, ¡Run! Abajo. Ahí sigue un abismo violento, hondo, tan grande que dizque no se puede bajar allá por medios convencionales. Y yo decía, 'Si nos dejan llegar siquiera quince millas más adentro, hundo este hijueputa barco y nos hundimos nosotros'. Pero, a todas estas, ¿Cómo se hunde un barco? Le pregunté a los demás, '¿Cómo lo vamos a hundir?' Ninguno sabía. Por ahí venían unas barritas de C4, explosivo plástico, pero no teníamos como detonarlas por falta de estopines... Al minuto apareció por allá a la distancia ese verraco barco de la Armada, grandísimo, negro porque habían apagado luces y uno veía la mancha en la oscuridad avanzando mucho más rápido que nosotros, en círculos, en círculos y nos gritaban por su altavoz, 'Entrénguense, paren máquinas' y nosotros con ese calor del combate les gritabamos groserías, consignas, de todo. Así es uno en combate. Es como un desahogo a la tensión, al nerviosismo que no se siente a flor de piel, pero que, a guevo, a guevo, se lleva dentro. Total que nos localizaron rápido y empezaron a disparar con el cañón, no joda. Ese mar temblaba a cada cabronazo. Nosotros veíamos la llama y escuchábamos la explosión, seca: ¡BUM! Esa ojiva pasaba silvando por encima del Karina y nos agachábamos, hijueputa, porque creíamos que ya nos iba a dar, pero luego se clavaba en el agua, ¡POFF! y decíamos, el próximo sí. Ese sí nos va a volver pedazos', Dios mío, y haga fuerza para que se acercaran porque viéndolos allá lejos sin poderles disparar, nos sentíamos muy inseguros. En cambio uno estaba haciéndole al gatillo y las vainas cambiaban. El ánimo cambiaba, no había tiempo de pensar en nada. Total que logré subir al puente, prendí una linterna y vi al muchacho prácticamente acostado en el suelo manejando su timón. Se empinaba a veces para mirar el compás y yo le decía, 'Eso, mire esa vaina porque de pronto nos devolvemos o empezamos a dar círculos y nos joden'. Alumbré para todos lados y ese puente estaba destrozado: Los vidrios rotos, todo el enchapado de madera levantado por la balacera tan bárbara''.

TTE. OTERO ERAZO: "Con la ayuda del radar, que no era la más efectiva, y de los binoculares, localizábamos la silueta oscura del barco y nos poníamos en posición de tiro. Entonces yo le ordenaba a Camacho o algunas veces a Lesmes que estaba abajo en la pieza, 'A tal distancia... ¿Lo ve?'. 'Sí mi teniente'. 'Cuando esté listo, ¡dispare!'. El lo hacía, pero las condiciones eran muy adversas. Muy adversas''.

TTE. CAMACHO LONDOÑO: "Durante el día, la pieza se disparaba normalmente a cuatro y cinco mil yardas, pero ahora la oscuridad nos obligaba a colocarnos cerca del enemigo para buscar el impacto y eso implicaba exponer mucho a nuestra gente.

"Mi misión era tratar que la utilización del cañón fuera la más efectiva y por eso permanecía unos momentos en el puente, otros bajaba a la pieza, ayudaba a localizar al Karina y le informaba a Lesmes hacia

qué lado debía apuntar. Cuando nos íbamos aproxi-
mando y le veía la silueta, se efectuaba el disparo".

TTE. LOZANO: "Inicialmente creo que disparamos a una milla o milla y media que era la distancia a
la cual nos manteníamos del objetivo. Inclusive llegamos a estar a tres millas para buscar una mayor precisión, porque ese cañón no está dotado de 'director',
un sistema electrónico que ayuda a corregir el disparo".

TTE. LESMES: "El barco cabeceaba mucho por el
oleaje y el momento para disparar era cuando el cañón había logrado su máxima altura porque permanecía unos instantes quieto. Y eran tan fugaces que
no resultaba fácil calcularlos. Por otra parte, creo que
estábamos haciendo círculos y cuando ya tenía al
enemigo en la mira, se me perdía. El problema era
buscarlo y encontrarlo —prácticamente a ojo— puesto
que por las condiciones del tiempo, no teníamos comunicación con el puente, de donde proviene normalmente la información. Eso era lo que hacía que mi
teniente Camacho tuviera que estar movilizándose de
allá para acá y de aquí para allá permanentemente y
los minutos se nos iban en eso: Que se perdió por este
lado. ¿Dónde está? (Todo el mundo buscando). No,
que apareció allá. Y nosotros con el cañón por un
lado y el buque por el otro, o sea, visibilidad incom-
pleta, incomunicación, oleaje, oscuridad, llovizna,
balanceo del Sebastián... Además la mira carece de
iluminación propia como las demás —que poseen luz
infra-roja con la cual se logra una visión estupenda—
pero aquí no había de eso. Esto era una ciencia diferente. La pieza poseía una mira muy elemental, con
una cruz en el centro, pero la cruz desaparece de
noche. ¿Entonces? Había que guiarse por el aumento
que ofrece y esto resulta complicado. Pero se lograba.

Mira del cañón, captada desde el puesto del 'ronzador'.

Sin embargo cuando la silueta oscura del buque estaba en el centro, venía otro problema: La necesidad de
acoplarse con el ronzador porque el cañón es operado
manualmente por dos hombres: uno que 'ronza' des-
plazándolo hacia los lados y otro que 'eleva', movién-
dolo hacia arriba y hacia abajo. Cada uno tiene su
mira y deben coordinarse perfectamente hasta 'empa-
rejar'.

"En la Escuela Naval y posteriormente en el servicio,a uno le hablaban de la guerra y uno estudiaba y
aprendía las cosas y las recitaba y luego tal vez las
practicaba bien, pero cuando llega el combate todo es
tan diferente como el mismo estado emocional: Durante los primeros treinta segundos la cabeza se calienta y uno recuerda a la familia, a la gente, pero luego viene un período en el cual solo piensa en lo que
tiene que hacer, pero totalmente mecanizado. Pues
bien. En esas condiciones hicimos los cuatro primeros
disparos con munición de guerra y con el último dimos en el blanco. Un impacto en la popa, cuarto de
máquinas, donde está la vida del barco".

TTE. OTERO ERAZO: "No pude precisar la locali-
zación del impacto en forma inmediata pero estaba
seguro que lo habíamos logrado porque vi el fogonazo. Era el primer blanco y alguien me dijo que le
dimos en la popa. En ese momento se acabó la munición de guerra en la caja de listos —porque allí no se
acumula gran cantidad ante el peligro de una bala o
una esquirla— y ordené organizar un personal para
traer más material desde la Santabárbara.

"La subida era dispendiosa porque tocaba hacerla
en la oscuridad a través de escaleras angostas, resbalosas y empinadas. Cada proyectil pesa 13 libras y tiene
un tamaño de 83 centímetros y si se caía alguno, también corríamos el riesgo de explosión".

TTE. LESMES: "Bajaron por la munición pero el tripulante encargado se equivocó y envió iluminantes. Para acelerar las cosas fui hasta allá y organizamos el aprovisionamiento rápidamente: Cada proyectil era izado con un aparejo, entre la cubierta 4 —donde está la Santabárbara— y la 1. Allí la tomaba un marinero que recorría el pasillo de la oficina del Maestro de Armas, hasta la primera escala. Subía los trece pasos, llegaba cerca de la cámara de oficiales en la cubierta principal y buscaba una segunda escalera, también de trece peldaños, que lo conducía frente a la estación de radio, ya en la cubierta 0-1, donde no había luz y las puertas que dan al exterior se hallaban cerradas. Escogía la más apropiada según la situación del combate y salía, bien por estribor o bien por babor, hasta llegar al cañón. Desde luego, inicialmente acumulamos todo adentro para ir sacando pequeñas cantidades, a medida que se recibían las órdenes de fuego.

"Al terminar esta labor reiniciamos la artillería y hubo un tiro fallido con el cañón caliente. Eso es peligroso porque hay que abrir la pieza, sacar el proyectil a mano y constatar si está o no está disparado, y sin pérdida de tiempo correr hasta la borda para lanzarlo al agua. Como yo había retirado a la mayor parte de la gente, no tuvimos tiempo de usar la manguera con agua fría y tocó hacer la operación con un simple par de guantes.

"El octavo disparo tal vez fue el más crítico: El cañón estaba prácticamente en el límite de los 96 grados —punto hasta el cual usted puede devolverlo— pero como aparentemente nos hallábamos sobre el blanco, disparé y el fogonazo, impresionante, despedazó la lona que cubre el alerón del puente de nuestro propio barco. Eso fue increíble, crítico. No se cómo escapamos de una desgracia.

Proyectil de guerra y a la derecha, caja de listos.

"Ahí el comandante ordenó suspender el tiro y entré unos minutos al puente, donde por primera vez sentí alguna protección".

TTE. LOZANO: "Esa orden vino porque los oficiales del ejército le dijeron a mi teniente Otero que traían algunos cohetes o rockets y que les permitiera probarlos. El comandante habló con el segundo oficial y como el Karina había perdido bastante propulsión por el cañonazo y ahora parecía moverse lentamente, dijeron que los usaran".

TTE. CAMACHO LONDOÑO: "El rocket es disparado con poca precisión por tratarse de un arma portátil que carece de apoyo en el momento de hacer fuego y el éxito en el disparo depende prácticamente de la habilidad de la persona que lo maneja. Teniendo esto en cuenta, fue necesario maniobrar el buque para colocarnos en una posición favorable al tirador, en este caso el teniente Ramón Díaz".

TTE. LOZANO: "Mi teniente Camacho ordenó aproximarse al enemigo y comenzamos la maniobra, pero a medida que avanzábamos, el intercambio de balazos era más y más nutrido. De parte y parte el fuego se hacía intenso y nos ubicamos tan cerca de ellos que yo alcanzaba a ver un tipo en el puente con camiseta blanca, agachado, manejando el timón. El teniente Díaz se colocó por babor, disparó y el proyectil cruzó el barco, salió por estribor y logró un blanco perfecto en toda la casamata. Vimos el impacto, un incendio breve y la destrucción de toda aquella zona donde se encuentra el timón. En ese momento el Karina quedó sin gobierno".

SALVADOR: "Nos habían tirado varios cohetazos. Creo que uno pegó adelante, como encima de la bode-

ga y comenzó ese barco a acercarse más y a acercarse
más y nosotros disparando con todo lo que teníamos.
Desocupábamos un fusil, cambiábamos inmediatamente y respondíamos desde diferentes puntos del
buque, porque a medida que nos daban vueltas, les
buscábamos el frente y denos plomo, hijueputa, pero
a morir, ¿Oiga? Estábamos en plena candela cuando
de pronto, Zzzzzuuu. ¡BUM! En el puente. En todo
el puente. El rocket, que es un cohete anti-tanque,
hizo impacto y creó una temperatura altísima porque
desde abajo sentimos esa oleada de calor y ese resplandor tan verraco a causa de las llamas que despedía
el puente y dije, 'Voy a llamar una vez más a tierra
para avisarles que esto se jodió'. En ese momento
eran exactamente las diez y media de la noche. Lo recuerdo perfectamente porque una hora antes había
llamado para avisar que estábamos combatiendo, pero
no nos había respondido nadie. De todas maneras, no
se por qué reacción sicológica dije, voy a comunicar
esta vaina y subí hasta allá. Cuando llegué todavía
quedaba algo de incendio y salía una humareda espesa
por los huecos donde antes estaban colocadas las ventanas. Encendí la linterna un segundo y vi al muchacho quemado, negro como un tizón. Cerca de los pies
y creo que en la cintura, le quedaban aún pedazos de
ropa en llamas. Lo toqué y no reaccionó. Había caído
muerto instantáneamente. Alumbré hacia el frente en
busca del aparato de radio y no lo encontré porque se
había derretido completamente con la ola de calor. El
timón desapareció, y aunque habían transcurrido
unos cinco minutos, el ambiente era pesado por el
olor concentrado a pólvora y a carne asada que le
saturaba a uno los pulmones y parecía asfixiarlo.

"A pesar de estar en el fragor del combate, donde
uno actúa mecánicamente, como un autómata, la visión de aquel sitio me pareció impactante y bajé excitado. En ese momento el Sebastián se alejó una vez

más, posiblemente para tomar nuevas posiciones y regresar a acabarnos y lo perdimos de vista. Eso sucedía con mucha frecuencia y entonces la balacera se suspendía algunos instantes. Quedábamos en silencio en medio de la niebla y la llovizna y cargue proveedores a toda velocidad para esperar la siguiente arremetida, que generalmente venía con más verraquera que la anterior. Las municiones se nos acabaron varias veces y yo bajaba a la bodega y subía cajas y las abríamos y dele plomo, mi hermano. Dele plomo sin respiro.

"En ese intervalo —ya llevábamos dos horas de combate— vi que habíamos quedado a merced de las olas, sin timón, sin máquinas —porque después del cañonazo empezó a entrar agua y se apagó todo— y ya no sabíamos para donde era la tierra, ni para donde era el centro del mar, ni para donde era la mierda. Lo único que se me ocurrió fue bajar hasta donde estaba el capitán, escondido, temblando de pánico al lado de San Andrés y le dije, 'Polo, estamos muertos, ¿Qué hacemos? ¿Cómo hundimos este hijueputa barco? Deme luces para solucionar el problema' y él me dijo, 'Hagamos una cosa, Coco. Hagamos una cosa: Abramos la escotilla del cuarto de máquinas para que entre agua y se inunde'. Le dije que sí pero no fue capaz de moverse. Entonces bajó San Andrés y ¡Juuuiiii!, se coló alguna cantidad de agua porque ya estabamos ladeados y el barco se inclinó aún más hacia la derecha, atrás, como amenazando hundirse, pero no. Se detuvo. No hizo más agua y el viejo me dijo, 'Esto se va a demorar mucho tiempo para irse al fondo'. Salimos de allí, San Andrés se volvió al lado del capitán y yo subí, pero ya se había puesto muy incómodo caminar por la cubierta porque el buque estaba levantado y le dije a los compañeros, 'Para que podamos circular bien, cojamos los barriles y las canecas vacías y lancémoslas al mar. Necesitamos este espacio'. Ellos me ayudaron en medio de caídas y res-

balones porque el piso era de jabón. Cuando terminamos, vimos que nuevamente se nos venía encima esa sombra, de la cual comenzaron a salir centenares de punticos rojos y nosotros también nos pusimos a disparar con todo. Ahí ya sabíamos que tendríamos que combatir hasta el otro día".

TTE. OTERO ERAZO: "Los combates se sucedían con intervalos, cortos algunas veces, largos otras y luego se calmaba la situación puesto que se nos perdía el enemigo y debíamos maniobrar para buscarlo. De todas maneras cuando estuvimos seguros de haberle pegado varias veces, vimos que comenzaban a tirar elementos al agua. No sabía de qué se trataba y nos acercamos un poco, pero a pesar de estar en muy malas condiciones, opusieron resistencia. Esto nos estaba indicando que la acción iba a prolongarse más de la cuenta y, por el contrario, se trataba de acortar el tiempo".

TTE. LOZANO: "Cuando el comandante vio el resultado que estaban dando los rockets, dijo, 'Vamos a darle otra pasada'. Lo hicimos también muy cerca y en medio de candela física, porque se disparaba de ambos lados sin dejar una sola pausa, el flaco Díaz lanzó el cohete y le pegó en media cubierta. Luego nos alejamos: Solamente quedaba un rocket y el comandante dijo que era necesario volver a utilizar el cañón".

Bitácora:

"La motonave Karina queda a la deriva. Se hacen aproximaciones por diferentes costados, recibiendo respuesta al fuego con armas automáticas. Hay seguridad sobre el primer impacto y dos cohetes de 72 milímetros".

TTE. LESMES: "Nuevamente se dio la orden de disparar con el cañón. Yo había permanecido no se cuanto tiempo en el puente, pero ahora tenía que volver a ocupar mi sitio y eso me parecía, tal vez absurdo, tal vez inoficioso. Sentí frío y tenía la garganta seca".

TTE. LOZANO: "Comprendí inmediatamente lo que significaba para Juancho Lesmes abandonar aquel sitio, luego de haber estado en él, no se... quince, veinte minutos, sintiéndose a salvo. Durante ese lapso lo vimos preocupado, devorándose un cigarrillo y otro y otro, y cuando se disponía a salir, lo alcancé en la puerta:

—Hombre, viejo Charles, esto está muy difícil, me dijo.
—Y sobre todo para usted, viejo Juancho, que tiene que jugarse el pellejo ahí al frente, respondí.

"No contestó nada. Le pegó la última chupada a su cigarrillo y cuando iba a dar el paso para quedar nuevamente el descubierto, me miró con los ojos muy abiertos y le dije,

—Viejo Juancho, hermano. ¡Mucha suerte! A alguno de nosotros le tenía que tocar...

TTE. LESMES: "Debían ser las diez... o tal vez las once, cuando el chubasco comenzó a arreciar, a rreciar y la visibilidad se acortó tanto que no podía ver el pique del proyectil, ni mucho menos la definición de la silueta del enemigo a través de la mira. Sin embargo hicimos los dos últimos cañonazos en esas condiciones, después de lo cual me informaron que el Karina presentaba una fuerte escora y amenazaba con hundirse. En total realizamos 16 disparos".

SALVADOR: "Ese cañón tronó una o dos veces
más ¡BUM!... Chuuuu. ¡Plas! Bala al agua. En ese
momento creía que ellos no hacían tiro parabólico
sino directo y eso era muy difícil, entre otras cosas
porque una vez más se vino esa niebla tan espesa y
teníamos que ponernos muy cerca uno del otro para
vernos... Bueno, ponerse ellos porque nosotros ya
estábamos en la física olla. Yo me acuerdo que bajé
varias veces a la bodega y cuando estaba allá, escuchaba ese cañón haciéndolo temblar todo y me arremo-
linaba contra lo que podía, esperando la hora en que
nos dieran una vez más y nos mandaran a la mierda.

"Subí y les conté que al parecer nos estaba entrando más agua, que la hundida iba a ser eterna, demora-
da, lenta y uno de ellos dijo:

—Hermano, echémosle candela a esto.

"Buena idea. Dejamos a Héctor González allá arriba por si acaso llegaba otra vez el Sebastián a querer-
nos abordar con lanchas —lo que más me preocupaba— y nos metimos a los camarotes con Jairo Rubio y
empezamos a sacar cobijas, colchones, alfombras,
cuanto veíamos que podía arder y lo fuimos llevando
para la cubierta, donde armamos una pira bien heche-
cita.

"Cuando ya lo habíamos acomodado todo, fuimos
a la bodega y subimos unas cuantas cajas de munición, las desbaratamos y revolvimos las balas con lo
demás, porque dijimos, 'Es posible que esa mierda
estalle si le metemos candela'. A todas estas, el capitán y San Andrés continuaban escondidos en un camarote, hasta donde bajé a buscar algo más, y tan
pronto me vieron, se vinieron llorando:

—Mira Coco, nosotros tenemos hijos, tenemos esposas y queremos vivir. Déjanos entregarnos, quere-

mos vivir, queremos vivir... decían casi al tiempo y
hubo un momento muy verraco porque Polo sacó del
bolsillo de la camisa un papelito que yo le había visto
besar anteriormente y me lo mostró. Era una niña pequeña y él me lo estiraba hasta los ojos y decía,

—Mira mi muchachita, mira, esta es mi vida. Es lo
único que tengo y necesito vivir por ella. Coco. Déjame entregar, yo no quiero morir aquí...

"No lo dejé terminar porque ya me estaba conta-
giando y subí nuevamente a buscar combustible para
quemar aquello. Agarramos una caneca de ACPM, la
regamos y aprovechando que el Sebastián no estaba
por ahí, arrimamos un fósforo, dos, diez... la caja entera, nada. No prendió y no prendió y no prendió.
¡Carajo! ¿Pues cómo iba a prender? Resulta que para
llevar las cosas hasta donde estaban ahora, había que
salir de los camarotes, pasar por la cocina y atravesar
parte de la cubierta, pero como estaba lloviendo, se
empapó todo y ni funcionaron los trapos, ni los fósfo-
ros y mucho menos ese hijueputa ACPM. Total, otra
vez en ceros, esperando al Sebastián que debía estar
preparando alguna táctica para volver.

"Nos quedamos ahí en la cubierta, llenos de grasa,
negros de pólvora —porque cuando uno dispara mucho se le pega en todo el cuerpo y el olor se impreg-
na— vestidos con camiseta, pantaloneta, tenis y chaleco salvavidas... Las cananas estaban llenas de cargadores y cada uno tenía dos o tres fusiles en la mano
para poder disparar y cambiar rápido sin necesidad de
cargar. Bajé a hacer algo cerca del camarote y nuevamente me llamaron Polo y San Andrés. Me acuerdo
que el capitán, estaba así, sentadito contra la pared
y a su lado San Andrés aterrorizado y me angustié un
poco porque los ví muy mal. Es que el que no se halle
preparado para morir, mire hermano, se enconcha, se
vuelve nada. El miedo a morir es verraco. Nosotros tal

vez lo habíamos sentido al principio pero ese olor a pólvora y la acción casi permanente y un discurso que le eché a los compañeros y la cantada del Himno Nacional al comienzo, nos transformaron. Verdad que lo transforman a uno, así sea un flojo. No quise escucharlos esta vez, porque con ver sus caras era suficiente y volví a reunirme con Héctor y Jairo y les dije, 'alistemos la salida de aquí. Tengamos algo a la mano' Cada uno hizo una especie de mochilita con unas tulas plásticas y allí metimos queso, algo de azúcar, un poco de agua, una brújula, y me dijeron, 'si remamos como un hijueputa alcanzaremos a llegar a la costa antes que amanezca', pero yo pensaba, '¿verán el botecito por el radar? Son capaces de localizarnos... Todo estaba sucediendo a unas diez, quince millas de la costa. Hicimos cálculo del tiempo y esperamos unos segundos más, pero nuevamente se nos vino el Sebastián''.

TTE. LOZANO: "Durante la última aproximación habíamos visto movimiento en la cubierta del Karina y gente que tiraba canecas y otros objetos al mar y pensamos que estaban deshaciéndose de parte de la carga y planeaban escaparse en alguna embarcación menor. Eran algo más de las once de la noche y nos sentíamos cansados. Subí al puente y le dije a mi teniente Camacho que colisionáramos ese buque: 'Hundámoslo de una vez con el caso del Sebastián que es muy fuerte y puede partirlo en dos con facilidad', le propuse y él dijo, 'Voy a pensarlo muy bien porque sospecho que esa gente se nos va a escapar. Esto se está alargando mucho y podemos amanecer aquí'. Iniciamos la aproximación y nuevamente se formó la balacera. Me parecía que cada vez los combates eran más intensos y más largos, pero teníamos que acercarnos para comprobar la situación del enemigo, prendiendo reflectores en pleno intercambio de balazos. Ahora el Karina presentaba una fuerte escora por po-

Teniente de Fragata Fernando Camacho Londoño, segundo Comandante del ARC Sebastián de Belalcázar.

pa. Al parecer estaba agonizando y, cosa increíble, los tipos seguían dando bala, cada vez con mayor intensidad".

TTE. CAMACHO: "No sabía qué acción podían tomar ellos de ahí para adelante. Muchas veces imaginé que con el tiempo —que transcurría muy lento— podrían estar armando alguna pieza de mayor poder y entonces tratábamos de hundirlo en el menor tiempo posible para eliminar riesgos. Las condiciones generales nos obligaban a dar vueltas grandes y mientras lo reubicábamos transcurrían intervalos generalmente largos, durante los cuales apagábamos luces y disponíamos a la gente según la distancia a la que fuéramos a hacer la aproximación".

SALVADOR: "Esta vez el Sebastián se nos acercó muchísimo. Yo creo que llegó a unos cien metros y nosotros intensificamos la cadencia de fuego al máximo. Los tres estábamos distribuidos a lo largo de la cubierta para tratar de cubrir todos los ángulos, pues seguíamos preocupados creyendo que iban a organizar un desembarco. Por lo tanto había que tender una cortina de fuego bien verraca al frente de nuestro buque. A mí me tocaba cubrir el centro, pero me movía bastante para allá y para acá y los demás igual, en popa y proa, desocupando fusiles y cambiando, desocupando y cambiando. Era tanta la desesperación por cubrirnos que hubo un instante que miré a lo lejos y ví a Jairo Rubio disparando con dos fusiles al tiempo.

"Pasó la refriega y nuevamente nos pusimos a cargar proveedores. En ese momento ya había un reguero enorme de cajas de munición destapadas y balas que corrían por esa cubierta y se iban al fondo por el desnivel, y mientras nos preparábamos les dije, 'No podemos dejar que amanezca porque de día vendrán otros buques o traerán helicópteros artillados y nos

despedazan'. Me estaba imaginando toda una película
y eso nos llevó a pensar en la elaboración de una coartada que nos cubriera en el momento de salir de allí.

Para montarla partimos de tres cosas reales: Uno de
ellos jugaba al fútbol y era conocido en esos medios.
Otro había sido jalador de carros y estuvo en la cárcel
y yo era estudiante de medicina de la Universidad Nacional. Nos conocimos allá, hicimos alguna amistad y
sosteníamos reuniones casi diarias para beber trago.
Posteriormente yo hice contacto con ese mundo de
hampa que se mueve en torno de la Universidad y me
convertí en vendedor de marihuana para poder sobrevivir. Bebíamos mucho y alguna vez alguien me propuso que consiguiera un par de socios para trabajar en
algo de contrabando. Los llamé a ellos, fuimos acepta-
dos, nos trasladaron a Buenaventura y abordamos una
lancha que nos llevó hacia el Chocó, donde nos em-
barcamos en este buque. Conocíamos más o menos
el litoral y podríamos responder con alguna propiedad. El contrabando era de whisky y nos pregunta-
rían por qué había armas a bordo. Pues todos los contrabandistas las usan para defenderse de los piratas.
¿Quiénes disparaban? El dueño de la mercancía y tres
más que huyeron en un bote, dejándonos abandona-
dos. Nosotros éramos simplemente cocineros, barren-
deros, en general, sirvientes con instrucciones para
ayudar a descargar el whisky. 'Listo, dijeron ellos. Esa
es la coartada. Ahora repitámosla' y la repetimos una
y otra vez, pero salían variantes que le íbamos agregando. Por ejemplo, cambiamos el sitio de nuestro
embarque y lo pusimos en México y California y de
todas las versiones eliminamos a Panamá. Una vez estuvo lista la idea general, entramos a cuadrar detalles:
Pasaportes al agua, los rompimos y salimos de ellos.
Pasajes, al agua ¿El contrabandista que nos contrató?
Nunca supe su nombre... lo veía esporádicamente, no
conocí nunca su dirección... Pero, ¿Si nos hacían la

prueba del guantelete de cera? ¡Ay, jueputa! Muertos, porque con esa cantidad de bala que habíamos echado esa noche... Ahí terminamos el ensayo porque llegó nuevamente el barco y se armó uno de los combates más largos de la noche".

TTE. BETANCUR: "En esa aproximación hirieron al teniente Tomás Lombo del ejército. El estaba ubicado en la cubierta 0-2, por babor, amparado por unos carretes de cabos y un tiro pegó en la estructura del buque, se fragmentó y una esquirla lo alcanzó en el cuello. Ví cuando lo bajaban dos marineros y yo mismo ayudé a llevarlo hasta la enfermería, donde aproveché para ver a Restrepo que también había sido herido por una bala esquirlada. En ese momento, sentía emoción, sentía miedo, escuchaba las ráfagas interminables de fusilería y me movía mucho por el buque, cumpliendo mi misión de ingeniero jefe y tratando a la vez de vivir el combate. Yo debía estar pendiente de todo: De las puertas, de los portillos, de las mangueras —en caso de incendio— del CO_2, de los tanques de polvo químico seco, de los cabos... Mejor dicho, de las máquinas y de los pequeños detalles a la vez. Subí a cubierta y alguien me prestó un par de binóculos: El Karina estaba inclinado hacia atrás y, arriba, la superestructura blanca tenía miles de miles de huecos hechos por el fuego que salía del Sebastián. Era impresionante verlo en medio de la llovizna, alumbrado por nuestros reflectores y lleno, pero lleno de balazos... El barco se estaba hundiendo y los tipos seguían dándonos plomo.

TTE. LOZANO: "Yo tenía que estar verificando constantemente nuestra posición y entraba al puente, tomaba los datos que me suministraba el radar, chequeaba la hora y pasaba al cuarto de cartas a graficar. Había comenzado a hacerlo y algo me dijo interior-

Dentro del círculo, agujero dejado por una bala en el mamparo del puente, frente al sitio donde el Teniente Lozano escribía la bitácora.

mente que confirmara algún dato y me retiré de allí
sin pensarlo dos veces. Cuando regresé, fui a coger el
compás y vi el hueco hecho por una bala, exactamente al frente de donde yo estaba de pies, segundos
antes.

"Pasó la preocupación, pasó el miedo, volví al
puente —esta vez para continuar escribiendo la bitácora— y cuando iba a llegar al sitio, sentí que una graba-
dora que manteníamos sobre la mesita de trabajo, hizo un ruido extraño y dejó de funcionar. La tomé para ver qué sucedía y encontré, incrustado en la mitad,
el plomo de otra bala. Esa pudo haber sido para mí o
para el suboficial segundo contramaestre, Oswaldo Sa-
balza Polo que era el timonel en ese momento".

JAIRO RUBIO: "El buque de la Armada arremetía
cada vez con más verraquera, con más fuego y para
resguardarme un poco me parapeté al lado de una habitación pequeña donde estaba la planta de energía.
Allí aguanté la mano de balazos que nos mandaban y
cuando se volvió a calmar el combate y el buque se
nos perdió de vista, me metí al cuartico que está debajo de la superficie del mar y no sé por qué carajo
pensé que si le hacía un hueco, entraba agua. Me quedé mirando la pared formada por unas láminas de acero de 80 por 80 y como había luz, TAN. Hice un tiro.
La bala rompió la lámina y chuuu, un chorrito de
agua. Dejé esa vaina así y me subí hasta donde estaba
Salvador y le dije,

—Pilas hermano. Pilas que el barco se puede romper
por el casco. Camine le muestro y verá que se puede
romper.

SALVADOR: "Cuando vi esa vaina me bajé para la
bodega con una linterna, un fusil y varios cargadores,
me escondí detrás de una especie de columna metáli-
ca —para evitar que me alcanzara una bala si rebota-

ba— y, ¡PAO! Un balazo pero no sentí el agua. Me acerqué, y nada. No le hizo nada. El disparo simplemente abolló la pintura gris que cubría el acero y cuando estaba en eso, volví a escuchar bala arriba porque el Sebastián se pegó otra acercada y nuevamente nos enfrascamos en un abaleo. Eso ya era una rutina: Cinco, diez minutos de combate. Silencio. El buque se perdía entre la niebla y venían unos minutos de calma. Cuando se fueron bajé una vez más y acerqué bien la lámpara a la pared: Pues el proyectil había pegado sobre la unión de dos láminas aplastando un remache y dije, 'Noooo. Aquí hay que insistir'. Entonces me coloqué detrás de unas cajas de munición y volví a disparar. Me acerqué y alumbré, ví un chorro de agua que avanzaba como dos metros hacia adentro, hijueputa, me emocioné y saqué la cabeza y les grité, 'pude. Ya pude. Vamos a hundir esta mierda y nos largamos. La vamos a hundir'. Regresé y ta, ta, ta, ta. Tres ráfagas seguidas y esa vaina se volvió una regadera completa, pero arriba escuché más bala y pensé que era el final y venían a abordarnos. Salí y escuché a los compañeros cantando otra vez el Himno Nacional y yo también me puse a disparar y a cantar, emocionado, muy emocionado... Luego bajé y le hice cualquier doscientos disparos a ese casco y empezaron a aparecer chorros y chorros. El capitán y San Andrés continuaban escondidos y les grité que salieran porque nos hundíamos, pero parecían dos zombies. No contestaban y llamé a Héctor y a Jairo quienes me dieron la mano y me logré subir porque el agua ya me daba a la cintura. El barco se estaba llenando con rapidez".

Bitácora:

"11:10 p.m. Se observa en el agua gran cantidad de material, especialmente canecas vacías, salvavidas, madera. Se continúa el cerco circu-

Teniente de Corbeta Carlos Lozano

> *lar. Se escuchan ráfagas cortas dentro de la na-*
> *ve, presumiendo destrucción del material. Pro-*
> *gresa el escoramiento".*

TTE. OTERO ERAZO: "Nunca descansaron de disparar. Inclusive sobre las once de la noche se escuchaban ráfagas dentro del buque y pensé que estaban destruyendo algo. Otros se imaginaron que combatían entre ellos mismos".

TTE. LOZANO: "Parecía como si aquella noche todo se hubiera puesto de acuerdo para que las cosas fueran más complicadas de lo habitual, porque a esa hora se registró un daño en el equipo de radio y yo decía: 'Ese barco se va a hundir y no podremos coordinar ninguna acción, en el supuesto caso de que la gente que va a bordo intente escapar'.

"Inmediatamente comenzamos a probar los diferentes sistemas de comunicación con que contábamos y el primero en responder fue el VHF, que si bien nos enlazaba con el ARC Calima, no tenía alcance suficiente para llegar hasta Buenaventura y por lo tanto era necesario buscar una solución rápida y satisfactoria. La falla estaba en el receptor de los equipos Collins —que son los más potentes— y no había tiempo siquiera para desarmarlos. Lo único que quedaba a la mano era una pequeña unidad para radioaficionados y con ella localizamos a un trasnochador que se comunicó con el Comando de la Armada en Bogotá y les transmitió nuestro mensaje".

SALVADOR: "Bajé y el barco estaba tan inclinado que ahora Polo y San Sandres se recostaban prácticamente contra el piso del camarote. El capitán se cubría la cara con las manos y San Andrés lo miraba y lloraba en silencio como aquél.

—Caminen con nosotros porque esto se va a hundir dentro de algunos minutos. Caminen y tratamos de acomodarnos todos en el pedazo de bote salvavidas, les dije, pero no quisieron.

—Nosotros saldremos de aquí pero no con ustedes. Váyanse, hagan lo que quieran, respondió Polo muy congestionado.

"Esa fue la última vez que los vi".

Bitácora:

> "*Se observan tres individuos en el agua sin camisa y sin salvavidas, los cuales se presumen ahogados*".

TTE. LESMES: "En una de aquellas pasadas vi algo extraño en el agua y me esforcé por identificarlo. Era un hombre que estaba a escasas diez yardas de la borda del Sebastián, levantando los brazos y abriendo la boca como para pedir auxilio. Allí no había nada que hacer porque la lluvia de balas no te dejaba ni respirar. Fue una visión de pocos segundos, un *flash* que desapareció casi inmediatamente por la velocidad del buque. A mi lado estaba el Maestro de Armas quien también lo vió, y nos impresionó porque sabíamos que con la *viada* que llevábamos, la corriente tuvo que haberlo atraído hacia el Sebastián y al llegar atrás, la propela lo trituró".

TTE. OTERO ERAZO: "Alcancé a ver gente en el agua pero era imposible detener el buque. Estábamos en pleno combate, maniobrando y tratando de establecer la situación exacta del Karina...".

TTE. CAMACHO LONDOÑO: "Vi dos personas de tez morena y uno estaba herido porque tenía sangre en la cabeza y se empinaba sacando parte del cuerpo del agua para pedir ayuda. Yo estaba situado en el alerón del costado de babor y pude distinguirlos bien".

Bitácora:

"Se observa fuerte escora por el costado de babor de la motonave Karina, aproximadamente 30º. Se hacen aproximaciones para analizar la situación. Se hacen descargas de fusilería, las cuales son contestadas por la motonave averiada".

SALVADOR: "El buque se inclinaba ahora con mayor rapidez y antes que desapareciera, tomé las mochilas con la brújula, el agua y la poca comida que habíamos podido reunir y llamé a los muchachos a la cocina. En ese momento veía la necesidad de proteger la información que teníamos y el único camino era matarlos a ellos y luego liquidarme yo. Inclusive unos minutos antes alcancé a ponerme el cañón del fusil en el paladar y ensayé la manera de dispararlo.

"Estaba dispuesto a hacerlo, pero cuando los ví llegar, no fui capaz. Realmente no fui capaz y vi que siempre hay un minuto más en la vida y que podríamos sobrevivir y aguantar el castigo si la coartada funcionaba. Es que tenía que funcionar: Contrabandistas, ratas del hampa contratadas por un hombre desconocido, nombres propios. Eso era. Eso era, de manera que cuando llegaron bajé el arma y les cambié la torta: 'Muchachos, los llamé para pedirles que ensayemos más la historia porque si queda un solo detalle suelto, no tendremos escapatoria', les dije y ellos aceptaron".

JAIRO RUBIO: "Ahí el problema de la muerte es otro paseo porque no hay tiempo para sentir miedo. Sobre las once y media de la noche, ya con ese barco bien inclinado, me acuerdo que pensé mucho en el final y dije, 'No me voy a dejar agarrar vivo' y puse varias veces la trompetilla del cañón contra el estómago y estuve a punto de apretar el gatillo... Pero, carajo, no lo hice.

"A eso de las doce volvió el barco de la Armada. El Karina se ladeaba cada vez más hasta que llegó un momento en que no podíamos caminar sino que teníamos que acaballarnos en la borda para tomar posición y disparar desde allí. Pero los fusiles y las municiones y todo comenzó a desaparecer entre el agua. Nos estábamos hundiendo definitivamente.

TTE. LOZANO: "Debían faltar unos dos o tres minutos para las doce de la noche cuando mi teniente Camacho que estaba mirando por un portillo, dijo, '¡Ese buque se está hundiendo! Ese buque se está hundiendo, mi teniente Otero. ¿Por qué no hacemos una pasada más cerca? Y mi teniente Otero le respondió, ¡Adelante! Nos aproximamos y, bueno, otra vez plomo corrido de ambas partes, pero constatamos que, efectivamente se estaba hundiendo, y que el agua ya iba prácticamente en la mitad de la obra muerta".

TTE. CAMACHO: "El buque presentaba una fuerte escora y nos permitió un mayor acercamiento. Se continuó disparando con armas cortas e inclusive se lanzaron granadas y de allá aún nos respondían con ráfagas completas".

TTE. LOZANO: "Repetimos el paso. Más bala de lado y lado, pero el Karina ya comenzó a desaparecer. Se vio perfectamente —porque lo estábamos alumbrando desde muy cerca— cómo se fue abajo, nivela-

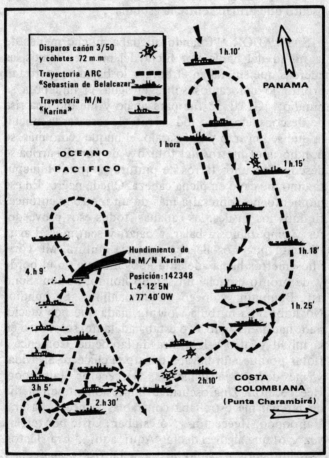

Gráfica del combate, cedida por la Armada Nacional de Colombia.

do. No se hundió primero la popa o primero la proa, sino que se fue, se fue, se fue parejito. Hizo una burbuja muy grande que resplandecía por la fosforescencia y empezó a esparcirse una gran mancha de aceite oscuro que brillaba entre la espuma".

SALVADOR: "Cuando quedaba mucho menos de la mitad del barco por fuera del mar, cortamos las cuerdas que sujetaban el bote y lo bajamos, pero tan pronto lo colocamos sobre el agua, el hijueputa se hundió: ¡GLU! Se fue para abajo y me dio una risa de desconsuelo... No joda. Traté de rescatar la mochila que se engarzó y qué carajo, el buque cedió más, se hundió unos metros del totazo y de por allá arriba se descolgaron unos tarros de pintura y, ¡pun! hijueputa, uno me cayó en plena cabeza. Quedé negro. En ese momento no sobresalía más de un metro y entonces tiramos los fusiles, las cananas, todos esos proveedores y empezamos a bajar, a bajar, y sentimos el agua tibiecita que nos llegaba hasta la cintura. Me corrí unos metros hacia adelante apoyándome en el borde y de pronto escuché un sonido hondo; Buuuu. Sonó así: Buuuuuu, y luego auuuaaaahhhh. ¡Se hundió! No hubo una burbuja violenta, nada que nos succionara hacia el fondo. Yo estaba adelante, solo, otro en la mitad y otro a la altura de la cocina. Comencé a flotar porque aún llevaba puesto el chaleco salvavidas y me dediqué a llamarlos: 'Héeeector. Jairooooo. Héeeeeector'. Una oscuridad impresionante en medio de la cual me estrellaba con tablas, canecas, basura: 'Jairooooo. Héeeector'. No estaban. Grité por tercera vez y oí que alguien decía, 'Aquí, aquí...' Era Héctor. Nos juntamos pero no aparecía Jairo. No aparecía y dijimos, 'Se ahogó el muchacho. Se ahogó', y me fue entrando una tristeza muy verraca porque después de haber aguantado todo lo que aguantamos y al final se desaparece... ¡No joda!''.

JAIRO RUBIO: "Trepado allá en la borda del buque dejé que el agua me llegara al pecho y dije, 'Espero a que se hunda y me quedo flotando', pero cuando el barco desapareció totalmente, sentí que me pegaron un jalón violento por el pie derecho, se me perdió todo de vista y empecé a bajar y a bajar y a bajar con una fuerza terrible porque una cuerda se me había enredado en la pierna y el barco me arrastraba a las profundidades. Saqué el aire que tenía en los pulmones y seguí bajando pero la cuerda me aprisionaba más y más y de pronto sentí una punzada terrible en los oídos y luego esa presión tan grande que me estripaba los pulmones... En ese momento dije, 'Voy a abrir la boca para ahogarme rápido porque yo a pedazos no me dejo morir'. La abrí y me entró una buena cantidad de agua tibia y pensé, 'Cómo será cuando se me revienten los pulmones... y los oídos'. Estaba en eso cuando sentí que el cable me quemó el tobillo y... Tras. ¡Me soltó! Me soltó y empecé a subir como una bala, ayudado por el salvavidas hasta que saqué la cabeza al aire. Me había salvado, coño, me había salvado. (Sucede que yo usaba unos cordones largos para asegurarme los zapatos en el tobillo, pero esa mañana los había lavado y se perdieron. Entonces tomé unos pequeños. Por eso cuando el cable se corrió desde la espinilla y llegó abajo, el zapato salió despedido y quedé libre)".

Bitácora:

"Es observado por el personal de la Unidad el hundimiento de la motonave Karina en posición L. 4º 12.5' Norte. Long. 77º40' W y aproximadamente a 80 yardas queda gran cantidad de material flotante... '.

TTE. OTERO ERAZO: "Cuando cesó todo, miré detenidamente nuestro barco y calculé que por lo menos tenía 200 impactos de bala en mástiles, mamparos, chimenea, cables del mástil...".

TTE. LOZANO: "Cómo sería de intenso el combate que esa madrugada alguien se acordó de 'Sebastián' y empezaron a buscarlo por todo el buque hasta que finalmente lo encontraron en el cuarto de máquinas, escondido debajo de un motor. Nadie se explicaba cómo hizo para llegar hasta allá porque las escaleras que conducen al fondo son muy resbalosas y muy empinadas".

TTE. LESMES: "Una vez se hundió el Karina me quedé clavado al piso, viendo aquel espectáculo y reconstruyendo parte de esas cuatro horas, durante las cuales lo más difícil para mí fue volver a salir a cubierta y ocupar mi puesto en el cañón. Pero vino la orden de regresar y me detuve unos minutos en la puerta. Sentí miedo. Eso no lo voy a negar. Sentí... especialmente soledad a pesar de estar hombro a hombro con el sub-oficial Monroy, que en ese momento se disponía a salir conmigo. Ibamos a sentarnos nuevamente en un cañón sin defensas y no sé por qué recordé unidades con piezas tal vez similares a éstas, pero bien protegidas como la del ARC 'Arauca' o la del 'Leticia' o la del 'Riohacha'. Además, ya tenía un hombre herido y no sabía si lo habían vuelto pedazos porque se retiró en la oscuridad. Y un hombre que está bajo el mando es como un hijo para uno".

TTE. BETANCUR: "Escuché la orden de parar máquinas, hubo calma y subí a cubierta justo en el momento que se hundía el Karina. Recuerdo que todo el mundo bajó las armas y se quedó allí parado no sé cuánto tiempo, hasta cuando el buque desapareció to-

Teniente de Corbeta Juán Lesmes Duque.

talmente bajo el agua y empezaron a flotar canecas de
diferentes colores, tablas, una nevera, colchones, tal
vez algunas puertas y de golpe volví a mirar y encontré a Juancho Lesmes que tenía el casco en la mano y
la mirada perdida. Me acerqué a felicitarlo, lo toqué y
sentí la camisa tibia. ¡Estaba herido!''.

SALVADOR: "Cuando Jairo Rubio salió a la superficie y gritó, nos emocionamos mucho. 'Me salvé,
me salvé', decía por allá en la oscuridad y unos minutos después llegó nadando, agarrado de una tabla, pero casi al tiempo apareció el barco de la Armada como un monstruo que venía en línea recta, hijueputa
y tembló ese mar porque rugía y agitaba el agua con
violencia. Prendieron unos reflectores y empezaron a
barrer el área detenidamente. Nos agachamos entre
toda esa cantidad de cosas que flotaban y los tipos no
se iban y no se iban y nosotros luchábamos contra
los salvavidas que nos sacaban a flote. Por fin se alejaron y les grité, 'Quitémonos estos chalecos para podernos esconder mejor'. Los tiramos lejos y continuamos agarrados de la tabla, sosteniéndonos con el movimiento de las piernas y entonces les dije, 'Bueno, la
coartada. A ver esa coartada' y empezamos a repetirla
una y otra vez, ajustando siempre detalles, como por
ejemplo decir nuestros nombres propios porque sabíamos que iban a visitar nuestras casas para constatar y
en cada una les dirían la verdad: 'No sabemos de él,
hace dos años desapareció y nunca volvió a comunicarse con nosotros'. El barco pasó varias veces y nos
sumergíamos para que no nos localizaran, pero en
cada cruce resultaba más difícil esconderse porque los
escombros se separaban con la estela de agua tan verraca que hacía la propela y yo pensaba, 'Ojalá brame
más este monstruo para que aleje a los tiburones'.
Sentía preocupación porque el capitán y el mismo

De izquierda a derecha, Fernando Erazo ('Salvador'), Héctor González y Jairo Rubio. Foto cedida por el Servicio de Inteligencia Naval de Colombia.

San Andrés nos habían dicho que las bocas del San Juán estaban infestadas de esa plaga...''.

JAIRO RUBIO: "Todos teníamos relojes fosforescentes y cuando vimos que faltaban diez minutos para la una de la mañana y que ya habíamos repetido la coartada hasta cansarnos, dijimos, '¿Qué vamos a hacer ahora? No tenemos agua, ni comida y quedarnos aquí es morir por agotamiento o devorados por los tiburones. Pidamos auxilio a ver si nos recogen'. Estábamos seguros de que nos iban a matar allí mismo pero no había otro camino, y sí señor: Tan pronto se acercó el Sebastián empezamos a gritar en coro, 'Auxilio, socorro, nos estamos ahogandoooo'. En ese momento teníamos buen estado de ánimo. Ninguno sentía cansancio ni nerviosismo y Salvador comentó que la adrenalina debía estar produciéndose al máximo. El buque no nos escuchó, volvimos a gritar y ahí sí nos

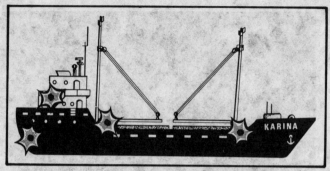

Perfil del Karina y ubicación de los impactos según la Armada Nacional de Colombia.

enfocaron con las luces y avanzaron hacia nosotros despacio, despacio, despacio, hasta detenerse. Yo me coloqué con el pecho de frente para que pudieran apuntar bien y no quedar mal herido y me di cuenta que Héctor González hacía lo mismo. Arriba, en el contraluz de los reflectores, se veían las siluetas de una gran cantidad de hombres que asomaban los cañones de sus fusiles y Salvador dijo: '¡Prepárense para morir!'. Transcurrieron algunos segundos y... carajo. Escuchamos la voz de un oficial de la Armada que ordenó: '¡Suban los náufragos a cubierta!' ''.